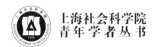

高铁时代
长三角区域旅游产业
要素配置研究

于秋阳 著

The Study on the Distribution of
Tourism Industry Elements in Yangtze River Delta
in the Era of High Speed Railway

上海人民出版社

编审委员会

总　序

　　2020年,尽管新冠肺炎疫情对人类生活和经济社会发展造成一系列影响和冲击,但在党中央的坚强领导和全国人民的共同努力之下,中国实现了全球主要经济体唯一的经济正增长,在脱贫攻坚、全面建成小康社会等方面成绩斐然,交出了"一份人民满意、世界瞩目、可以载入史册的答卷"。在此期间,上海社会科学院的广大科研人员在理论研究和社会实践中坚决贯彻落实党中央和上海市委市政府的决策部署,积极发挥自身优势,以人民为中心、以抗疫与发展为重点,与时代同步,"厚文化树信心,用明德引风尚",在理论支撑和智力支持上贡献了积极力量,也取得了一系列重要的学术理论研究和智库研究成果。

　　在上海社会科学院的科研队伍中,青年科研人员是一支重要的骨干研究力量,面对新时代的新使命、新阶段的新格局、新发展的新情况,上海社科院的青年人以其开放的思想、犀利的眼光、独到的新视角,大胆探索,深入研究社会科学中的前沿问题,取得了一系列突出的成果,也在这生命最美好的时光中谱写出一道道美丽的风景。面对这些辈出的新人和喜人的成果,上海社会科学院每年面向青年科研人员组织和征集高质量书稿,出版"上海社会科学院青年学者丛书",把他们有价值的研究成果推向社会,希翼对我国学术的发展和青年学者的成长有所助益。

　　我们2021年出版的这套丛书精选了本院青年科研人员的最新代表作,涵盖了经济、社会、生态环境、文学、政治法律、城市治理等方面,反映了上海社会科学院新一代学人创新的能力和不俗的见地,是过去一年以来上海社会科学院最宝贵的财富之一。丛书的出版恰逢中国共产党建党百年的大事、喜事,这是社科青年用自己的"青春硕果"向中国共产党百年华诞献礼!

"青年是生命之晨,是日之黎明",是人类的春天,更是人类的期望,期待在这阳光明媚的春天里上海社科院的青年人才不负韶华,开出更加绚丽的花朵。

上海社会科学院科研处

2021 年 4 月

前　言

在众多交通方式中,铁路具有安全性高、载客量大的优势。近年来,我国铁路发展成效显著,基础网络初步形成,服务水平明显提升,铁路改革实现突破。根据最新《中长期铁路网规划》,到2025年,全国铁路网规模将达到17.5万公里左右,高速铁路达3.8万公里左右,路网结构更加优化,骨干作用更加显著,高铁将对促进区域经济社会发展、保障和改善民生、支撑国家重大战略实施、增强我国综合实力和国际影响力发挥更为重要的作用。

本书为国家社会科学基金青年项目《高铁时代区域旅游产业要素配置研究》的成果及后续研究专著,重点对全国尤其是长三角区域高速铁路网和京沪高铁沿线的主要节点城市进行了跟踪调研和数据采集,着眼于供给和需求两大系统,系统测度高铁对区域旅游产业要素结构的影响,主要通过以下五大步骤展开深入研究:

第一,确立高速铁路对区域旅游产业影响研究的研究视角。本研究聚焦高速铁路对区域旅游产业的驱动和综合影响,在系统梳理案例资料和国内外研究成果的基础上,立足于产业经济学视角,将高铁作为外生变量来观测旅游产业的供需要素流动和结构演变的态势与规律,综合考量新驱动下的产业要素均衡与优化。

第二,开展高速铁路对区域旅游业影响效应的综合分析。日本、法国和德国等发达国家的经验表明,高铁(包括城际铁路)的贯通加速了沿线区域的城市化和一体化进程。本研究以长三角区域内的沪宁杭等高铁沿线城市为案例地,系统测度并分析了高铁贯通后该区域主要城市的旅游业供求状况、产业要素的流动变化、城市间旅游经济联系度的空间分布格局以及当前所面临的问题。

第三,构建高速铁路枢纽城市旅游产业供给水平的评价体系。本研究在系统分析高铁的区域性综合影响的基础上,进一步借鉴全国高铁沿线的重要枢纽城市的发展经验,选取西安市为案例地,深入探讨了高铁这一新驱动力对区域枢纽城市旅游产业的影响及其综合效应。在此基础上,研究构建了旅游产业供给水平评价体系,结合西安、武汉、南京的比较研究,对枢纽城市旅游产业供给水平进行了评价。

第四,开展高铁旅游需求、出游决策与服务满意度的研究。首先,本研究从旅游者行为角度入手,运用 SEM(结构方程模型)构建了高铁出游"感知—动机—行为"的概念模型;其次,以上海虹桥的高铁集散游客为调研对象,基于大样本的调研,运用因子分析提取了高铁时代旅游需求和行为的新特征与主要影响因素。再者,聚焦高铁旅游服务与公共服务,以长三角区域沪宁杭三大枢纽站点为案例,对高铁旅游公共服务进行了游客满意度专项测度与比较评价,归纳了服务中暴露出的主要问题。

第五,提出高铁驱动下的区域旅游产业要素配置模式与路径。结合上文的供求测度结论,本研究深入探究了高铁时代区域旅游产业要素合理和优化配置的机制与对策,并结合高铁旅游的特征,从跨区域、跨部门的角度提出了旅游产品与公共产品、旅游服务与公共服务的配套协调建议。

基于以上思路,本研究发现,高速铁路对区域沿线旅游产业要素配置的影响主要表现在以下几大方面：

第一，从供给来看，高速铁路使沿线区域旅游产业要素加速了流动和集聚，优化了增长极的辐射作用。不过，区域旅游产业发展应加强梯度建设和一体化联动，避免过分集聚的"极化现象"而导致"马太效应"。旅游产业中的旅游资源、旅游资本、旅游企业、旅游就业等要素，在市场及政策的影响下会倾向于向旅游区域高铁沿线中旅游产业更发达、要素配置价格更高的枢纽和中心城市单方向集聚。以长三角区域为例，高铁开通后，上海对整个区域旅游产业及其配套要素的吸引力更为强劲。对于高铁影响下区域旅游要素的"虹吸效应"和"极化效应"倾向，应在关联度和引力测度基础上，加强政策引导和品牌建设，推动中小站点城市的线路、产品、人才等自身竞争力建设，促进旅游吸引物、接待与服务设施、旅游投资、旅游人力资源和旅游环境等供给要素在全区域的"扩散"与"回流"，避免沿线旅游业的"过路现象"所导致的过分"虹吸"而产生"马太效应"。

第二，从需求来看，"快旅慢游"的交通选择加速了游客出游方式、出游半径的变化，也推动了目的地积极开展旅游产品、旅游服务和旅游宣传的重建与优化。通过游客出游行为的测度可以发现，四小时以内的高铁线路成为周末游、短途游热点，散客化、自助化、个性化的高铁旅游需求逐渐成为主流；而影响高铁乘客做出出游行为决策的因素中参照群体的推介和影响的比重较大。因此，一方面区域高铁沿线的目的地城市需要以高速铁路的建设为机遇，调整和优化包括旅游吸引物、旅游接待与服务设施、旅游投资、旅游人力资源和旅游环境等要素在内的旅游产业供给系统，实现与日益扩大的旅游市场需求的有效对接，扩大市场份额。另一方面，应积极促进从运输"旅客"到服务"游客"的理念转变，通过舆论引导和正向口碑传播来加强公众的信任感和积极性，从而提升目的地的综合旅游吸引力与游客满意度。

第三,从配套服务来看,高铁作为重要的交通服务,成为促进长三角区域旅游一体化的重要载体与抓手。从游客满意度评价来看,沪宁杭三大枢纽站点的高铁旅游公共服务总体水平较好,其中,信息服务和交通服务的便利性、可达化程度尤其受到游客的关注,高铁客运服务需要打破"围栏效应"思维,积极寻求由服务旅客到兼顾服务游客的转变,旅游者的需求尤其需要进一步加以关注。同时,在推动区域旅游产业一体化发展的进程中,高铁旅游配套的区域无障碍体系、一体化接驳服务体系、区域安全合作服务体系亟待优化,需要在打破地域限制、打通跨部门障碍等方面寻求突破和合作,力求以高铁为引擎,为区域公共产品的配给提供一致性的制度支撑和环境保障。

目 录

总序   1

前言   1

第一章　绪论   1

  第一节　研究背景   1

  第二节　研究目标   3

  第三节　研究内容   5

  第四节　研究方法   6

第二章　研究述评与相关理论基础   8

  第一节　内外相关研究述评   8

  第二节　相关理论基础   23

第三章　高速铁路对区域旅游产业的供给影响及评价   31

  第一节　长三角区域高铁旅游的发展基础   31

  第二节　长三角高铁与省级旅游经济耦合协调度分析   46

  第三节　高铁枢纽城市旅游产业的综合影响与供给水平

       测度评价——以西安市为例   64

第四节 高铁驱动下的长三角城市群旅游产业全要素生产率

分析 98

第四章 高铁影响下的旅游需求测度及服务配给评价 130

第一节 高铁旅游者出游行为:概念模型与影响因素 131

第二节 基于IPA的高铁旅游服务满意度测度评价 152

第三节 高铁枢纽站点旅游公共服务水平比较评价 165

第五章 研究结论与对策建议 179

第一节 主要研究结论 179

第二节 高铁驱动下的区域旅游产业发展问题分析 183

第三节 高铁驱动下的区域旅游发展国内外借鉴 189

第四节 高铁驱动下的长三角区域旅游产业协调发展机制 193

第五节 相关对策建议 197

第六节 研究展望 201

参考文献 203

后记 235

第一章
绪　论

第一节　研究背景

以 1964 年日本"新干线"的开通运营为标志,世界高铁已经历了三次建设浪潮(1964—1990 年;1990 年—90 年代中期;90 年代中期至今),包括日、法、德、美、澳等多国都积极参与其中。高速铁路的出现弥补了传统铁路运行速度较慢的缺陷,缩短了人们的出行时间,提高了出行频率,扩大了空间活动范围,同时也加强了城市和地区之间的联系。以高速铁路为轴线,与其他交通工具紧密衔接、相互配合构成了区域性的交通运输网络,形成了沿线人流、资金流、信息流骨架动脉式的流通格局,不断加速区域生产要素的集聚,进而形成以交通为驱动的整体经济廊道。这一点已经被日本新干线沿线的"太平洋工业带"及法国 TVG 高铁东南线的城市带所证实。

从我国高铁的发展历程来看,截至 2015 年底,我国铁路营业里程已达 12.1 万公里,其中高速铁路 1.9 万公里,提前实现原规划"四纵四横"的发展目标。2016 年 7 月 20 日,国家发改委、交通运输部以及铁路总公司联合印发了新的《中长期铁路网规划》,将我国高铁网正式由"四纵四横"升级为"八纵八横",即在原规划"四纵四横"①主骨架基础上,增加客流支撑、标准适宜、发展需要的高速铁路,同时充分利用既有铁路,形成以"八纵八横"主通道为骨架、区域连接线衔接、城际铁路补充的高速铁路网。党的十八大以来,我国高铁建设发展突飞猛进,秉持"核心技术必须要把握在自己手里"的发展理念,我国高铁在新时代跑出新速度,实现由"追赶者"到"领跑者"的角色转换,为全面建成小康社会提供先行保障,成为代表中国形象的"亮丽名片"。②

根据规划,"十三五"期间,我国新建铁路将不低于 2.3 万公里,总投资不低于 2.8 万亿元人民币。预计到 2025 年,铁路网规模达到 17.5 万公里左右,其中高速铁路 3.8 万公里左右,网络覆盖进一步扩大,高铁网结构更加优化;到 2030 年,全国铁路营业里程预计达到 20.4 万公里,基本实现内外互联互通、区际多路畅通、省会高铁连通、地市快速通达、县域基本覆盖,将更好发挥铁路对经济社会发展的保障作用。根据《新时代交通强国铁路先行规划纲要》,到 2035 年,要率先建成服务安全优质、保障坚强有力、实力国际领先的现代化铁路强国;到 2050 年,全面建成更高水平的现代化铁路强国,全面服务和保障社会主义现代化强国建设。③

而从高铁对旅游产业发展的驱动来看,以载客量大、安全性高、空间跨度广等为特点,铁路自出现之日起就成为了与旅游活动联系最为紧密的交通方式之一,往往决定着一个地区可达性的高低和所吸引的客源范围的大小。从旅游业发展的角度来看,铁路运力和效率的显著提升一方

---

① 根据《中长期铁路网规划(2008 年调整)》,中国将规划建设"四纵四横"客运专线,客车速度目标值达到每小时 200 公里以上(宜万铁路时速 160 公里)。

② 央广网:《这张中国的"亮丽名片",习近平多次点赞》,2020 年 10 月 3 日。https://baijiahao.baidu.com/s?id=1679533683499272902&wfr=spider&for=pc,2020 年 10 月 14 日。

③ 腾讯网:《2020 年中国铁路投资建设现状及发展规划分析》,2020 年 8 月 28 日。

面大大提高和拓展了旅游目的地的可达性和客源市场的范围,另一方面也对旅游目的地的基础设施和服务体系的完善程度提出了更高的要求。对一个地区的旅游产业系统而言,高速铁路这一新变量的引入必将对旅游产业的供给水平产生影响,包括旅游吸引物、旅游接待与服务设施、旅游投资、旅游人力资源和旅游环境等在内的各供给要素将随之实现重构与优化,以更加合理的结构适应和满足不断变化的市场需求。

从我国高铁网最为密集的长三角区域来看,城际高铁沿线城市由于经济发展水平相近、文化相亲、来往密切等优势,在区域旅游合作与发展中成效更为显著。自首条京沪铁路开通至今十余年以来,长三角地区铁路密切与上海、江苏、浙江、安徽三省一市的联系,持续推进大规模、高标准铁路建设,先后建成运营合宁、合武、沪宁、沪杭、宁杭等 20 条高铁线路,长三角地区高速铁路占全国总铁路的六分之一,已经成为全国最为密集、完善的高铁网。而高铁的贯通对于传统的旅游城市的影响作用则更为明显和复杂。随着可达性的提高和旅游圈的形成,整个区域作为客源集散地和旅游目的地的层次将提升到全新的水平,旅游产业供给结构也必将通过调整和升级来适应这种变化。因此,以长三角区域作为案例,对高铁沿线区域的旅游产业供给和需求要素的综合研究将有利于区域性旅游产业的融合与发展,因而具有重要的前瞻性和示范意义。

第二节 研究目标

在高速铁路"快旅慢游"的新态势下,高预期、快推进的高速铁路供给亟待新一轮市场潜力的释放,人们的出游习惯和旅游消费行为将如何变化、旅游目的地要怎样吸引更大范围的客源市场等问题也逐渐引起了学界的关注和热议。因此,在高铁交通体系中处于不同层级和地位的城市应该如何结合区位条件,通过资源整合和要素配置完善旅游产业结构,促进旅游业发展成为区域经济的战略性支柱产业和令大众满意的现代服务业,如何准确地测度在这一影响下区域旅游产业在要素需求和均衡配置方面的变化和规律,并通过科学而客观方法寻求最为有利的配置模式与优化路径,是一个全局性和战略性的命题,也成为当前大力推行高铁建设的同时亟待突破的难题。基于此,本书的研究目标主要包括以下三点:

第一,系统回顾和梳理国内外学术界对高速铁路与旅游的相关关系以及高铁对旅游产业产生影响的相关研究进展。通过文献检索及分析,总结国内外学者已取得的研究成果及其在研究视角、研究内容、研究方法等方面的差异,为本研究提供扎实的理论基础。

第二,通过比较国内外高速铁路发展的背景、条件和特点的异同,归纳出高速铁路对旅游业的综合影响与效应。以长江三角洲为主要案例区域,并结合西安等重要的高铁枢纽城市的比较,分析高铁这一新变量的介入对区域旅游产业供给和需求要素结构的影响内容和影响程度,归纳这一影响下新的产业要素诉求和优化配置模式与路径;将旅游产业供给和需求结构作为一个系统,界定其要素、结构和功能,即对旅游资源重整、产品与公共产品、服务与公共服务以及公共政策的配给等可能产生的影响、效应和作用机理。在融合产业经济学、行为经济学、经济地理学、旅游地理学和区域经济学等理论的基础上,搭建交通引擎驱动区域旅游产业发展的理论分析框架,为区域旅游产业要素配置和产业链的完善提供理论依据。

第三,对案例地开展深入调研和资料分析,结合对长三角区域的实证研究,探讨在高速铁路条件下区域旅游产业的供给与需求的要素如何优化配置以实现均衡发展的机制与路径,并提出相应的对策,以切实促进高铁时代区域旅游产业潜力的挖掘、提升与可持续发展,这样的分析具有较强的现实意义。

第三节 研究内容

高速铁路的建成和发展对旅游业的影响作用十分显著。以1964年日本"新干线"的开通运营为标志,铁路运力和效率的显著提升大大提高和拓展了旅游目的地的可达性和客源市场的范围,并将引起包括旅游吸引物、旅游接待与服务设施、旅游投资、旅游人力资源和旅游环境等在内的区域旅游产业要素重构,以更加合理的结构满足不断变化的市场需求。我国《"十三五"旅游业发展规划》提出,"提升铁路旅游客运能力,推动高铁旅游经济圈发展"。长三角地区是我国高速铁路网最为密集和发达的区域,区内旅游资源丰富、文化互融共生。密集、快捷、大能力的高铁网络交通新格局不仅大幅提升了出行的便捷性,改变了人们的出游规律和消费行为,也驱动着区域旅游业的新一轮要素整合与市场重构,从而加速区域一体化的整体进程。基于此思路,本书主要分为以下五章。第一章,绪论。包括选题背景与研究意义、研究思路与研究目标、研究方法与技术路线,研究内容与可能的创新点等。第二章,理论基础与相关概念界定。第三章,高速铁路对区域旅游产业供给影响及评价研究。第四章,高铁旅游需求、出游行为测度及服务配给研究。第五章,基于上文对供给和需求两大系统的多层次测度分析,从整体角度对全书内容进行归纳和总结。

第四节 研究方法

在经济学研究范式的基础上，本书拟采用产业经济学 SCP 框架理论、产业链理论、公共产品理论、评价指标体系、结构方程模型与计量分析模型与实地调研相结合的分析方法作为主导分析方法，形成产业经济学、区域经济学、行为经济学、制度经济学以及旅游地理学等多门学科的"多维理论分析构架"作为基本的分析方法体系，具体如下：

第一，实地调研与文献分析相结合。采用问卷和访谈调查方式对长三角高铁沿线主要城市和西安市旅游者、旅游企业、旅游景区景点管理者以及政府监管部门进行实地调研，获得测度旅游需求和消费行为演变规律以及产业供给要素现状及问题的数据资料，总结规律并作为要素配置的基础资料。

第二，运用评价体系构建与计量分析开展测度。本书以评价高速铁路影响下节点城市的旅游产业供给水平为总目标，总结出构成旅游产业供给系统的五方面要素，并结合现有统计资料确定不同要素下包含的具体指标，构建出评价高速铁路影响下节点城市旅游产业供给水平的指标体系。在指标权重的确定上，采用专家咨询法进行共同会商和集体决定，降低了决策的主观性和随意性，保证评价结果的真实、科学，符合客观现实。

对需求层面的测度，通过构建结构方程（Structural Equation Modeling，SEM）概念模型。结合问卷调查与统计分析，通过 Logistic 回归模型对基于 SEM 模型的问卷调查数据进行统计分析，对旅游者在高铁背景下的旅游感知、动机和行为变量之间的关系进行实证分析。

对于供给层面的测度,一是通过构建评价指标体系等。综合运用计量分析方法,通过指标评价、因子分析、主成分分析方法对供给要素影响度进行测度;二是运用灰色关联度分析法,通过对系统动态过程的量化分析,反映系统诸因素之间的相关程度。灰色关联分析法作为一种定量与定性相结合的分析方法,它可以将事物之间复杂综合的关系简化为具体的关联度系数,在社会经济问题的研究中具有独到的意义。

第三,注重国内外借鉴与比较分析法。将国外高铁对沿线区域旅游产业影响研究与本书研究案例地区域的实证调研分析相结合,包括将长三角区域高铁沿线枢纽城市的高铁旅游公共服务水平进行比较评价;结合高铁沿线枢纽城市西安市、武汉市、南京市的旅游产业要素供给水平进行比较评价等,力求在对标借鉴与比较分析中更准确地把握问题,寻找差距。在此基础上,基于供给、需求两大视角下的多层次测度分析和评价,运用对策论方法,以协同机制和对策为抓手,全面而系统地提出高铁时代区域旅游产业要素配给的操作路径,为高铁时代更广泛领域内旅游产业发展和潜力提升提供有力的借鉴。

第二章
研究述评与相关理论基础

第一节　内外相关研究述评

一、高速铁路的发展及其对区域的影响研究

在众多交通方式中，高速铁路运行快速、载客量大，是一种兼具安全性、快捷性和舒适性的重要交通方式（Fujita，Takayoshi，2007；Oskar Froidh，2005）。日本、法国、德国、西班牙、韩国等发达国家的实践经验表明，高铁已经成为缓解交通系统压力的主要方式之一（Yung-Hsiang Cheng，2010）。同时，高铁对区域空间结构优化和社会经济发展具有重要意义（Banister D.，Berechman Y.，2005；Bonnafous，A. T.，1987；Vickerman，R.，1997），地区之间可达性的增强促进了就业和生产，"廊道经济"在高铁沿线地区得以产生和发展（Blum U.，Haynes K. E.，Karlsson C. K.，1997）。

一是高速铁路的建设运营的相关研究。Javier Campos（2009）在收集全球 166 条高速铁路相关信息的基础上，对高铁的建设运营进行了成本和需求分析，提出了高速铁路的四种发展模式：完全独立模式（exclusive exploitation model）；高铁兼容模式（mixed high-speed mode）；传统线路兼

容模式(mixed conventional model)及全兼容模式(fully mixed model),认为高铁网络化的营运体系适用于满足高人口密度地区的经济发展需要(Javier Campos,Gines de Rus.,2009)。Andrew Ryder(2012)则对比了亚欧各国与美国的高铁发展模式,认为在亚欧各国,人口密度高、经济发展地域集中分布的特点决定了高速铁路不仅是交通设施建设的一部分,更是国家关于产业经济发展的政策体现,政府往往是投资建设和经营管理的主体;而在美国,人口、城市分散分布的特点和以汽车、航空为主的交通体系决定了高速铁路的发展规模有限,不同地区的高铁运营模式也不尽相同。其研究结论认为,高速铁路的建设与运营是一个长期过程,需要在用地控制、建设规划、资金筹措、运营管理等方面实现统一管理和协调发展。

二是关于中国高速铁路发展的相关研究。值得注意的是,随着近几年来我国高速铁路建设规模的不断扩大,这一问题也引起了国际学术界的关注,成为了交通与旅游领域新的研究热点。W.G. Wong 等针对我国高铁发展的实际情况,提出了高铁运营管理的三种模式并对其进行了对比分析,包括传统的地方性铁路行政管理模式(traditional mode executed by three railway administrative bureaucracy)、独立的基础设施建设管理模式(split mode separating operations from infrastructure)及铁路行政与基础设施管理相结合的管理模式(aggregative mode combining train operations with infrastructure management),采用层次分析法及目标达成技术对高速铁路的最优发展路径进行了探究(W.G. Wong, B.M. Han, L. Ferreira, X.N. Zhu, Q.X. Sun, 2002)。Xin Wang 等借助引力模型和距离衰减规律研究了高速铁路对我国旅游业发展的影响,研究结论主要有三点,一是高铁会导致旅游市场的重新划分,二是高铁会使区域之间的旅游业竞争扩展至更大的空间范围,三是高铁影响区域旅游中心的空间布局(Xin Wang,Songshan Huang,Tongqian Zou,Hui Yan,2012)。Quan Hou 等研究了珠三角地区交通基础设施对经济地理格局的改变,认为高速公路与城际高铁的发展使各城市之间的可达性经历了从差异明显到整体提高的过程,体现在平均出行时间的缩短、城市之间引力的增强以及日常活动的便捷化等方面。其结论是时空距离的缩短拓展了经济活动的辐射半径,从而导致产业分布格局的调整,新的区域经济中心逐渐形成(Quan Hou,Si-Ming Li,2011)。

三是关于高铁对沿线区域格局影响的相关研究。尤其从长三角区域的相关研究来看,杨维凤(2010)研究了京沪高速铁路对我国区域空间结构的影响,指出京沪高速铁路加速了现代服务业的空间要素流通,扩大了生产要素集散度的空间分异,形成了不同形式的空间组织形式。京沪高铁将会进一步夯实北京和上海铁路运输的中心地位,加强东部发展轴的快速形成;提升京津冀和长三角城市群的地位,拉动山东半岛城市群的对外辐射能力;加速长江三角洲城市群的地域整合,扩大京津冀都市圈的直接影响范围,形成诸多的次级经济增长极(区)。赵丹、张京祥(2012)则指出自改革开放以来,长三角城市空间格局的形成与演变表现出明显的交通导向性。2010 年长三角的可达性空间格局以苏州—嘉兴地区为中心,向外围地区不规则降低。如今高速铁路的布局已经影响到区域的可达性空间格局。现状的空间格局表现出明显的轴带特征与梯度等级,已经通车的沪宁高速铁路、沪杭高速铁路等沿线各城市的可达性水平明显高于高速铁路未覆盖的其他城市,可达性较好的区域构成了大致"Z"字形的空间格局。此外,作者认为高速铁路推动了长三角区域多中心空间结构的形成,但对城市可达性水平的影响具有明显的区域差异。高速铁路的发展犹如一把双刃剑,在形成诸多的次级经济增长极的同时,也在一定程度上造成了"核心""边缘"城市的空间分异更加突出。

高速铁路将使得交通经济带的发展特征凸显;全国性高速铁路网络的形成有助于减小地区间的经济发展差异;区域发展的集聚与扩散趋势并存:"核心""边缘"的城市差异将更为突出。

四是关于高铁站点的空间分布及影响的相关研究。此外,高铁不仅可以改变大中城市和周围小城市的区域关系,且提高周围小城市到中心城区的可达性,从而改变区域城市系统的层次体系和平衡(José M Urena,Philippe Menerault,Maddi Garmendia,2009)。Javier Gutierrez 等学者的研究也发现,欧洲高铁交通系统将不仅改变高铁沿线城市的可达性,并且增加了其他城市可达性(Javier Gutierrez,2001)。郑德高、杜宝东(2007)指出,高铁站点一般采用高密度、高容积率紧凑的空间开发模式,能够带来大量的人流,聚集服务功能,形成城市的活力地区和重要的城市功能节点,并对城市空间格局产生重要的影响。段进(2009)则认为高铁车站的建设会带来沿线城市整体性的人口与产业的增长,增强沿线城市的集聚能力和城市能级。高铁站点将重构沿线城市(尤其是旅游城镇)的交通体系,提高城市在更大尺度空间上的通达性。

二、高铁对区域旅游产业供给的综合影响研究

一是关于高铁对区域旅游产业发展的综合驱动研究。对旅游企业而言,高铁建设促使旅游企业在空间上产生集聚效应。Prideaux B.(2000)根据核心—边缘理论,发现交通系统的变革使企业的空间竞争力发生变化,从而影响其空间布局。高铁开通使交通成本降低,旅游企业向发达地区聚集并在同一区域共用基础设施和相关配套设施,利用由此产生的规模经济效应,达到降低成本、提高效益的目的。Kwang Sik Kim(2000)以居住人口和就业人口为测度对象,应用基尼系数、怀特系数等研究了首尔—釜山高速铁路对韩国首都地区空间结构的影响,发现

高铁对居住人口的空间分布有集聚效应,高铁沿线地区人口总数和密度都有明显增长;而对就业人口的分布则有分散效应,这主要是由于高铁缩短了人们出行的时间,从而扩大了人们工作和活动的范围。根据核心—边缘理论,交通费用的重大改变导致企业间空间竞争力变化,从而使旅游企业空间布局上产生集聚(Prideaux,2000)。这种集聚表现为旅游企业向发达地区聚集,众多旅游企业的同一区域共用基础设施和相关配套设施,从而获得规模效益,降低生产成本,提高企业效益(Sophie Masson,Romain Petiot,2009)。在商务旅游方面,研究发现高铁一方面促进了商务旅游客流量的增长,另一方面也引起了旅游目的地酒店业的入住率下降。1989年大西洋高铁开通促进了整个大西洋地区旅游业快速发展,其中勒芒城商务旅游发展尤为迅速,会展和会议在高铁开通前只局限在本地区范围内发展,而高铁开通后勒芒城会展业影响到整个国家乃至国际市场,吸引更多国际商务会议客(Krugman P.,1991)。同受高铁影响的曼斯商务客比重上升了,但游客平均停留时间却缩短,由此导致酒店业入住率下降。Sophie Masson,Romain Petiot(2009)也发现法国高铁南线开通后商务客人次增加,但平均停留时间下降,由1980年的2.3天减少为1992年的1.7天,从而威胁到当地商务饭店的入住率。林上(2011)研究发现日本新干线串联起的城市和商业中心成为"高铁廊道",沿线居民利用新干线作为日常休闲和旅行工具,使得东京到大阪之间形成了"高铁休闲圈"和"高铁旅游圈",促进了旅游产业的升级转型。在国内,王缉宪、林辰辉(2011)认为高铁建设增强了城市在争夺旅游细分市场中消费能力最强的商务客人的优势,有力地带动了旅馆、百货店等服务业和不动产开发,促进了沿线区域旅游休闲产业的发展,导致客源结构和旅游产业结构发生变化,改善城市投资环境,增强外资对旅游产业投资的吸引力。梁雪松(2011)以沪杭高铁开通后一个月的运行给两地居民带来的影响为中心内容,对两地进行了调研,指出高铁将改变城市旅游的性质,将缩短时空距离,提高旅游的通达性,将拓展沿线区域客源市场和旅游资源的整合并有利于旅游产业结构的转型升级调整和旅游项目的布局。Sun Qipeng(2011)等研究了日本"新干线"的运营管理模式,认为高铁与旅游业的发展是互相促进的,高铁的车上服务与站点建设应该侧重于满足旅游者的各种需求,并针对不同地区旅游者的出行习惯设计多样化的列车运营方案,包括灵活的列车时刻、适宜的运营速度、合理的停靠站点安排等。Martin Schiefelbusch(2007)等也探讨了旅游与交通相融合的规划策略,提出"旅游链(Travel Chains)"的概念,认为交通贯穿旅游活动始终,是旅游产品的重要组成部分,提高交通便捷度、改善交通服务有助于促进旅游业的可持续发展。

从产业要素流动的视角,梁成柱(2008)分析了高速铁路对京津冀经济圈要素流动的影响。一是劳动力要素的流动将以人口迁移和跨区域作业的形式进行,在流动中将加剧京、津的扩张效应和河北的收缩效应。二是资本要素的流动。随着工业的梯度转移,资本也将由北京和天津向河北流动。此外,还有对技术要素流动和物流要素流动的影响。林晓言、陈小君等(2010)则建立了高速铁路对区域经济发展影响的分析指标体系,采用灰色预测和多元线性回归模型测算出 2008 年、2009 年"无"京津城际铁路情况下京津地区的相关经济数值,基于"有无对比原则"分析京津城际高速铁路对京津两地的区域经济贡献。鲁海燕(2011)指出高速铁路极大地缩短了城市之间的距离,促进了人才、信息、资本之间的流动,对振兴地方经济有着重要的催化和促进作用。但单纯的高铁建设与城市的发展并没有直接联系,其影响主要是通过高铁站点及周边地区来完成。文章从区域经济、城市网络、产业结构三个方面分析了高速铁路建设对城市发展的影响,然后从交通价值和功能价值入手,指出高铁站点及周边地区在承担交通功能的同时,也要充分考虑与城市经济的互动。李建东(2012)则通过对法国高铁、日本高铁及韩国高铁的研究,总结了高铁对城市经济的影响,并着重剖析了高铁对房地产市场的影响机理。

二是高铁对区域旅游产业空间格局的影响研究。首先,高速铁路作为公共交通系统的一部分,影响着沿线旅游功能区的空间格局。在日本,被新干线串联起来的城市和商业中心形成了一个似珍珠项链般的"功能区",称为"高铁廊道",居住在高铁沿线的居民将新干线作为日常休闲和旅行工具,使得在东京到大阪之间形成了"高铁休闲圈"和"高铁旅游圈",促进了旅游产业的升级转型。高铁车站及周边地区的功能和景观也发生了巨大变化,成为城市的新地标和旅游景点,高档商务饭店取代了传统低档次的站前旅馆,直接服务于商务人士和旅游者(林上,2011)。Sean Tierney(2012)也认为,高铁将人们的居住、工作和休闲娱乐空间纳入一个整体的廊道系统,对人口分布和经济活动产生了明显的集聚效应,从而改变了区域地理要素的构成形式,形成了新的旅游休闲空间。高铁不仅加强了沿线城市之间的联系与交往,更促进了人才、服务等资源要素在空间上的优化配置。Derek R. Hali(1999)认为,交通与旅游之间的关系体现在二者之间发展的不对等性及旅游交通的外部性两方面。一方面,交通建设水平限制着地区之间的文化交流程度与旅游往来频度,影响客源地与目的地之间的空间互动关系;另一方面,旅游交通设施建设可能挤占用地空间,对非旅游交通和人们的日常生活产生负向外部性。因此旅游交通的发展要与区域用地规划相协调,避免发展不均衡和负外部性造成的不良影响。Blum U. K.等人(1997)认为,高速铁路把区域内多个城市和地区连接在一起,这在一定程度上将使得这一城市带转变为一个扩张的功能区或是整体的经济走廊。他们着重考察了经济走廊在短期、中期和长期的经济整合。短期视角下,他们考察了产品和服务市场的整合以及劳动力市场、购物市场、私人服务和休闲活动的整合。中期视角下,他们集中讨论高铁廊道上房产和工厂的再配置。长期视角下,高铁廊道的整合效应成为研究重点。Kiyoshi,Kobayashi等人(1997)提出一个高铁影响下资本和人口自由流动的动态跨区域成长模型,该模型描述了资本和知识积累、工资和土地租金结构之间动态的相互依赖性,表明高速铁路系统可以提高各城市生产部门的交流机会,从而带动整个区域各产业的发展。Kingsley E.Haynes(1997)指出,高速铁路的存在使得区域联系和区域工业综合体的空间相互作用方式发生变化。在实证研究方面,Sasaki等人(1997)衡量了日本新干线对区域社会经济发展的影响,表明新干线与经济发展存在正相关关系,日本东海道、山阳新干线的GDP与客流量呈线性关系。David Ellis(2010)以田纳西州铁路为例,通过交通需求模型预测修建高铁对田纳西州带来的时间效益、通达效益,认为高铁将推动田纳西州经济的发展。Nakamura和Ueda利用统计方法分析日本"有"与"无"新干线情况下各产业就业人口的变化,结果发现修建高速铁路后就业人口明显增长的产业是第三产业,其中旅游业和服务业就业人口增长尤其明显。Sean Randolph(2008)结合当地铁路局提供数据预测了加州海湾地区2030年修建高铁和不修建高铁对就业和人口的影响比较,指出高铁建设将促进沿线旅游目的地人口增长和就业增加。Chia-Lin Chen等从宏观角度研究了高铁对区域经济地理格局的时空效应,指出高铁影响下的劳动力、技术、资本等资源要素的优化配置有利于带动就业增长、促进地区之间的均衡发展,为旅游业的发展奠定了基础(Chia-Lin Chen,Peter Hall,2011)。

　　三是高铁沿线的区域旅游合作的相关研究。高铁线路的建设常常跨越若干个行政区域,增强了沿线地区之间的空间联系和经济关系,高铁沿线区域的旅游合作发展问题也被越来越多的学者所关注。张莹、薛东前(2010)采用SWOT方法对郑西高铁开通后区域旅游整合联动发展的条件进行了分析和评价,并提出了相应的对策和建议。黄爱莲(2011)以新经济地理模型为理论基础,研究了旅游企业在高铁交通廊道内的集聚与扩散和由此导致的旅游地空间结构及旅游需求的变化,并以武广高铁为例,探讨了沿线旅游发展方式转变的途径。李松柏(2011)认为,高铁大幅提高了长三角地区的同城化程度,散客游和短途游快速发展,应通过改善配套设施建设、提升区域旅游形象、加强市场营销力度等途径促进长三角地区旅游业的合作发展。蒋丽芹(2011)也对长三角区域旅游合作体系的构建进行了研究,认为旅游合作体系应包含组织体系、产业体系、营销体系、空间布局体系四方面。梁雪松、王河江(2010)探讨了"小时都市圈"所凸显的"同城效应"并提出区域旅游合作和打造个性化产品体系等对策。宁坚(2012)指出高铁开行将使沿线城市间的旅游业产生产业联动效应、产品互补效应、布局优化效应、市场拓展效应、散客化效应,为沿线城市深化合作创造条件。他以成绵乐高铁沿线城市为例,提出沿线城市应根据高铁旅游的效应、特点和线路覆盖区域,构建跨城市联动的长中短旅游线路,并建立与之相适应的合作机制。在综合分析方面,张丽娟、廖珍杰(2011)从游客、旅游企业和旅游业发展格局三个视角入手,分别分析了武广高铁为之带来的变化。作者指出高铁将扩展旅游目的地半径,扩张城市游憩带范围和加剧区域旅游产业竞争。何艳(2011)探讨了高速铁路及其对沿线区域旅游的影响机理,并以郑西高铁为例,通过ASEB栅格分析法指出郑西高铁开通对河南省沿线旅游的影响,提出应加强高铁旅游的宣传力度,完善旅游基础服务设施,推出精品旅游线路,打造特色旅游产品和开展区域旅游合作。周仁亮(2011)对武广高铁的实证分析发现武广高铁运营前后沿线旅游地的类型和特点发生变化,高铁的开通也引发了沿线旅游目的地的区位弱化效应、鲶鱼刺激效应、角色转换效应和品牌加成效应。郭万清(2011)探讨了高铁时代的泛长三角区域城市协调发展,指出高铁将重构产业分工,重构城镇体系。作者继而指出了泛长三角区域城市间发展不协调的现状及原因,并提出了完善国家区域发展协调机制、完善城市政府间合作机制和积极探索区域协调组织创新三大对策。

三、高速铁路对旅游需求和行为的影响研究

在传统情况下,交通工具作为旅游环境中的基础设施,是旅游行为的"保障因素"(保继刚、梁增贤,2011)。随着以"四纵四横"为骨架的快速、大能力的高速网络的建设,高铁对传统的 K 字头、T 字头列车产生了较大的替代作用;高铁作为一种新兴的快捷交通工具,其建设运营通过提高空间可达性来提升了区域旅游经济效率(曹芳东、黄震方等,2012),成功地缩短了游客的途中时间、激发了出游需求并促进了乘客出行的机动性(陈钢华、保继刚,2011;Weisbrod,G.,2008);旅游者在经济和时间预算的约束下开始对交通工具、旅游目的地、旅游消费结构重新决策,从而产生新的出游行为(魏小安、金准,2012)。长远来看,高铁对旅游者出游行为的"驱动"作用开始显现(Yung-Hsiang Cheng,2009),其研究必要性也逐渐增强(李松柏,2011)。

一是高铁对沿线区域旅游市场的综合影响。首先,高铁的开通有可能加剧旅游市场的空间竞争。Sophie Masson 等在研究中发现,由于各旅游区的发展潜力不同,作为一条高铁线路的两个节点,西班牙巴塞罗那对法国佩皮尼昂形成了"过滤效应",加剧了客流向巴塞罗那的聚集,而阻碍了佩皮尼昂旅游发展(Sophie Masson,Romain Petiot,2009)。

在国内,王欣、邹统钎(2010)根据时空替代机制,探讨了旅游系统的网格空间模型。结合对北京结点的探讨,高速铁路网给中国旅游产业发展与布局带来的影响包括以下几个方面:市场空间的放大与变形;更大范围的全面竞争;结点效应、端点效应与空格点效应;巨型中心城市崛起;结构调整与重新定位及跨越时间门槛等。周仁亮(2011)则指出武广高铁旅游的运营为沿线旅游地系统结构带来了强劲冲击,旅游地的格局也被重新安排。其一,高铁两端的广州和武汉成为了武广高速沿线城市旅游带的核心两极,拉动其他沿线城市旅游发展;其二,武广高铁沿线城市旅游的空间结构体系形成双磁极旅游圈;其三,高铁中部的郴州、衡阳、株洲等城市形成若干次级旅游核心城市。张楠楠、徐逸伦(2005)从高速铁路对于区域交通系统、经济系统和区域空间的影响三个方面系统分析了高速铁路对区域发展的影响作用。其次,高铁的开通为旅游目的地带来大量客源,并带动了基础设施和服务设施的建设和完善,是增加地方旅游业收益的重要力量。Lopez-Pita A.和Robuste F.(2005)指出高铁对区域旅游收益影响非常明显。在法国,从巴黎到里昂相距约400 km,汽车行驶需要4.5小时,第一条高铁(TGV)线开通后,巴黎到里昂行程时间缩短到2小时(Reg Harman,2006)。高铁拉近了里昂和巴黎的距离,促进了里昂休闲旅游和商务旅游发展,里昂接待商务客旅游收入是接待普通游客旅游收入的4倍(Sophie Masson,Romain Petiot,2009)。在美国加州,高铁带来旅游流量的增长进而促进当地餐饮业、娱乐业、住宿业、零售业及文博设施的发展(Sean Randolph,2008)。Sean Randolph(2008)研究了美国加州高铁的修建对海湾地区旅游经济的刺激作用,认为高铁直接带动了餐饮、住宿、零售、娱乐等行业的发展,并促进了当地的人口增长和就业增加。Banister D.(2005)、David Frost(2009)等学者认为,高铁的网络效应促进了商务旅游的发展,增强了高铁覆盖地区对旅游市场的辐射作用,从而带动了本地的旅游服务设施升级,并为社会提供了大量就业机会。从针对这一研究角度的现有文献来看,学者们通过不同地区的实证研究,得出了类似的结论,即高速铁路对旅游业发展的促进作用主要体现在:增加旅游人次;提供就业岗位;提高基础设施建设水平以及促进餐饮、住宿、零售、娱乐等相关行业的发展。

二是高铁对出游决策的相关影响研究。从国内外的文献资料来看,关于高铁对旅游者出游行为过程的影响研究数量较少,内容上集中于出游时间的安排上和目的地的选择上,普遍表现为一日游的比例大幅增加。Reg Harman(2006)通过整理统计数据发现,在距巴黎 1 小时车程内的曼斯和图尔斯,人们由过去的一周往返一次变为一天往返一次,一日游比例由高铁线开通前出游比例不足 14% 激增至 20%,且在目的地过夜天数普遍减少 1 天左右。国内的廉晓利(2011)以福州市为节点,对游客进行个人属性、高铁开通后旅游行为意向和目的地出游距离的问卷调查,研究了高铁开通之后人们旅游目的地选择行为变化的影响机制。刘伏英(2010)通过问卷调查和深度访谈总结了武广高铁给鄂湘粤地区带来的旅游消费需求变化:其一,三地客源互动,短线产品需求旺盛;其二,周末一日游的比例加大;其三,较多的高铁周边城市为主要目的地。对此,她提出要完善旅游基础设施,整合旅游线路,开发专项旅游产品和强化服务设施,细分住宿产品市场。周玲利和甘萌雨(2012)通过访谈调研福州市民在高铁开通前后的出游目的地选择的变化,论证了高铁对旅游者出游行为决策的影响。廉晓利(2011)也通过问卷和访谈调研福州高铁开通后的旅游者目的地选择意向,进一步分析了高铁对出游行为的影响的结构特征与差异。同时,国外的研究还关注到了出游行为在不同的高铁站点之间的分布差异,地中海地区的旅游热点则转向了高铁的枢纽站点城市(José M.Urena，2009；Chia-Lin Chen，2011)；日本(Fujita，Takayoshi，2007)新干线沿线的出游冷热点分布也同样与新干线上枢纽站点与非枢纽站点的分布态势基本吻合。

具体而言，首先，在出游交通工具的选择上，日本、法国、德国、西班牙和韩国等国家的统计数据显示，高铁交通系统吸引了航空和公路的交通系统约 10%—30% 的游客量(Yung-Hsiang Cheng，2009；Givoni M.，2006；Vickerman R.，1997；Park Y.，Ha H. K.，2006)。Behrens(2009)对伦敦到巴黎的旅游者调查也发现高铁对航空产生了强烈冲击，其替代效应也随之增加，即在没有高铁的时候有些行程根本不会发生。其次，在出游规模上，Jameel Khadaroo 等(2008)通过对 28 个国家的旅游统计数据的分析，发现世界主要客源地的旅游者对目的地的交通通达性都具有较高敏感度，交通基础设施的便利对目的地旅游吸引力的大小有决定性作用。国外的研究表明，高铁贯通后，英国(Givoni M.，2006；Andrew Ryder，2012)和法国(Jameel Khadaroo，2008；Frederic Dobruszkes，2011；Reg Harman，2006)的统计数据显示中短途的商务旅游和休闲旅游大幅增加；日本(林上，2011)东京则出现了居民"把新干线当成旅游走廊来使用"的出游热潮；而瑞典的统计数据同样显示(Oskar Froidh，2008)乘坐高铁出游人次达到了开通前的 7 倍之多。在国内研究中，许林，鲍宏礼(2007)在对武汉市旅游客源市场的问卷调查中发现武广高铁开通前，来自周边省市的游客数量能占到游客总量的一半以上，高铁开通后，乘坐高铁来武汉的广东客人数量陡增，几乎能够占到游客总量的 80%，高铁引发旅游者出游行为大幅增加。

三是高速铁路对出游体验的影响研究。国外学者在研究英国豪华列车之旅的过程中，通过问卷调研方式着重分析了高铁运行中的游客风险意识和满意度(S. Masson，R. Petiot，2009)，研究发现高铁的开通也提高了游客出行的便捷性与舒适性，满足了游客对出行质量的要求。Pablo(2007)通过成本分析模型针对 Madrid-Seville 高铁段 De Rus and Inglada 做了"事后成本—收益分析"(Ex-cost Benefit Analysis)，针对 Madrid-Barcelona-French Border route 高铁线路 Inglada and Coto-Millán 做了"事前成本—收益分析"(Post-cost Benefit Analysis)，结论显示：高铁的引进大大降低了运输时间成本并大幅提升了乘坐舒适度，从而增加了高铁出游的频率、重游率与忠诚度，尤其在长途旅行的需求方面，旅游者对高铁的忠诚度甚至会胜过航空运输。同时，随着对服务要求的多元化，越来越多的旅客开始重视公共交通部门的信息作为安排行程的依据，旅客对交通服务质量的感知影响着其对整个旅行的选择行为和满意度；研究表明，在提高高铁安全性、快捷性的同时，建立与高铁运营相配套的门户网站有利于向旅游者提供更便捷、快速的服务，信息服务质量对顾客满意度和旅游行为的发生有重要的影响(Cheng，2011)。国内的学者已经注意到了运输方式的先进与高效可以大大提升旅游者安全价值(郑向敏、高玲，2010)以及旅游者的服务溢出效益和消费需求(梁雪松，2012)；但是，对高铁与出游行为的体验、满意度之间的影响和关系研究较为鲜见。

四、研究评价

通过以上研究文献回顾和梳理可以发现，高速铁路与旅游业的关系成为国内学者关注的研究热点，尤其是 2010 年之后国内的相关研究开始增多，也取得了一定的成果，但同时也存在一定的薄弱环节。总体而言，国内外学术界在研究内容上的差异不大，对高铁建设与旅游业发展的现实情况中呈现出的各种问题均有涉及。只是由于研究时间长短的不同，在思路、方法的成熟度上有所差异。可以预见，随着我国高速铁路建设力度的加大和旅游产业的深入发展,相关研究题材会不断丰富,学术研究的广度和深度也会不断拓展和深入。

在研究内容上,从研究现状来看,国内学术界的研究内容主要集中在高铁对区域旅游业发展的影响及高铁对旅游需求的影响两方面,而从旅游产业要素配置影响角度出发的研究仍是空白。其具体表现在,一是现有的国内成果对高铁的区域带动和影响的研究仍较多地停留在结果性的预期和空间上的调整层面,尚未深入到城市经济或旅游产业受此驱动的深层要素和原因分析。二是现有的研究较多地停留在供给层面来分析交通设施本身的作用和影响,较少涉及需求方即消费者再次影响下的需求变化与行为选择。三是国外的研究一定程度上对需求者给予了关注,但是较多地停留在消费者对高铁本身的价格、性能等方面的研究,而对于由此产生的旅游消费和需求变化的关注仍显不足。

在研究方法上,多采用实证研究与定性分析相结合的方式,从宏观角度进行的介绍性、描述性、预测性的分析和研究较多,集中于空间布局和区位地理分析,而对高铁影响下的经济效应、产业结构、需求行为和消费模式等尚缺乏成熟的定性剖析框架和定量的测度体系与模型的引入。尤其是国内高铁旅游研究的角度偏重于宏观论述,研究方法多采用描述性和假设推断,定量与实证研究较少。

综上所述,要把握问题的实质,阐明高铁对沿线区域旅游产业的影响机理和影响程度,需要深入而系统地对旅游产业进行剖析,分析高速铁路对旅游产业的供给、需求要素结构及其行为特征的演变规律是如何产生影响的? 在高速铁路条件下区域旅游产业的供给与需求的要素如何优化配置并实现均衡发展? 如何实现在这一背景下的旅游产业潜力的挖掘、提升与可持续发展? 如何构建更为客观和科学的定性剖析框架和定量测度模型? 这些正是本研究的切入点和着眼点。

第二节　相关理论基础

一、空间经济学的相关理论

一是关于交通经济带的相关理论。交通经济带理论是中国特色的区域空间经济结构和经济布局理论。交通经济带的研究始于20世纪80年代,定义尚不统一,一般认为交通经济带(Traffic Economic Belt,TEB)是以交通干线或综合交通运输通道为发展主轴,以轴上或其吸引范围内若干不同级别的中心城镇为依托,以二、三产业为主体的带状经济发达区域。该带状经济区是一个由产业、人口、资源、信息、客货流等聚集而成的经济组织系统,在沿线各区段及各经济部门间建立了紧密的技术与生产协作。赵丹、张京祥(2012)认为,交通作为人口流、物质流、资金流、技术流等的空间载体,成为区域经济联系的纽带和城市群空间建构的重要载体,并通过产业集聚与扩散以及区域之间的梯度转移与专业化分工来影响城市群的功能结构,引导城市群沿交通主线拓展,同时,将城市群通过综合交通体系形成一个经济社会协调发展的互动整体,从而推动城市群空间结构的演化。

从交通经济带的性质来看,韩增林、杨荫凯、张文尝等(2000)认为,交通经济带是一个"具有耗散结构的空间经济系统",它在空间演化过程中会经历启动期、雏形期、形成期、延伸或连接期和后工业化时期。万家佩、涂人猛认为(2002),交通经济带具有空间地域综合体和社会经济有机体的基本性质,它是区域经济发展的一个特定阶段。其生命周期大致可以划分为起步雏形、膨胀增长、成熟扩展和融合衰退四个阶段。

交通经济带的构成要素主要有四个:其一,交通基础设施,它是交通经济带形成发育的前提;其二,三次产业(特别是工业、金融商贸和信息业),它是交通经济带的主要构成内容;其三,大中型城市,这是交通经济带发展的依托;其四,区位,它是交通经济带的关键因素。学界根据交通轴的不同性质,将交通经济带分为沿海交通经济带、沿江(河)型交通经济带、陆路型交通经济带和复合型交通经济带(陆大道,1992)。从交通经济带的定义来看(尤飞、韩增林,2003),武伟归纳为:交通运输沿线经济带是以综合运输通道(包括各种运输干线及其组合、能源动力供应及水供应线、邮电通信设施等线状基础设施)为发展主轴,以轴上及其紧密吸引区域内相互密切联系的城镇或城镇群为主要依托的不同等级的发展中心及其经济活动共同组成的带状区域经济系统;张国伍、申金生等人归纳为:交通经济带是以交通干线为主导,由交通干线和沿线一定范围内经济区域(主要由交通干线的吸引区域决定)所形成的具有某种特定结构(优势产业结构、资源结构、技术结构)的带形区域系统。

二是由法国经济学家弗朗索瓦·佩鲁(F. Perroux)在1950年提出的"增长极"理论。他认为,经济增长并非同时出现在所有地方,它以不同的强度首先出现于一些增长点或增长极上,然后通过不同的渠道向外扩散,并对整个经济产生不同的最终影响(孙苗,2008)。这种影响有正有负,如果周围区域的劳动力、资金、技术等要素转移到增长极,剥夺了周围区域的发展机会,这样,增长极便对周围区域产生了负效果,被称为"极化效应";若增长极通过产品、资金、技术、人才、信息的流动,对其周围区域的发展产生促进、带动作用,则增长极产生正效应,称为"涓滴效应"。法国地理学家布德维尔(J. Bordeville)在佩鲁的理论基础上,将增长极同极化空间、城镇联系起来,使增长极有了确定的地理位置,即位于城镇或其附近的中心区域。这样,增长极具有"推动"与"空间集聚"意义上的增长之意(卞显红,2006)。旅游发展中同样存在"增长极",它可能是旅游中心区域，可能是高等级的旅游景区（点），以及通过旅游线路组织向外扩散并对整个旅游业发展具有重要推动作用的区域。增长极理论在旅游发展中的应用价值在于寻找确定旅游增长极，强化其对周边区域的正效果、弱化负效果。

三是依托于"增长极"理论的"经济轴带"相关理论。经济轴带理论揭示了区域经济发展的非平衡性，即资源要素可能会在点与点之间跳跃式地进行配置，并通过轴带的带动功能，对整个区域经济的发展发挥牵引作用。包括增长轴理论、点—轴理论和条带发展理论等。增长轴（Growth Axis）理论由德国学者沃纳·松巴特（Werner Sambart）于 20世纪 60 年代初提出。增长轴是指区域开发的纽带和经济运行的通道，增长轴理论将交通运输与区域经济发展直接关联，强调交通干线对经济活动的促进作用，认为沿交通线为"主轴"将逐渐形成一条产业带。该产业带依靠交通运输在既有增长极之间建立联系，把若干增长极结合为系统。沿此思路，美国学者沙利文等在 20 世纪 90 年代提出了"发展走廊"思想，即将交通运输基础设施与沿线经济开发看作整体进行统一规划和建设。波兰学者萨伦巴和马利士提出了"点—轴开发"理论，后来被进一步发展成条带开发理论。从区域经济发展的过程看，少数条件较好的区位会首先聚集经济中心，并呈斑点状分布。这些经济中心可称作"区域增长极"，它们是点轴开发模式的"点"。经济的不断发展会使得"点"不断增加，点与点之间生产要素的流动需要依靠交通线、动力供应线及水源供应线，这些线相互连接就成为"轴线"。轴线首先为既有的区域增长极服务，而后轴线会吸引人流、物流、信息流不断向轴线两侧聚集，进而形成新的增长点。点轴贯通，即形成"点—轴"系统。因此，点轴开发模式可以理解为发达区域的经济中心沿交通线向欠发达地区不断纵深发展的推移过程。

四是旅游空间结构的相关理论。卞显红(2003)认为,旅游空间结构是指旅游经济客体在空间中相互作用所形成的空间聚集程度及聚集状态,它体现了旅游活动的空间属性和相互关系,是旅游活动在地理空间上的投影,是区域旅游发展状态的重要"指示器"。一个城市的旅游空间结构由旅游目的地区域、旅游客源地市场、旅游节点、旅游区、旅游循环路线及旅游入(出)通道六大要素构成。马晓龙(2004)认为,以高铁线路和高铁站为核心的交通系统的变化会改变城市旅游空间结构,尤其是对旅游客源地市场和旅游入(出)通道的扩大和拓宽,从而间接地影响其他要素如旅游节点的组织方式和整体格局,为空间线路组织、旅游产品组合和服务设施的选址等实际问题提供规划和决策依据。

二、旅游产业构成的相关理论

一是产业结构相关理论。产业结构是指一个产业的构成及产业中各行业之间的联系和比例关系。产业结构优化主要包括产业结构合理化和产业结构高级化。旅游产业结构是指旅游产业中各行业部门以及各种经济成分和经济活动各环节的构成及其相互比例关系。旅游产业是综合性极强的经济产业,通常将其界定为包括旅游业和为旅游业直接提供物质、文化、信息、人力、智力、管理等服务和支持的行业的总称。旅游者在旅游活动的全过程中,一般都要经历六个主要消费环节,即食、住、行、游、购、娱。因此,从供给角度出发,旅游产业的六大要素即旅游餐饮、旅游住宿、旅游交通、旅游景点和旅行社、旅游购物和旅游娱乐(魏小安,2012)。由于旅游产业的综合性,六大行业部门中的大多数又分别是其他行业的子行业,在现实生活中相互交织、职能交叉,为行业管理和统计工作带来了极大的复杂性,但也是因为这种综合性,使旅游产业产生了全面拉动国民经济增长的关联效应,成为多个地区和城市的战略性支柱产业。

二是产业要素配置相关理论。产业要素的优化配置是产业结构调整的实质内容。组合原理、平衡原理、替代原理则是产业要素配置的基本理论(李耀新、乌家培,1994)。组合原理包括初始组合和重新组合两种基本类型。初始组合以要素增量(新增投入)分配为主要特征,通过产业要素的分配实现产业要素组合。重新组合则是以要素存量流动为主要特征,要素组合通过产业间的要素转移来实现。生产要素组合原理还体现在空间、时间组合上。空间组合是指生产要素在地理区域上的分布与配置,时间组合是指生产要素按照不同形成时间和功能持续时间而确定地进入和退出生产要素组合的先后时间次序。生产要素的平衡原理要求生产要素具有齐备性,要防止"木桶效应"发生,因而需要保持生产要素的数量、质量、时间、空间、动态平衡。生产要素的替代原理既可以是生产要素之间及其内部的直接替代问题,也可以是一种生产要素所引发的其他生产要素发生质量、效能的间接变化。替代效应的实现机制一般有三种类型:其一,改变不同生产要素之间的数量比例;其二,改变生产要素的质量、效能和形态;其三,在同种生产要素中,改变不同因子间的数量比例和质量、效能对比关系。本研究"产业要素配置"的内涵将延续上述基础理论的内容,着眼于旅游产业要素的流动和要素的空间分布。

区域旅游产业的发展,需要通过旅游产业要素的合理和优化配置来加大旅游产业结构的优化,这一配置包括分析旅游产业六大要素的发展规模、速度、水平以及相互之间的联系和比例关系、分析影响旅游产业结构变动的各种因素、分析旅游产业结构的演进趋势和特点,研究促进旅游产业结构优化的对策及措施。一般来讲,旅游产业结构优化主要思路是依据市场需求的变化,加强六大产业要素中的薄弱环节,同时提高法律、政策、管理、科技、教育等方面的配套水平,促进各产业要素的均衡发展,根本目的在于满足旅游者的消费需求,强化旅游产业对国民经济发展的推动作用。相应的,本书将高速铁路作为动力因素和机制,也是从解构旅游产业要素配置的角度,通过构建相关的评价指标的评价体系,来测度高铁的驱动作用及其影响程度。

三、旅游产业优化的相关理论

一是产业结构的优化相关理论。根据产业经济学的理论,"合理的产业结构"首先应当满足以下要求:能满足有效需求(包括消费上的最终需求和生产上的中间需求),并与需求结构相适应;具有较为显著的结构效益;资源配置合理并得到有效利用;各产业间能相互补充配套、协调发展;能吸收先进技术、有利于技术进步;在保证技术进步的前提下吸引较多的就业人数;有利于保护自然资源和生态平衡。而判断产业结构合理化的标准主要包括五个方面:其一,与"标准结构"的差异;其二,对市场需求的适应程度;其三,产业间均衡的比例关系;其四,对资源的合理利用;其五,可持续地发展。产业结构的高级化则主要指产业结构从低级向高级的转变和演进过程,表现为产值结构、资产结构、技术结构和劳动力结构的高级化(杨公朴、夏大慰,2008)。

二是产业竞争的驱动力相关理论。美国管理学家迈克尔·波特(Michael E. Porter)在研究国际竞争优势时提出,一国的经济产业参与国际竞争的过程大致可以分为四个依次递进的阶段:生产要素驱动阶段(Factor-driven),投资驱动阶段(Investment-driven),创新驱动阶段(Innovation-driven)和财富驱动阶段(Wealth-driven)(迈克尔·波特,2002)。生产要素驱动阶段,推动发展的主要力量是土地、矿产、低成本劳动力等资源要素,产业技术含量低、附加值低,竞争优势主要来自成本和价格,产品的替代性很强。投资驱动阶段,是以资本投资作为经济发展的推动力,对基础设施、成熟技术、先进机器设备等的大规模投资使产能扩张、产量提高,与发达地区和国家的差距逐渐缩小。创新驱动阶段主要依靠产品、技术、管理、市场营销等方面的持续创新,劳动效率和资源利用率不断提高,产业主体之间的竞争集中在创新能力和技术、产品的差异性等方面。财富驱动阶段,追求人的个性的全面发展和高质量的生活成为经济发展的主要驱动力,是产业发展的高级阶段。

竞争战略的四阶段理论同样适用于划分和解释一个国家或地区旅游产业结构的发展阶段。在旅游业发展的初期,主要依靠自然景观和历史文化遗产等旅游资源发展观光旅游,以旅游线路为代表的旅游产品基本不存在差异,属于典型的要素驱动阶段。随着市场需求的多元化,单纯的观光旅游已经不能满足旅游者诸如休闲、度假、养生、探险等需要,对基础设施、宾馆饭店以及旅游景区等的投资建设成为必然选择,主题公园、森林公园、养生农庄、休闲度假区等多种类型和功能的旅游目的地开始兴起,大众旅游和休闲旅游蓬勃发展。同时,创意和策划逐渐成为推动旅游产业结构升级的另一有效手段,会展、演艺、旅游节事等文化体验项目层出不穷,旅游活动的体验性和参与度不断增强,这可以看作是旅游产业发展的投资驱动和创新驱动阶段。从国内外旅游业发达地区的发展趋势来看,旅游者在旅游活动中的自主性和自助性日益增强,旅游已不仅是外出探访、放松身心的一种活动方式,更是人们彰显个性、实现自我价值的一种高层次需求,旅游者开始亲自设计行程、策划路线、组织活动,甚至以探索尚未开发的目的地为乐,驴友团队、自驾游、自由行等旅游方式方兴未艾,旅游产业发展的财富驱动阶段必将到来。当然,旅游产业发展的四阶段并不是绝对独立的划分,它们相互叠加、过渡和融合,是一个动态平衡的过程。基础设施发展程度也是旅游产业竞争优势得以加强的重要因素。旅游产业是为旅游者提供综合服务与产品的体系,区域旅游产业的基础设施,如高速铁路的开通与网络化建设,关系到旅游者在目的地的正常活动,而如果目的地基础设施比较优越,那么其竞争优势就会得到加强。

第三章
高速铁路对区域旅游产业的供给
影响及评价

第一节 长三角区域高铁旅游的发展基础

一、长三角已逐步夯实高铁网络建设基础

(一)"八纵八横"高铁网络格局基本形成

截至2015年底,我国铁路营业里程已达12.1万公里,其中高速铁路1.9万公里[①],提前实现原规划"四纵四横"的发展目标,并成为世界上高铁建设运营规模最大的国家,比日本、德国、法国、西班牙和意大利等国家和地区的总和还多,其运营速度和整体配套也处于世界前列。2016年7月,国家发改委、交通运输部以及铁路总公司联合印发了新的《中长期铁路网规划(2016—2020)》,将中国高铁网在"四纵四横[②]"主骨架基础上升级为"八纵八横[③]",即以沿海、京沪等"八纵"通道和陆桥、沿江等

[①] 截至2016年底,我国铁路营业里程已超过2.2万公里。

[②] "四纵四横":中华人民共和国铁道部《中长期铁路网规划(2008年调整)》提出:中国规划建设"四纵四横"客运专线,客车速度目标值达到每小时200公里以上(宜万铁路时速160公里)。

[③] 2016年7月,国家发展改革委、交通运输部、中国铁路总公司联合发布了《中长期(转下页)

"八横"通道为主干,加大客流支撑、标准适宜、发展需要的高铁建设,区域连接线衔接、城际铁路补充的高铁网。2018 年,我国全国铁路固定资产投资完成 8 028 亿元,投产新线 4 683 公里,其中高速铁路 4 100 公里;2019 年,我国铁路固定资产投资完成 8 029 亿元,投产新线 8 489 公里,其中高速铁路 5 474 公里。统计显示,2020 年 7 月,我国铁路固定资产投资完成 671 亿元,同比增长 3.6%,其中基建大中型项目投资完成 499 亿元,同比增长 11.3%。

根据规划,"十三五"期间,全国新建铁路将不低于 2.3 万公里,总投资不低于 2.8 万亿元人民币,预计到 2020 年,铁路网规模达到 15 万公里,其中高速铁路 3 万公里,覆盖 80% 以上的大城市,并实现相邻大中城市间 1—4 小时交通圈、城市群内 0.5—2 小时交通圈;到 2025 年,我国高速铁路建设里程将达到 3.8 万公里左右;到 2030 年,我国铁路营业里程预计达到 20.4 万公里,基本实现内外互联互通、区际多路畅通、省会高铁连通、地市快速通达、县域基本覆盖,将更好发挥铁路对经济社会发展的保障作用。届时,在涵盖全球 25% 人口的世界东端,通过高铁网络全覆盖建成流动性更强、流量更大的一体化地缘经济区域。

随着铁路建设投入的增加,铁路运营里程不断延伸。2019 年末,我国铁路营业里程 13.9 万公里,比上年增长 6.1%,其中高铁营业里程达到 3.5 万公里。2019 年,我国铁路路网密度 145.5 公里/万平方公里。

(接上页)铁路网规划》,勾画了新时期"八纵八横"高速铁路网的宏大蓝图。"八纵"通道为:沿海通道、京沪通道、京港(台)通道、京哈—京港澳通道、呼南通道、京昆通道、包(银)海通道、兰(西)广通道;"八横"通道为:绥满通道、京兰通道、青银通道、陆桥通道、沿江通道、沪昆通道、厦渝通道、广昆通道。直接连接上海的"两纵三横"分别为:纵线京沪高速铁路(上海—北京),纵线沿海高铁:大连—天津—烟台—威海—青岛—连云港—南通—上海—杭州—宁波—福州—厦门—深圳。横线沪蓉客运专线(上海—武汉—成都)、横线沪昆高速铁路(上海—昆明),横线沪新高铁:上海—南京—合肥—信阳—南阳—西安—兰州—乌鲁木齐。

截至 2020 年 7 月底,我国铁路营业里程达到 14.14 万公里,位居世界第二。2020 年 1—7 月,我国铁路已投产新线 1 310 公里,其中高铁 733 公里。截至 2020 年 7 月底,我国高铁营业里程 3.6 万公里,稳居世界第一。

(二) 高铁建设基础完备,密度居世界前列

一是从长三角区域内铁路建设基础来看,按照国际铁路线等级的划分(区别在于运行速度和铁路轨道标准),长三角目前已开通的铁路线路囊括了三个等级的铁路线:高速铁路线路(HSR,又名 passenger dedicated lines(PDLs)),例如京沪高铁线、沪昆高铁线等;城际高铁线路(intercity HSR lines),例如沪宁城际铁路线、沪杭城际铁路线、杭宁城际铁路线等;普通(传统)铁路线路(conventional rail lines),例如南启线(南京—启东)、宁台温线(宁波—台州—温州)、宣杭线(宣城—杭州)等。

二是从长三角高铁网络密度来看,在实现区域同城化效应的过程中,包括高铁在内的基础设施互联互通发展迅速,长三角成为全国高速铁路(包括城际铁路)最为密集的区域。随着 2016 年安徽省 8 个城市被纳入《长江三角洲城市群发展规划》,长三角将依托国家综合运输大通道,建设以上海为核心,南京、杭州、合肥为副中心,以高速铁路、城际铁路、高速公路和长江黄金水道为主通道的多层次综合交通网络。

(三) 积极开展高铁站点配套设施建设

长三角是全国高铁(包括城际铁路)最为密集的区域。在原有铁路站点的基础上,随着高速铁路的建设运营,各节点城市都不同程度地展开了高铁配套站点的建设。结合城市自身的等级以及各城市当前对铁路站点和相关配套设施的建设情况进度,从铁路旅游产品设计和线路组织的角度出发,按照站点的形态和基本功能,本研究拟将长三角区域内的高铁站点分为三类:

第一类为枢纽集散型高铁站点(特大型城市)。这一类城市高铁站

点的建设较为完善,并与城市乃至区域交通枢纽融合,具备较为便利的多种城市交通换乘系统并对接了相关的基础设施、旅游资源,如上海虹桥站。

第二类为城市门户型高铁站点(中心城市)。这一类城市的高铁站点同时也是城市的新交通门户,可对接部分城市交通系统和旅游资源,相关配套设施基本健全,有待完善,如杭州、南京、合肥等。

第三类为配套型高铁站点(其他城市)。这一类高铁站点位置偏远,大多处于城乡结合区域,与交通设施、旅游资源的对接尚不完善,配套设施与服务也较为缺乏。如镇江、常州、无锡、苏州、安庆、黄山、蚌埠、松江、嘉兴、德清、余杭、海宁、湖州、溧阳、溧水等等。

随着铁路建设持续高位投入,长三角区域内高铁网络建设规划仍在不断延展和完善,站点覆盖率逐步提升;截至 2018 年底,长三角地区三省一市中有 34 个地级以上城市开通高铁,所经站点超过 200 个县、市站点,城市覆盖率超过 70%。为了继续完善高效、密集且现代化的铁路网络,长三角地区计划在建铁路线路共有 8 条(见表 3.1),规划铁路线路 10 条(见表 3.2)。在建与规划高铁线路的完成将更好地完善长三角高铁网的布局,提高区域内各省市之间的通达度。

表 3.1　长三角地区在建铁路线路

线路名称	起始站点	途经站点数	里程数	运营速度
合九高铁	合肥西—九江站	14 站	333 km	350 km/h
沪通高铁	平东站—黄渡站	9 站	137.28 km	200 km/h
徐盐铁路	徐州东站—盐城站	10 站	316 km	250 km/h
商杭高铁	商丘站—杭州东站	29 站	794.55 km	350 km/h
杭温高铁	杭州西站—温州南站	7 站	310 km	350 km/h
盐通铁路	盐城站—南通西站	6 站	156.6 km	350 km/h
杭绍台城际铁路	杭州东站—玉环站	12 站	305 km	350 km/h
杭衢高铁	杭州西站—江山站	7 站	123 km	350 km/h

资料来源:各省市 2019 年国民经济和社会发展统计公报。

表 3.2　长三角地区规划铁路线路

线路名称	起　点	终　点	里程数	运营速度
北沿江高铁	上　海	南　京	490 km	350 km/h
武合宁高铁	武　汉	南　京	500 km	350 km/h
通苏嘉甬高铁	通　州	宁　波	338 km	350 km/h
杭临绩高铁	杭　州	绩　溪	140 km	350 km/h
沪乍杭高铁	上　海	杭　州	192 km	350 km/h
湖苏沪高铁	上　海	湖　州	163 km	350 km/h
合新高铁	合　肥	新　沂	343 km	350 km/h
镇宣铁路	镇　江	宣　称	160 km	250 km/h
宁宣黄高铁	南　京	黄　山	360 km	350 km/h
宁扬宁马城际铁路	南　京	扬州/马鞍山	152 km	350 km/h

资料来源:各省市 2019 年国民经济和社会发展统计公报。

(四) 交通运输条件不断完善

长三角是我国高速铁路(包括城际铁路)最为密集的区域,高铁网的新进展也在不断完善长三角旅游业的发展基础。随着长三角一体化发展等国家战略的全面实施,"轨道上的长三角"建设速度进一步加快。目前,长三角地区高铁线路已有 24 条,运营总里程突破 5 000 公里,接下来《长江三角洲区域一体化发展规划纲要》明确提出,到 2025 年基本实现长三角基础设施互联互通,沪苏浙皖"同城化"效应将不断扩大。2020 年 6 月 28 日,商(丘)合(肥)杭(州)高铁全线贯通。这条快速通道不仅纵贯安徽南北,拉近了皖南皖北的时空距离,也使得豫皖浙实现高铁无缝对接,进一步加快长三角交通一体化进程,让长三角地区"1 小时至 3 小时生活圈"逐步变为现实。值得指出的是,在苏浙沪大力发展高铁的同时,安徽也将进一步加大铁路建设投资力度,2020 年全年力争完成投资 400 亿元,开通运营高速铁路 255 公里以上,开工建设新线 760 公里,其中高速铁路 719 公里,打造长三角区域内崭新的高速通道。

2018 年,沪浙苏皖四省旅客运输量 29.79 亿人次,占全国旅客运输量的 16.92%。其中,上海市旅客运输量 1.64 亿人次,同比增长 6.2%;浙江省旅客运输量 10.19 亿人次,同比下降 2.5%;江苏省旅客运输量 12.03 亿人次,同比下降 5.1%;安徽省旅客运输量 5.9 亿人次,同比下降 14.2%。江苏省旅客运输量最高,但增长率下降 5.1%;上海市旅客运输量虽仅有 1.64 亿人次,但增速最快,达到 6.2%(见表 3.3、图 3.1)。

表 3.3　长三角旅客运输状况

省　份	旅客运输量(万人次)	增长率(%)
上　海	16 442	6.2
浙　江	101 893	−2.5
江　苏	120 298	−5.1
安　徽	59 275	−14.2
总　计	297 908	−6.3

资料来源:各省市 2019 年国民经济和社会发展统计公报。

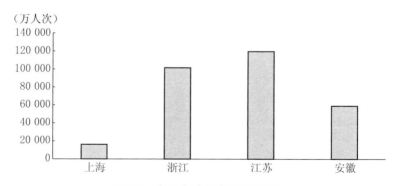

图 3.1　长三角地区旅客运输量比

资料来源:各省市 2019 年国民经济和社会发展统计公报。

二、长三角已逐步构筑世界级城市群载体

(一) 长三角城市群总体发展基础较好

长三角位于我国东部沿海,是"一带一路"与长江经济带的重要交汇地,在国家现代化建设大局和全方位开放格局中具有举足轻重的战略地位。长三角地区是我国经济最具活力、开放程度最高、创新能力最强的区域之一[①],也是我国城镇集聚程度最高的区域;以全国 2.1％的国土面积,集中了全国 25％经济总量和 25％以上的工业增加值,被视为中国经济发展的重要引擎。

一是从城市群的城镇化水平来看,长三角城市群以上海为核心城市,南京、苏州、无锡、杭州、宁波、合肥等在区域内地位突出,形成了层次分明的城镇体系。随着交通网络不断完善,长三角城市群范围内的绝大部分地区处于核心城市上海的 1—3 小时经济圈内,核心区城镇化水平超过 60％。

二是从城市群的发展定位来看,2016 年 5 月,国务院常务会议通过《长江三角洲城市群发展规划》,提出培育更高水平的经济增长极。规划中提出要构建"一核五圈四带"的网络化空间格局,发挥上海中心城市作用,推进南京都市圈、杭州都市圈、合肥都市圈、苏锡常都市圈、宁波都市圈等都市圈同城化发展;到 2030 年,全面建成具有全球影响力的世界级城市群,具有全球影响力的科技创新高地、最具经济活力的资源配置中心、全球重要的现代服务业和先进制造业中心以及全国新一轮改革开放排头兵、美丽中国建设示范区。

---

① 根据国务院 2016 年 7 月颁布的《长江三角洲城市群发展规划》,长三角城市群首批城市包括:上海市,江苏省的南京、无锡、常州、苏州、南通、盐城(计划开通高铁)、扬州(计划开通)、镇江、泰州,浙江省的杭州、宁波、嘉兴、湖州、绍兴、金华、舟山(未开通)、台州,安徽省的合肥、芜湖、马鞍山、铜陵、安庆、滁州、池州、宣城 26 个城市。

（二）高铁驱动城市群形成快速交通圈

一是长三角高铁建设标准较高。长三角立体综合交通网络的不断建设完善为拓展长三角区域发展空间、促进产业合理布局和城市群健康发展提供了基础保障，也成为新型城镇化背景下满足大流量、高密度、快速便捷的客运需求的重要前提。《中长期铁路网规划（2016—2020）》明确划分了高速铁路网建设标准。高速铁路主通道规划新增项目原则采用时速250公里及以上标准（地形地质及气候条件复杂困难地区可以适当降低），其中沿线城镇人口稠密、经济比较发达、贯通特大城市的铁路可采用时速300—350公里标准，区域铁路连接线原则采用时速250公里及以下标准，城际铁路原则采用时速200公里及以下标准。长三角区域内距离最远的两个城市之间的距离在600公里左右，在高铁时速200—350公里情况下可以将交通时间控制在2—3个小时以内。

二是已形成以枢纽城市为核心的多个小范围快速交通圈。统计显示，截至2016年底，依托区域高铁网络，长三角已逐渐形成以上海、南京、杭州、合肥、徐州等中心城市为核心的区域1—2小时高铁快速交通圈①。据此，未来20年左右，长三角将出现以上海为中心、半径160—180公里的上海大都市区及其他中心城市网络；在稠密的高铁网支撑下，将加速形成各城市间紧密联系、层级合理的长三角世界级城市群。高铁作为长三角内部最为便捷的客运交通方式，对长三角内部一体化的影响极为显著。

三、长三角已基本具备旅游一体化协作条件

（一）高铁沿线旅游产业成熟度较高

一是长三角高铁沿线旅游资源富集，品质较高。所特有的江河湖泊

---

① 根据测算，截至2016年底，高铁上海至杭州最快45分钟，至南京最快1小时7分钟，至合肥最快2个半小时；杭州至南京最快1小时22分钟，至宁波最快50分钟；合肥至南京最快1小时22分钟。

等水上精品旅游资源以及古运河世界文化遗产品牌形成了长三角特有的江南水乡文化特色和旅游格局;优越的自然条件、厚重的文化底蕴,低碳的高速互联网、高铁网、轨交网,发达的文化创意产业、知识型现代服务业等,共同将长三角打造成宜居、宜业的生态文明建设新标杆。

二是长三角沿线旅游业态产品创新力强。自驾车、房车、游轮、民俗、老年等多样化、多层次的专项旅游产品与自由便捷的高铁旅游产品形成了良好的互动与补充。

三是长三角沿线旅游业联动性强促进旅游产业链向多领域延展。高铁运营带来的时间效益和大客流,将吸引大量信息流、资金流和物资流聚集,形成产业能量较为充沛的高端旅游经济集聚区,推动旅游业态转型。旅游业飞快发展的同时,将带动商贸、文化、城建等众多行业协同发展,旅游产业链条向多领域延展。

(二)高铁沿线旅游经济带逐渐形成

长三角区域旅游经济在全国旅游经济中占据举足轻重的地位;区域内铁路沿线城市的旅游资源品类多、数量大、质量高,且在空间分布上较为均匀,上海、苏州、南京、杭州、合肥等枢纽和门户城市的旅游圈和旅游集聚区正在形成与完善中。根据对长三角高铁沿线城市旅游产业要素配置的定性分析及实证测度发现,沪宁杭城际高铁的运行加速了沿线旅游资本要素、旅游企业要素及旅游就业要素的流动,一是表现为旅游产业要素在区域内的流动不断加快,城市间旅游经济联系明显增强;二是高铁沿线城市的旅游产业要素流动呈现出增长极效应,上海的核心城市效应日趋明显,要素在上海、苏州、南京、杭州、无锡等城市形成不同程度的集聚。总的来看,沪宁杭城际高铁沿线区域的带状经济特征十分明显,以沪宁杭城际铁路为代表的长三角高铁旅游经济带已经形成。

(三) 区域旅游一体化合作加速推进

一是长三角一体化行动纲领着力推进"高铁＋"。为了进一步加强长三角地区旅游的全面合作,2014年7月24日在上海召开的长三角地区旅游合作第四次工作会议上,皖苏浙沪旅游管理部门共同签署了《长三角地区率先实现旅游一体化行动纲领》。根据《纲领》,长三角要在全国率先构建旅游合作协调机制,形成充满活力的旅游市场、诚信规范的旅游服务示范区、便捷高效的智慧旅游公共服务体系;尤其在推动铁路旅游领域,长三角地区旅游业将依托苏浙皖沪快速便捷的高铁网络,整合地区旅游资源,加强与上海铁路局的全面合作,推进苏浙皖沪高铁站点旅游咨询、集散和服务设施建设,推出"高铁＋景区门票"、"高铁＋酒店"旅游线路和产品,着力打造"铁字头"旅游品牌,率先实现长三角地区旅游业转型升级、一体化发展。

二是长三角高铁旅游联盟成立加速区域协作。2016年1月17日,在上海铁路局、上海市旅游局、江苏省旅游局、浙江省旅游局、安徽省旅游局的联合指导下,由上海铁路局上海铁路国际旅游(集团)有限公司、浙报传媒旅游全媒体中心与《旅游时报》社共同发起组建的"中国(长三角)高铁旅游联盟"在浙江丽水召开成立大会。为了让城市间的距离更近,促进沪苏浙皖"合作共赢,创新发展",成立后的联盟将充分发挥长三角地区高铁网络和运力优势,整合高铁站点、客运专列及相应数据资源,进一步凸显高铁对长三角旅游一体化发展的服务功能、助推功能和整合功能。

(四) 高铁旅游区域内部协调化发展

在长三角区域内部旅游业发展中存在较大的差异性,东部沿沪宁与沪杭甬通道两侧的城市发展水平相对领先,长江以北的苏北和皖北地区明显滞后,西部片区的城市发展水平介于东部与北部之间。城市的发展水平决定了其旅游业发展的质量和需求市场的大小。

从区域综合排名来看,长三角的上海、杭州、南京和宁波在城市休闲化水平发展排名中名列前四,六安、亳州、阜阳、滁州、淮北居于后五位。进入排行榜前五位的城市,在城市休闲化结构的协调性方面较为明显,因而能够成为长三角城市休闲化发展的领先城市。而位居综合排名后五位的城市在城市休闲化发展的各个方面还存在比较明显的不足。城市休闲化水平发展的基础是城市的综合水平,因此也体现出其旅游业的发展状况和旅游市场需求状况。因此可以看出,各个城市之间要因地制宜加强政策引领和保障,才能解决长三角城市发展不均衡的问题。

为了解决这一问题,在 2019 年 10 月 15 日长三角城市经济协调会第十九次会议中,通过了关于吸纳黄山、蚌埠、六安、淮北、宿州、亳州、阜阳 7 个城市加入城市经济协调会的相关提案,至此,沪苏浙皖一市三省 41 座地级以上城市全部加入长三角城市经济协调会。

四、旺盛需求下高铁旅游机遇与挑战并存

(一)高铁旅游的井喷考验目的地接待能力

一是从总体规模来看,长三角旅游趋于同城化。长三角区域经济联系紧密,要素往来频繁,高铁的通达性、密集度直接促进了旅游流的快速、多向流动。随着 2010 年以来长三角区域内沪宁、沪杭线贯通,三地之间实现 1—2 小时抵达,沿线站点密集,区域高铁旅游市场的稳定性与成长性不断增强。统计显示,2016 年 5 月 10 日新的铁路运行图调整 10 天内,上海铁路局共发送旅客 1 487 万人,比去年同期增加 116 万人,同比增长 8.5%,其中上海虹桥、南京南、杭州东等高铁客运站分别发送旅客 147.9 万人、84.5 万人、134.4 万人,同比增长 3.9%、21.6%、16.4%。以沪宁城际高铁为例,沪宁城际高铁平均 15 公里布局一个站点,铁路线

从市区延伸到县、镇，也辐射至工业园区、旅游景区，发车平均每5分钟一班，基本实现了"同城化"及运营"公交化"。

二是从出游行为演变来看，中短途旅游持续升温。在我国当前的休假制度下，人们出游多依赖于"两长五小"假期。而高铁的网络化和"公交化"极大地方便了节假日往返，尤其是高铁周末、假日短途游市场越发火爆。针对所辖上海、浙江、江苏、安徽三省一市客流旺盛，周末客流高峰凸显这一特点，截至2016年底，上海铁路局先后8次调整列车运行图，动态优化铁路运力；如对沪宁、沪杭高铁列车按照周末和日常两种模式运营来满足周末中短途旅游"井喷式"的需求。截至2019年底，长三角地区铁路客运总量超过7.4亿人次，其中浙江省和江苏省超过2.3亿人次（见图3.2）。铁路旅客周转量超过2 500亿人公里，其中江苏省和安徽省超过800亿人公里（见图3.3）。

2020年受疫情影响，中国旅游业受到一定冲击。在中秋节与国庆节小长假，长三角铁路迎来了后疫情阶段的客运加速复苏，高铁客流以短、中途出行为主，呈现高度集中、高位运行的态势。2020年10月1日

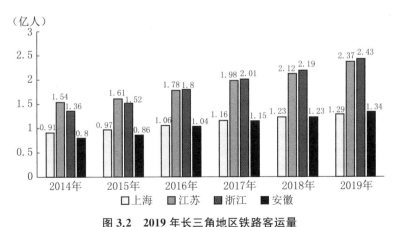

图3.2　2019年长三角地区铁路客运量

资料来源：中国交通运输部网站。

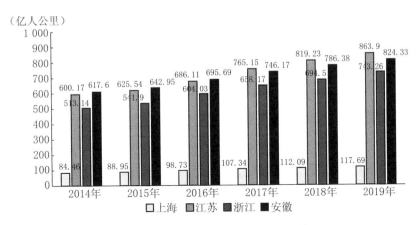

图 3.3 2019 年长三角地区铁路旅客周转量

资料来源：中国交通运输部网站。

长三角地区铁路当日发送旅客 309.9 万人次,创当年以来单日旅客发送量新高①；其中,动车组列车发送旅客 2 122 万人次,与上年同期相比增长 26 万人次。主要高铁站点杭州东站共发送旅客 237.3 万人次,日均发送旅客 21.58 万人次,发送量位列长三角首位,恢复至去年同期的 93.7%；上海虹桥站共发送旅客 228.5 万人次,日均发送旅客 20.8 万人次,客发量恢复至上年同期的 86.9%；南京南站、合肥南站分别发送旅客 157.1 万人次、110.3 万人次,客发量分别恢复至上年同期的 86.1%、102.6%。

三是短时间内客流的快速集聚凸显目的地接待能力短板。高铁时代,游客对城市建设、公共管理、酒店、出租车和公交车服务、市民行为规范等都有更细致的追求。专家预测,京沪高铁开通后,仅济南站每年将迎来至少 2 000 万人次客流,远远高于目前已开通的武广、京津城际高铁,如何快速分流庞大客流,怎样为旅客提供一站式服务、提供让游客满

① 长三角铁路：《长三角铁路小长假发送旅客破 2 600 万人次,恢复至去年 9 成》,2020 年 10 月 9 日。http://news.cnwest.com/tianxia/a/2020/10/09/19165358.html,2020 年 10 月 14 日。

意的接待条件将成为亟待解决的难题。目前山东各城市均缺乏交通枢纽游客服务体系，很容易出现"高铁快、进城慢、旅游难"的系列问题。

（二）高铁旅游需求升级冲击传统旅游产品

一方面，高铁的便捷化促进旅游需求的休闲化、体验化、品质化升级。休闲游讲究身心放松、旅游舒适，要求交通快捷、直达；体验游讲求对旅游地生活方式的亲身参与及活动实践；深度游则重在对旅游地文化及生活的了解与感悟，对自然、艺术的赏鉴及对生命本质的探索。可见，上述旅游类型对时间成本较为敏感，对旅游的流畅性有很高的期待。长三角区域内高铁沿线节点城市经济较为发达，旅游市场较为成熟，加之自然、人文景观数量多、类型丰富、总体质量高，旅游接待设施较为齐全，已具备开展休闲游、体验游、深度游的优势，高铁极大地体现出"快旅慢游"的便捷和舒适性。另一方面，从出游方式上看，根据沿途 3A 级以上景点的不完全统计，长三角区域京沪高铁开通后传统跟团游降温，散客数量占接待总量的 70% 以上，加之快捷交通带来的"说走就走"的自由，高铁游客对旅游过程中的住宿、购物、娱乐等环节的品质化要求明显提升。

二是高铁旅游普及需要目的地旅游产品的多样化。从京沪高铁开通以来的情况来看，高铁拉动了旅游、餐饮等城市消费，让往返于两地的旅客充分感受到了快速和便捷，同城效应明显，市场知名度也不断提高，消费群体相对稳定并逐步扩大。高铁旅游客群类型也逐渐由开通最初两年的商务化、中高端化逐渐演化和扩大到中等消费群体、学生旅客和往返于大城市之间的城际客流。随着高铁成为市民出游的普遍交通工具，满足不同年龄、不同偏好、不同出游模式旅游者的多样化需求为目的地旅游供给提出了更高的要求。

三是产品结构亟待升级，传统旅行社运营模式遭受冲击。传统团队游背景下的产品供给较为粗放,个别地区仍存在无序竞争现象。京沪高铁开通后,高铁衍生的旅游方式将大幅增加,传统旅游产品亟待升级。以团队游、观光游为主要经营业务的传统旅行社运营模式将遭受冲击,以地接为主的商业模式亟待创新。

(三) 高铁旅游新需求加剧沿线目的地竞争

一是高铁条件下的多样化旅游需求催生沿线新兴旅游目的地。从旅游业发展的角度来看,铁路运力和效率的改善大大拓展了旅游目的地的可达性和客源市场的范围,并将引起包括旅游吸引物、旅游接待与服务设施、旅游投资、旅游人力资源和旅游环境等在内的各区域旅游产业的供给要素的重构与优化,以更加合理的结构满足不断变化的市场需求。可进入性是游客进行旅游目的地选择时最重要的衡量指标之一。一方面,高铁"时空压缩"优势与便捷性扩大了游客的出游半径,游程安排更为紧凑和自由。另一方面,长三角铁路沿线站点众多,如仙林、宝华、丹阳等高铁站点的设置大大增强了当地旅游景点的可达性及其对游客的吸引力。在便捷的交通驱动下,以往人迹罕至的旅游点逐渐升温,形成新兴热点旅游目的地。

二是沿线传统旅游目的地面临沦为"过境地"的风险。当前,旅游业的竞争集中表现为"目的地"之间的竞争。高铁拉近了景区之间的空间距离,增加了旅游的可达性,资源禀赋好、项目吸引人的景区将越做越强,档次较低的景区则将被逐渐淘汰。特别是在旅游基础设施落后、缺乏特色旅游资源、综合实力与竞争力较弱的地区,极易出现游客群体"过而不入"。在高铁"快旅"趋势下,城市旅游如果不能推陈出新,精心打造多元化的旅游目的地,在区域旅游格局竞争中很容易沦为过境地。

三是沿线目的地客源市场存在相互替代风险。快节奏下游客"用脚投票"的趋势更加明显,如果相应城市没有充分准备,可能产生游客随到随走的"虹吸效应"。高铁沿线的枢纽城市相对其他节点城市而言,具有更强的区位优势,加之地域之间在旅游资源禀赋、地域文化韵味、旅游环境和发展模式上的相似性或同质性,导致沿线节点城市存在被空间过滤甚至替代的风险。

第二节 长三角高铁与省级旅游经济
耦合协调度分析

由于旅游业与高铁是两个综合性较强的行业,彼此之间存在交错、互动等特征。若是能够通过整合高铁与旅游两个产业,发挥两者的互补优势,打造出具备旅游服务和高铁服务的优势产品,那对于高铁和旅游都是双赢的局面。在现实情况中,高铁与旅游的发展状况不可能完全一致,但是二者的耦合协调程度可能相同,即高铁与旅游业可能存在互动协调发展趋势。因此,本章将探讨长三角地区各省高铁与旅游业的耦合协调情况,为进一步高铁驱动下的旅游产业效率研究做铺垫。

一、耦合协调度模型

耦合是两种或两种以上系统或系统要素之间存在紧密配合与相互影响的现象。当高铁与旅游产业发展和谐且相互促进时为良性耦合,当高铁与旅游业协调性比较差时为非良性耦合。耦合协调度模型操作方法的具体步骤如下:

(一)数据的标准化处理

由于旅游产业体系的二级指标以及高铁发展水平的二级指标不管是量纲还是量级差异都较大,所以需要对数据进行标准化的处理。设

x_{ij}($i=1$, 2; $j=1$, 2, …, n)为第 i 子系统的第 j 指标,即功效系数,$i=1$ 表示旅游产业子系统,$i=2$ 代表高铁子系统。α_{ij},β_{ij} 是系统稳定临界点功效系数的上、下限值,在已有研究中,普遍将功效系数的最大值、最小值作为上、下限值。标准化的功效系数 x'_{ij} 为变量 x_{ij} 对系统的功效贡献值,反映指标对目标的贡献程度,且 $x'_{ij} \in [0, 1]$,0 为贡献程度最小,1 为贡献程度最大。为了避免数据值为零而无意义的情况,本章在标准化的处理结果上加一个略大于零的正数 0.01。具体标准化过程的计算公式为:

$$正向指标:x'_{ij} = \frac{x_{ij} - \beta_{ij}}{\alpha_{ij} - \beta_{ij}} + 0.01 \tag{1}$$

$$负向指标:x'_{ij} = \frac{\alpha_{ij} - x_{ij}}{\alpha_{ij} - \beta_{ij}} + 0.01 \tag{2}$$

(二) 指标权重的确定

确定指标权重的方法很多,出于客观性的考虑,本章采用熵值法估算各指标的权重。在计算旅游产业与高铁系统的耦合度水平时,由于各指标所包含的信息量不同,导致它们对耦合系统的绩效贡献程度不同。当某一指标在不同样本中的差异较大时,说明该指标包含的信息量多、对耦合系统的绩效贡献大,给其赋予较大的权重。熵值法是根据相应指标的客观数据来决定各指标的权重,在一定程度上避免了主观因素带来的偏差。

设 x_{ij} 为第 i 个子系统的第 j 个指标的数值($i=1, 2, 3, …, n$; $j=1, 2, 3, …, m$),其中 n 和 m 分别为子系统个数与指标个数。熵值法确定上述指标权重的步骤如下:

计算在第 j 项指标下第 i 个评估对象指标值的比重:

$$p_{ij} = \frac{x_{ij}}{\sum_{i=1}^{m} x_{ij}} \tag{3}$$

计算第 j 项指标的熵值，其中 $k = \frac{1}{\ln m}$

$$e_j = -k \cdot \sum_{i=1}^{m} p_{ij} \cdot \ln p_{ij} \tag{4}$$

计算可得到熵权：

$$w_j = \frac{1 - ej}{\sum_{j=1}^{n} 1 - ej} \tag{5}$$

(三) 耦合协调度的测算

依据物理学中的容量耦合(Capacitive Coupling)概念及容量耦合系数模型，系统耦合度值记为 C，且有 $C \in [0, 1]$，C 值越接近 1 表明旅游业与高铁系统之间互动情况越好。设 U_1、U_2 分别代表旅游子系统和高铁子系统的综合发展水平，x_{ij} 为序参量 j 对子系统 i 的功效，w_{ij} 为序参量对应的权重，综合发展水平可以通过线性加权求和法得到。那么，耦合度的函数可以表示为：

$$C = \sqrt{\frac{U_1 \cdot U_2}{(U_1 + U_2)^2}} \tag{6}$$

作为反映旅游产业与高铁耦合程度的重要指标，耦合度对判断在特定时间、空间下系统间耦合作用的强度具有重要作用，但是耦合度却很难反映旅游产业与高铁之间的整体优劣协调程度和实际发展水平，比如当两个系统发展水平都比较低时，可能也会得到两个系统耦合程度较高的结果。因此，有必要构建旅游产业与高铁的耦合协调度模型：

$$D = \sqrt{C \cdot T}，其中 T = aU_1 + bU_2 \tag{7}$$

式中，D 为耦合协调度，反映旅游与高铁之间的协调发展水平；C 为耦合度，U_1 和 U_2 分别表示旅游系统综合发展水平和高铁系统综合发展水平，T 是旅游与高铁的综合协调指数，反映旅游业与高铁的协同效应。在实际应用中，为保证 $D \in [0, 1]$，最好使 $T \in [0, 1]$，a、b 为待定系数，本章将旅游系统与高铁系统视为同等重要，因此 a、b 同取 0.5。协调度可以划分为 5 种类型。

表 3.4　协调类型与判别标准

协调类型	失调	濒临失调	勉强协调	中度协调	高度协调
协调度值	$[0, 0.2]$	$(0.2, 0.4]$	$(0.4, 0.6]$	$(0.6, 0.8]$	$(0.8, 1]$

二、长三角高铁与旅游经济耦合协调度实证分析

（一）指标体系的建立与数据来源

本章以客观性、可描述性和数据可得性为原则，从旅游收入和旅游人次两个角度出发，选取了直观反映旅游产业发展水平的六个二级指标，即旅游产业总收入、国内旅游收入、入境旅游者人均花费、国际旅游收入、国内旅游人数和国际旅游人数，作为衡量旅游经济发展水平的指标。结合高铁对旅游业影响的相关研究，本章从运营里程、客运量和周转量三个角度选取衡量高铁发展水平的指标，即铁路运营里程、铁路网络密度、铁路客运量和铁路旅客周转量。

基于数据的可得性、可比性与可靠性，本章选取长三角地区三省一市 2006—2015 年的面板数据来实证研究旅游产业与高铁的耦合协调关系。相关数据来源于《中国旅游统计年鉴》《中国统计年鉴》及各省历年国民经济与社会发展统计公报。

（二）耦合协调度指标权重的确定

考虑到各指标在量纲和性质上的差异，本章首先使用公式（1）和

（2）对数据进行标准化处理，再根据熵权法的计算步骤得到各指标的权重。参照相关文献的观点，旅游收入与旅游人数的变化对旅游产业的发展存在着正向影响，而铁路运营里程、客运量和周转量的数值变化也对高铁运营系统产生着正向影响，因而本章选取的十个指标都是正指标。

在旅游经济子系统的六项指标中，国内旅游收入和入境旅游者人均花费两个指标的权重最高为 0.19，其次是旅游总收入和国内旅游人数 0.18，而国际旅游收入和国际旅游人数两个指标的权重最低，分别为 0.15 和 0.13。这表明对于高铁系统而言，国内旅游市场比国际旅游市场更为重要，国内旅游者乘坐高铁去旅游的意愿与可能性更大。在高铁子系统的四个指标中，铁路网络密度的指标权重最高（0.38），其次是铁路运营里程（0.21）和铁路旅客周转量（0.21），最后是铁路客运量（0.20），这也表明对于旅游系统而言，密集的铁路网能够为游客出行带来方便，催生旅游动机。

表 3.5　旅游经济—高铁系统评价指标体系与权重

子系统	指标	属性	权重
旅游经济子系统	旅游总收入	正向	0.18
	国内旅游收入	正向	0.19
	入境旅游者人均花费	正向	0.19
	国际旅游收入	正向	0.15
	国内旅游人数	正向	0.18
	国际旅游人数	正向	0.13
高铁子系统	铁路运营里程	正向	0.21
	铁路网络密度	正向	0.38
	铁路客运量	正向	0.20
	铁路旅客周转量	正向	0.21

三、长三角地区高铁与旅游经济系统综合发展水平分析

根据表 3.6 中各指标的权重,结合长三角三省一市旅游经济与高铁发展的原始数据,加权算出苏浙沪皖三省一市的旅游经济综合发展水平 U_1 和高铁系统综合发展水平 U_2,并且 U_1、$U_2 \in [0, 1]$,U_1、U_2 的值越接近 1,代表该省市的旅游经济或高铁发展情况越好。

表 3.6 长三角地区旅游—高铁系统耦合度结果

地区	年份	旅游经济综合发展水平 U_1	高铁系统综合发展水平 U_2	耦合度	发展类型	协调度	协调类型	平均协调度
安徽	2006	0.010	0.243	0.196	旅游滞后	0.158	失调	
	2007	0.044	0.250	0.357	旅游滞后	0.229	濒临失调	
	2008	0.064	0.324	0.372	旅游滞后	0.269	濒临失调	
	2009	0.078	0.336	0.392	旅游滞后	0.285	濒临失调	
	2010	0.107	0.363	0.419	旅游滞后	0.314	濒临失调	
	2011	0.177	0.399	0.461	旅游滞后	0.364	濒临失调	0.344
	2012	0.255	0.427	0.484	旅游滞后	0.406	勉强协调	
	2013	0.315	0.485	0.489	旅游滞后	0.443	勉强协调	
	2014	0.357	0.525	0.491	旅游滞后	0.465	勉强协调	
	2015	0.433	0.605	0.493	旅游滞后	0.506	勉强协调	
江苏	2006	0.286	0.225	0.496	高铁滞后	0.356	濒临失调	
	2007	0.360	0.248	0.491	高铁滞后	0.386	濒临失调	
	2008	0.417	0.269	0.488	高铁滞后	0.409	勉强协调	
	2009	0.448	0.272	0.485	高铁滞后	0.418	勉强协调	
	2010	0.529	0.325	0.485	高铁滞后	0.455	勉强协调	
	2011	0.627	0.405	0.488	高铁滞后	0.502	勉强协调	0.475
	2012	0.706	0.443	0.487	高铁滞后	0.529	勉强协调	
	2013	0.620	0.520	0.498	高铁滞后	0.533	勉强协调	
	2014	0.730	0.591	0.498	高铁滞后	0.568	勉强协调	
	2015	0.779	0.618	0.497	高铁滞后	0.589	勉强协调	

地区	年份	旅游经济综合发展水平 U_1	高铁系统综合发展水平 U_2	耦合度	发展类型	协调度	协调类型	平均协调度
上海	2006	0.322	0.236	0.279	高铁滞后	0.371	濒临失调	
	2007	0.377	0.263	0.320	高铁滞后	0.397	濒临失调	
	2008	0.403	0.257	0.330	高铁滞后	0.401	勉强协调	
	2009	0.411	0.255	0.333	高铁滞后	0.402	勉强协调	
	2010	0.527	0.381	0.454	高铁滞后	0.473	勉强协调	0.459
	2011	0.556	0.424	0.490	高铁滞后	0.493	勉强协调	
	2012	0.574	0.440	0.507	高铁滞后	0.501	勉强协调	
	2013	0.568	0.462	0.515	高铁滞后	0.506	勉强协调	
	2014	0.602	0.485	0.543	高铁滞后	0.520	勉强协调	
	2015	0.622	0.495	0.559	高铁滞后	0.527	勉强协调	
浙江	2006	0.220	0.167	0.194	高铁滞后	0.310	濒临失调	
	2007	0.287	0.186	0.237	高铁滞后	0.340	濒临失调	
	2008	0.337	0.191	0.264	高铁滞后	0.356	濒临失调	
	2009	0.363	0.233	0.298	高铁滞后	0.381	濒临失调	
	2010	0.439	0.287	0.363	高铁滞后	0.421	勉强协调	0.435
	2011	0.511	0.307	0.409	高铁滞后	0.445	勉强协调	
	2012	0.595	0.315	0.455	高铁滞后	0.465	勉强协调	
	2013	0.656	0.393	0.524	高铁滞后	0.503	勉强协调	
	2014	0.718	0.497	0.607	高铁滞后	0.546	勉强协调	
	2015	0.807	0.558	0.682	高铁滞后	0.579	勉强协调	

　　从表3.6可以看出,2006—2015年苏浙沪皖的旅游经济和高铁系统综合评价值基本呈现逐年上升的发展特点,即高铁与旅游经济在这十年间发展状况良好。

　　第一,从旅游经济综合评价结果来看,安徽、江苏、上海、浙江的旅游经济综合发展水平在这十年间分别增长了43倍、2.7倍、1.9倍、3.6倍,安徽的旅游经济发展初始水平较低,但是增长幅度大。安徽和浙江的旅游经济综合发展水平从2006—2015年稳定上涨,江苏和上海的旅游经济发展状况在2013年出现了小幅下降,其余年份均呈现持续上升的特点,2013 年旅游经济出现退步的原因可能在于受到宏观经济不景气、禽流感疫情、人民币升值等多方面因素的影响。

第二,从高铁系统综合发展水平来看,安徽、江苏、浙江和上海的高铁系统综合发展水平从 2006 年至 2015 年分别增长了 2.5 倍、2.7 倍、2倍和 3.3 倍,各省市的增长幅度较为接近。安徽、浙江和江苏的高铁系统综合发展水平稳步上升,上海的高铁系统综合水平在 2008、2009 年出现了小幅下降,这可能与 2008 年南方雪灾有关,恶劣的天气为铁路运输造成了诸多困难。

第三,分别比较旅游经济综合发展水平 U_1 和高铁系统综合发展水平 U_2 的结果,安徽省的 $U_1 < U_2$,呈现出旅游经济发展速度慢于高铁的现象,表明安徽省的高铁发展水平已能满足旅游业发展的需求,甚至还存在超前发展;而江苏、上海和浙江的 $U_1 > U_2$,呈现出高铁发展速度慢于旅游经济的现象,表明高铁对旅游业的支持还不能满足旅游业快速发展的需要,并且在某些程度上还限制了旅游业的发展。

四、长三角地区高铁与旅游经济系统耦合协调度分析

耦合度指数反映的是两系统之间作用程度的强弱,耦合度大小无优劣之分,耦合协调度是两系统之间配合得当、发展和谐、良性互动的程度。从图 3.4 可以看出,2006—2015 年间苏浙沪皖的高铁与旅游经济耦合协调度整体呈现不断上升的特征,其中,江苏、浙江和上海从 2006 年较差的濒临失调发展阶段演化成为 2015 年旅游与高铁系统勉强协调发展的状态,而安徽省从 2006 年失调发展阶段演化成为 2015 年旅游与高铁系统勉强协调发展的状态。并且到 2015 年时,苏浙沪皖的高铁—旅游经济耦合协调度均大于 0.50,达到了勉强协调的发展阶段。这表明,长三角地区高铁与旅游经济在所选的样本期内保持着相互影响关系,即

旅游产业的发展变化信息能够及时传递给高铁运输业,高铁系统也能随之作出相应的调整,有效配合旅游业的发展;随着铁路运输业的不断改革,高铁运输系统不断完善,也为旅游业带来了不少的机遇与条件。

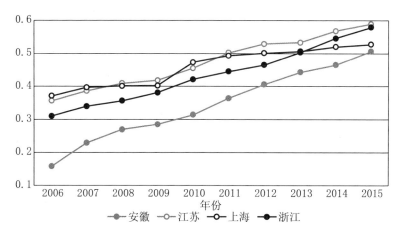

图 3.4　2006—2015 年长三角地区高铁与旅游经济耦合协调度变化情况

从长三角地区高铁—旅游经济耦合协调度的均值来看,江苏省高铁—旅游经济的耦合协调度发展水平最高(0.475),上海(0.459)、浙江(0.435)紧随其后,安徽省的高铁—旅游经济耦合协调发展水平相对较低(0.344)。苏浙沪是东部沿海地区经济发展最好的区域,无论是旅游业还是高铁运输业,苏浙沪都处于领先地位,旅游业为高铁输送客源,高铁缩短了旅游的时空差距,扩大了旅游目的地的客源市场范围,引导旅游者的空间流动,从而增加了旅游业的经济收入,因而两者相互作用下的苏浙沪旅游经济—高铁系统耦合协调度水平相对较高;尽管安徽大多数城市的高铁开通时间较晚,2015 年底开通的宁安高铁、合福高铁打破了安徽主要城市无高铁的发展现状,但结合前文的分析可知安徽省的旅游发展要滞后于高铁的发展,因而安徽省高铁—旅游经济耦合协调度低的原因主要在于旅游经济发展落后,安徽省有必要推陈出新,优化旅游产业结构。

五、长三角城市群高铁沿线城市旅游经济联系分析

(一) 旅游经济联系模型

区域内各城市之间的旅游经济联系密切程度即为旅游经济联系强度,它主要表现为各城市之间旅游经济的相互作用程度,同时也表现为区域内中心城市对周边城市的辐射作用能力和周边城市对中心城市辐射的接收能力。本章运用修正引力模型来测量长三角城市群高铁沿线城市之间的旅游经济联系强度,既能体现客源地和目的地的旅游经济发展水平,同时又能体现客源地和目的地之间的距离远近对经济联系强度的影响。旅游经济联系强度的表达式如下:

$$R_{ij} = \frac{\sqrt{P_i \cdot G_i} \cdot \sqrt{P_j \cdot G_j}}{D_{ij}^2} \tag{8}$$

式中,R_{ij}表示i和j城市之间的旅游经济联系强度,P_i和G_i为i城市的国内旅游人数和收入,P_j和G_j表示j城市的国内旅游人数和收入,D_{ij}是i和j两城市之间的最短旅行时间。

长三角城市群高铁沿线城市旅游经济联系总量反映的是该城市与其他城市旅游经济联系强度的疏密程度,其表达如下:

$$R_i = \sum_{j=1}^{n} R_{ij} \tag{9}$$

旅游经济隶属度L_{ij}反映的是i城市与j城市的旅游经济联系强度占i城市旅游经济联系总量的比重,它表示长三角城市群高铁沿线城市的旅游经济联系方向,其表达式如下:

$$L_{ij} = R_{ij} / \sum_{j=1}^{n} R_{ij} \tag{10}$$

(二) 研究对象与数据来源

长三角城市群中已开通高铁的 23 个城市作为本章的研究对象。2016 年,长三角城市群 GDP 14.7 万亿,GDP 增速平均值超过 8.4％,高出全国平均水平 1.7 个百分点。其中,上海、苏州、杭州和南京经济规模破万亿元。能够容纳足够的外来人口,是城市活力的体现。2016 年长三角地区常住人口超 1.5 亿,占全国人口的 11％,常住人口与户籍人口差值约 2 000 万,是全国人口流入最多的区域之一,人口支撑力强。2010 年开通的沪宁高铁和沪杭高铁将上海与南京、杭州串联,2011 年开通的京沪高铁纵贯北京和上海两大直辖市,2013 年开通的宁杭高铁、杭甬客运专线将杭州和南京、宁波两个城市连结,2015 年开通的宁安高铁和合福高铁打破了安徽省多个城市无高铁的局面,这七条高铁线路的开通标志着长三角城市群的高铁网络初步形成。

本研究长三角城市群高铁沿线城市的旅游收入和旅游人次数据均来自于各城市的 2016 年国民经济与社会发展统计公报和各城市的统计年鉴。开通直达高铁的城市之间的最短旅行时间参考 12306 网站查询列车官方时刻表得到的最短旅行时间,查询时间为 2018 年 10 月 24 日。若两个城市之间未开通直达高铁,则运用 12306 网站中的"出行导向—中转查询"功能,选择几个高铁中转城市,比较其所需的旅行时间,以最短旅行时间为准则选定最终中转方案,本研究暂不考虑等待中转列车所花费的时间。

(三) 旅游经济联系强度

旅游经济联系强度体现了区域内中心城市对周边城市的辐射能力和影响能力,同时也反映了周边城市对中心城市经济辐射的接受能力。将旅游人次、旅游收入和最短旅行时间等数据代入公式(8),测算长三角城市群各城市之间的旅游经济联系强度,结果如表 3.7 所示。

表 3.7　高铁驱动下长三角城市群各城市之间的旅游经济联系强度

联系强度	上海	南京	无锡	常州	苏州	南通	扬州	镇江	泰州	杭州	宁波
上海	—	13 194.6	46 866.9	13 997.0	89 363.2	284.4	503.0	6 953.8	432.2	28 412.5	3 090.5
南京	13 224.0	—	8 560.5	9 864.0	8 885.8	342.9	1 674.5	24 536.4	599.5	5 616.8	962.8
无锡	46 844.6	8 560.5	—	66 600.3	170 214.7	146.8	363.7	8 402.9	155.1	2 296.0	482.6
常州	13 989.6	9 864.0	66 600.3	—	21 433.9	101.0	285.9	14 903.2	111.7	971.8	241.5
苏州	89 372.8	8 885.8	170 214.7	21 433.9	—	166.9	275.2	7 426.4	232.3	4 065.7	742.7
南通	284.2	342.9	146.8	101.0	166.9	—	34.9	111.3	24.4	191.5	70.7
扬州	513.8	1 674.5	363.7	285.9	275.2	34.9	—	366.5	704.9	358.5	95.4
镇江	6 987.8	24 536.4	8 402.9	14 903.2	7 426.4	111.3	366.5	—	165.3	949.5	165.1
泰州	430.7	599.5	155.1	111.7	232.3	24.4	704.9	165.3	—	214.0	66.0
杭州	28 422.1	5 616.8	2 296.0	971.8	4 065.7	191.5	358.5	949.5	214.0	—	8 472.8
宁波	3 091.2	962.8	482.6	241.5	742.7	70.7	95.4	165.1	66.0	8 472.8	—
嘉兴	35 441.0	1 018.3	2 072.1	784.7	4 428.4	60.7	90.1	739.4	59.8	27 556.3	1 463.3
湖州	2 059.6	6 458.0	1 288.1	1 052.5	1 484.7	118.2	274.3	1 343.2	147.5	35 447.1	1 741.0
绍兴	4 980.5	1 553.8	628.4	305.3	1 007.7	74.7	121.8	197.5	77.5	47 493.5	9 414.1
金华	3 352.7	702.6	448.1	218.0	690.6	53.6	71.0	135.2	49.6	8 659.2	641.9
台州	1 034.8	346.6	178.1	104.2	269.8	37.0	41.5	74.3	31.1	1 439.3	3 540.2
合肥	2 014.6	4 427.7	1 057.6	819.7	1 098.7	121.4	232.8	944.6	127.9	1 006.9	272.3
芜湖	582.8	4 497.4	481.5	404.8	454.1	63.0	26.7	602.7	16.8	160.5	30.3
马鞍山	397.4	10 977.7	385.8	354.1	208.5	41.4	21.6	639.3	12.4	66.6	115.0
铜陵	129.6	414.4	91.4	61.0	58.8	15.0	27.4	89.1	16.5	28.3	5.5
安庆	294.0	549.4	179.8	116.0	133.9	35.1	50.5	148.9	34.0	74.1	93.9
滁州	639.3	8 036.4	462.8	468.2	74.1	33.6	81.6	730.0	27.1	411.0	89.4
池州	366.4	851.1	238.3	157.0	166.6	43.1	68.8	210.9	44.2	86.6	16.5

续　表

联系强度	嘉兴	湖州	绍兴	金华	台州	合肥	芜湖	马鞍山	铜陵	安庆	滁州	池州
上海	35 376.8	2 052.2	4 957.8	3 345.3	1 033.8	2 009.9	577.2	397.3	130.3	293.2	639.4	367.1
南京	1 018.3	6 458.0	1 553.8	702.6	346.6	4 427.7	4 497.4	10 977.7	414.4	549.4	8 036.4	851.1
无锡	2 072.1	1 288.1	628.4	448.1	178.1	1 057.6	481.5	385.8	91.4	179.8	462.8	238.3
常州	784.7	1 052.5	305.3	218.0	104.2	819.7	404.8	354.1	61.0	116.0	468.2	157.0
苏州	4 428.4	1 484.7	1 007.7	690.6	269.8	1 098.7	454.1	208.5	58.8	133.9	74.1	166.6
南通	60.7	118.2	74.7	53.6	37.0	121.4	63.0	41.4	15.0	35.1	33.6	43.1
扬州	90.1	274.3	121.8	71.0	41.5	232.8	26.7	21.6	27.4	50.5	81.6	68.8
镇江	739.4	1 343.2	197.5	135.2	74.3	944.6	602.7	639.3	89.1	148.9	730.0	210.9
泰州	59.8	147.5	77.5	49.6	31.1	127.9	16.8	12.4	16.5	34.0	27.1	44.2
杭州	27 556.3	35 447.1	47 493.5	8 659.2	1 439.3	1 006.9	160.5	66.6	28.3	74.1	411.0	86.6
宁波	1 463.3	1 741.0	9 414.1	641.9	3 540.2	272.3	30.3	115.0	5.5	93.9	89.4	16.5
嘉兴	—	906.2	3 568.0	1 244.3	328.8	174.3	66.5	41.2	16.3	41.4	58.5	49.1
湖州	906.2	—	4 406.6	1 572.9	428.9	622.6	564.8	513.2	95.1	172.2	264.3	236.1
绍兴	3 568.0	4 406.6	—	1 050.1	964.0	309.0	40.3	167.3	6.2	102.7	127.5	17.9
金华	1 244.3	1 572.9	1 050.1	—	265.3	227.3	37.5	22.0	10.0	27.4	20.6	31.4
台州	328.8	428.9	964.0	265.3	—	127.7	72.6	44.8	18.7	47.4	35.1	56.3
合肥	174.3	622.6	309.0	227.3	127.7	—	351.9	404.4	1 155.7	464.4	19.9	748.0
芜湖	66.5	564.8	40.3	37.5	72.6	351.9	—	2 902.2	644.3	386.5	35.7	776.7
马鞍山	41.2	513.2	167.3	22.0	44.8	404.4	2 902.2	—	122.7	120.8	37.5	211.0
铜陵	16.3	95.1	6.2	10.0	18.7	1 155.7	644.3	122.7	—	427.2	33.1	1 850.6
安庆	41.4	172.2	102.7	27.4	47.4	464.4	386.5	120.8	427.2	—	51.4	7 009.2
滁州	58.5	264.3	127.5	20.6	35.1	19.9	35.7	37.5	33.1	51.4	—	7.1
池州	49.1	236.1	17.9	31.4	56.3	748.0	776.7	211.0	1 850.6	7 009.2	7.1	—

由表 3.7 可知,高铁驱动下的长三角城市群旅游经济联系强度差异明显,跨度为 5.5—170 214.7,旅游经济联系强度较强的城市主要集中在上海、江苏南部和浙江北部片区,上海、南京和杭州表现出了较强的高铁枢纽辐射作用。其中,旅游经济联系强度最大的三组城市分别是无锡—苏州(170 214.7)、上海—苏州(89 372.8)、常州—无锡(66 600.3)。沪宁高铁的开通使得苏州与无锡之间缩短为仅 10 分钟的车程,同城化效应明显,并且苏州与无锡旅游产业已形成一定的发展规模,因而这两个城市之间的旅游经济联系最强。此外,苏州、无锡和常州凭借地理区位的优势,靠近上海、南京、杭州等高铁枢纽城市,高铁的开通加强了沪宁杭城市旅游目的地的吸引力,呈现出了高铁旅游流的"马太效应",并且促使空间距离邻近的城市形成"同城效应"。在高铁的驱动下,沪宁杭城市与周边的苏州、无锡等城市均处于一小时经济圈内,可以为周边的城市输送一定的旅游流,从而增强了与周边邻近城市的旅游经济联系强度。

各城市之间的旅游经济联系强度差距悬殊,旅游经济联系强度较弱的城市主要聚集在安徽省,其中旅游经济联系强度最弱的三组城市分别是铜陵—宁波(5.5)、铜陵—绍兴(6.2)、池州—滁州(7.1)。这些城市旅游经济联系较弱是由于地区的可进入性较差,铜陵、池州等安徽城市于 2015 年底才开通第一条高铁,运行中的高铁线路较少,与外界的联系不够密切,并且当地的旅游资源不具备较强的吸引力,旅游接待能力不足,旅游创收能力薄弱,双重原因导致安徽旅游经济联系强度不强。

(四)旅游经济联系总量

旅游经济联系总量反映的是中心城市旅游经济对周边城市辐射和影响的总和。根据公式(9),测算长三角城市群各城市之间的旅游经济联系总量,结果如表 3.8 所示。

表 3.8　高铁驱动下长三角城市群各城市之间的旅游经济联系总量

城　市	R_i	排名	占比(%)	城　市	R_i	排名	占比(%)
上　海	254 453.1	3	14.55	湖　州	61 189.67	10	3.5
南　京	114 071.3	6	6.52	绍　兴	76 591.7	8	4.38
无　锡	311 601.6	2	17.82	金　华	19 524.1	12	1.12
常　州	133 355.9	5	7.63	台　州	9 485.469	19	0.54
苏　州	312 882.7	1	17.89	合　肥	16 724.85	14	0.96
南　通	2 171.891	23	0.12	芜　湖	13 193.93	16	0.75
扬　州	5 770.566	20	0.33	马鞍山	17 806.97	13	1.02
镇　江	69 835.22	9	3.99	铜　陵	5 317.493	21	0.30
泰　州	3 349.771	22	0.19	安　庆	10 559.6	18	0.60
杭　州	173 978.4	4	9.95	滁　州	11 744.18	17	0.67
宁　波	31 813.47	11	1.82	池　州	13 243.51	15	0.76
嘉　兴	80 144.47	7	4.58				

从表3.8可知,23个高铁沿线城市旅游经济联系总量差距悬殊,旅游经济联系最强的苏州(312 882.7)与最弱的南通(2 171.89)之间差了144倍。将各城市的旅游经济联系总量划分为三个梯队,第一梯队城市的旅游经济联系总量占比超过10%,第二梯队城市的旅游经济联系总量占比处于2.1%—9.9%,第三梯队城市的旅游经济联系总量低于2%。根据此划分标准,苏州、无锡和上海的旅游经济联系总量处于垄断地位,占比均超过了10%,分别占17.89%、17.82%和14.55%,基本上形成了"上海旅游经济圈""苏锡常旅游经济圈"。苏州、无锡和上海凭借优越的地理区位优势、密集的高铁线路以及较好的旅游发展基础,成为长三角城市群中与周边城市旅游经济联系较强的核心城市。杭州(9.95%)、常州(7.63%)、南京(6.52%)、嘉兴(4.58%)、绍兴(4.38%)、镇江(3.99%)、湖州(3.5%)七个城市的旅游经济联系总量占比处于第二梯队,基本上形成了"南京旅游经济圈"和"杭州旅游经济圈",向周围城市辐射,且辐射能力随着距离的增加而减弱。剩余的13个城市主要属于安徽省,旅

游经济联系总量处于第三梯队,占比均低于 2%,表明安徽省的旅游经济联系强度较弱,仍主要依赖沪宁杭的辐射带动作用,但地理距离较远导致其接受辐射的能力也较弱。长三角城市群高铁沿线城市的旅游经济联系强度在空间上形成了"中心强、边缘弱"的特征,表明 23 个城市的旅游经济联系发展不平衡,长三角城市群旅游一体化进程仍处于起步阶段,部分城市有被边缘化的风险。

(五) 旅游经济联系隶属度

旅游经济联系隶属度表示一个城市的旅游经济相对于另一个城市的隶属或包含程度,它是划分旅游经济圈的基本依据之一。根据公式(10),测算长三角城市群各城市之间的旅游经济联系隶属度,结果如表 3.9所示。

旅游经济联系隶属度不仅可以反映长三角城市群高铁沿线城市的旅游经济联系方向,更关系到各城市旅游经济圈的划分。结合前文对旅游经济联系总量的分析,本章认为长三角城市群高铁沿线城市主要形成了"上海旅游经济圈""苏锡常旅游经济圈""南京旅游经济圈"和"杭州旅游经济圈"四个旅游经济圈。从表 3.9 的结果来看,苏州、无锡和常州三个互为旅游经济联系隶属度最大的城市,因而构成了苏锡常旅游经济圈。南通(15.79%)、扬州(29.02%)、镇江(35.13%)与南京的旅游经济联系强度最大,属于南京旅游经济圈;泰州(17.90%)也隶属于南京旅游经济圈,不过泰州与扬州(隶属度为 21.04%)在地理距离上更邻近,旅游经济联系最强。宁波(26.63%)、湖州(57.93%)、绍兴(62.01%)和金华(44.35%)、台州(15.17%)与杭州的旅游经济联系较强,属于杭州旅游经济圈。嘉兴对杭州的隶属度为 34.38%,对上海的隶属度为 44.14%,因而嘉兴属于上海旅游经济圈。安徽省的合肥(26.47%)、芜湖(34.09%)、马鞍山(61.65%)和滁州(68.43%)与南京的旅游经济联系强度最大,因而隶

表 3.9 高铁驱动下长三角城市群各城市之间的旅游经济联系隶属度

单位：%

隶属度	上海	南京	无锡	常州	苏州	南通	扬州	镇江	泰州	杭州	宁波
上海	—	11.57	15.04	10.50	28.56	13.10	8.72	9.96	12.90	16.33	9.71
南京	5.20	—	2.75	7.40	2.84	15.79	29.02	35.13	17.90	3.23	3.03
无锡	18.41	7.50	—	49.94	54.40	6.76	6.30	12.03	4.63	1.32	1.52
常州	5.50	8.65	21.37	—	6.85	4.65	4.95	21.34	3.34	0.56	0.76
苏州	35.12	7.79	54.63	16.07	—	7.69	4.77	10.63	6.93	2.34	2.33
南通	0.11	0.30	0.05	0.08	0.05	—	0.61	0.16	0.73	0.11	0.22
扬州	0.20	1.47	0.12	0.21	0.09	1.61	—	0.52	21.04	0.21	0.30
镇江	2.75	21.51	2.70	11.18	2.37	5.13	6.35	—	4.93	0.55	0.52
泰州	0.17	0.53	0.05	0.08	0.07	1.13	12.22	0.24	—	0.12	0.21
杭州	11.17	4.92	0.74	0.73	1.30	8.82	6.21	1.36	6.39	—	26.63
宁波	1.21	0.84	0.15	0.18	0.24	3.26	1.65	0.24	1.97	4.87	—
嘉兴	13.93	0.89	0.66	0.59	1.42	2.79	1.56	1.06	1.79	15.84	4.60
湖州	0.81	5.66	0.41	0.79	0.47	5.44	4.75	1.92	4.40	20.37	5.47
绍兴	1.96	1.36	0.20	0.23	0.32	3.44	2.11	0.28	2.31	27.30	29.59
金华	1.32	0.62	0.14	0.16	0.22	2.47	1.23	0.19	1.48	4.98	2.02
台州	0.41	0.30	0.06	0.08	0.09	1.71	0.72	0.11	0.93	0.83	11.13
合肥	0.79	3.88	0.34	0.61	0.35	5.59	4.03	1.35	3.82	0.58	0.86
芜湖	0.23	3.94	0.15	0.30	0.15	2.90	0.46	0.86	0.50	0.09	0.10
马鞍山	0.16	9.62	0.12	0.27	0.07	1.91	0.38	0.92	0.37	0.04	0.36
铜陵	0.05	0.36	0.03	0.05	0.02	0.69	0.47	0.13	0.49	0.02	0.02
安庆	0.12	0.48	0.06	0.09	0.04	1.62	0.88	0.21	1.02	0.04	0.30
滁州	0.25	7.05	0.15	0.35	0.02	1.55	1.41	1.05	0.81	0.24	0.28
池州	0.14	0.75	0.08	0.12	0.05	1.99	1.19	0.30	1.32	0.05	0.05

续　表

隶属度	嘉兴	湖州	绍兴	金华	台州	合肥	芜湖	马鞍山	铜陵	安庆	滁州	池州
上海	44.14	3.35	6.47	17.13	10.90	12.02	4.37	2.23	2.45	2.78	5.44	2.77
南京	1.27	10.55	2.03	3.60	3.65	26.47	34.09	61.65	7.79	5.20	68.43	6.43
无锡	2.59	2.11	0.82	2.30	1.88	6.32	3.65	2.17	1.72	1.70	3.94	1.80
常州	0.98	1.72	0.40	1.12	1.10	4.90	3.07	1.99	1.15	1.10	3.99	1.19
苏州	5.53	2.43	1.32	3.54	2.84	6.57	3.44	1.17	1.11	1.27	0.63	1.26
南通	0.08	0.19	0.10	0.27	0.39	0.73	0.48	0.23	0.28	0.33	0.29	0.33
扬州	0.11	0.45	0.16	0.36	0.44	1.39	0.20	0.12	0.52	0.48	0.69	0.52
镇江	0.92	2.20	0.26	0.69	0.78	5.65	4.57	3.59	1.68	1.41	6.22	1.59
泰州	0.07	0.24	0.10	0.25	0.33	0.76	0.13	0.07	0.31	0.32	0.23	0.33
杭州	34.38	57.93	62.01	44.35	15.17	6.02	1.22	0.37	0.53	0.70	3.50	0.65
宁波	1.83	2.85	12.29	3.29	37.3	1.63	0.23	0.65	0.10	0.89	0.76	0.12
嘉兴	—	1.48	4.66	6.37	3.47	1.04	0.50	0.23	0.31	0.39	0.50	0.37
湖州	1.13	—	5.75	8.06	4.52	3.72	4.28	2.88	1.79	1.63	2.25	1.78
绍兴	4.45	7.20	—	5.38	10.16	1.85	0.31	0.94	0.12	0.97	1.09	0.14
金华	1.55	2.57	1.37	—	2.80	1.36	0.28	0.12	0.19	0.26	0.18	0.24
台州	0.41	0.70	1.26	1.36	—	0.76	0.55	0.25	0.35	0.45	0.30	0.43
合肥	0.22	1.02	0.40	1.16	1.35	—	2.67	2.27	21.7	4.40	0.17	5.65
芜湖	0.08	0.92	0.05	0.19	0.77	2.10	22.00	16.30	12.12	3.66	0.30	5.86
马鞍山	0.05	0.84	0.22	0.11	0.47	2.42	—	—	2.31	1.14	0.32	1.59
铜陵	0.02	0.16	0.01	0.05	0.20	6.91	4.88	0.69	—	4.05	0.28	13.97
安庆	0.05	0.28	0.13	0.14	0.50	2.78	2.93	0.68	8.03	—	0.44	52.93
滁州	0.07	0.43	0.17	0.11	0.37	0.12	0.27	0.21	0.62	0.49	—	0.05
池州	0.06	0.39	0.02	0.16	0.59	4.47	5.89	1.18	34.8	66.3	0.06	—

属于南京旅游经济圈;铜陵、安庆、池州与南京的旅游经济联系强度虽不是最大的,但是与南京地理距离邻近,也属于南京旅游经济圈。

表 3.10　高铁驱动下长三角城市群各旅游圈分布

旅游圈	苏锡常旅游圈	上海旅游圈	杭州旅游圈	南京旅游圈
城　市	苏州、无锡、常州、上海	上海、苏州、无锡、嘉兴、杭州、南通	杭州、宁波、湖州、绍兴、金华、台州	南通、扬州、镇江、泰州、合肥、芜湖、马鞍山、滁州、铜陵、安庆、池州

通过上述分析发现,各城市旅游经济联系隶属度呈现了一种规律,即两个城市地理距离越邻近,其隶属度越高。此外,各个旅游经济圈并不是独立存在的,无法将各个旅游经济圈完全割裂开来,比如南通虽然属于南京旅游经济圈,隶属度为 15.79%,但是其与上海的旅游经济联系隶属度(13.10%)也很强,说明南通的大部分旅游经济受到南京的辐射作用,还有小部分受到上海的辐射,圈层与圈层之间存在互相嵌套的复杂关系。

第三节　高铁枢纽城市旅游产业的综合影响与供给水平测度评价——以西安市为例

上文探讨了高速铁路开通对高铁沿线区域旅游产业要素的驱动、综合影响及其效应。而同时,国内外研究也逐渐将研究视角从区域性分析聚焦到高铁的重要节点/枢纽城市,以点及面,探讨这一新驱动力对区域性枢纽城市的影响,并据此延伸到对周边地区旅游发展的影响。

对高铁网络覆盖地域内的不同等级的节点城市而言,高铁的开通有可能加剧其旅游市场的竞争。马森(Masson)发现,由于各旅游区的发展潜力不同,作为一条高铁线路的两个节点,西班牙巴塞罗那对法国佩皮尼昂形成了"过滤效应",加剧了客流向巴塞罗那的聚集。高铁可以改变大中城市和周围小城市的区域关系,提高周围小城市到中心城区的可达性,从而改变区域城市系统的层次和平衡。从节点城市旅游资源、市场与产品开发角度,学者普遍认为"高铁时代"节点城市旅游业的市场需求、战略定位、产品组织、空间格局、发展模式也发生了变化与调整。黄爱莲以新经济地理模型为理论基础,研究了旅游企业在高铁交通廊道内的集聚与扩散和由此导致的旅游地空间结构及旅游需求的变化,并以武广高铁为例,探讨了沿线旅游发展方式转变的途径。

据此,本研究重点关注西安这一西部重要的高铁枢纽城市和旅游城市,结合宏观统计数据,在对西安中旅国际旅行社、陕西省旅游局高铁站点管理部门等实地走访和深度访谈的基础上,分析高铁这一新引擎的驱动与枢纽城市旅游业的相关关系,探讨高速铁路影响下的城市旅游供给系统实现优化配置的路径。

一、西安市高铁旅游发展概况

在 2008 年公布实施的《中长期铁路网调整规划》中,西安将建成全国重要的交通枢纽中心,陕西将基本形成以西安为中心的"两纵五横八辐射一城际"的"2581"铁路网,投资总规模超过 2 600 亿元。郑西客运专线、西安至太原客运专线、西安至成都客运专线、西安至兰州客运专线和关中城际铁路网建成后,将形成以西安为中心的"一小时生活圈"。随着进出通道的增多和与全国主要城市联系的增强,西安市旅游客源市场的范围也将进一步扩大;随着西安高铁北站的开通运营,预计西安铁路2020 年、2030 年的旅客发送量将分别达到 1.04 亿人次和 1.69 亿人次。

高铁站点也是旅游者的集散中心,旅游咨询、接待等业务可以更直接、迅速地面向旅游者进行开展,为旅行社的经营模式创新提供了可能。西郑高铁开通之后,"乘高铁、看牡丹、游白马寺"等旅游产品应运而生,华山到洛阳龙门景区之间的交通方式已经由旅游大巴转变成了高速铁路,短途旅游、一日游、假日旅游等客源市场出现了明显的增长。从旅游局的角度讲,高速铁路促进了沿线城市和区域旅游合作的不断加强,《西安、郑州合作开发高铁旅游市场协议书》的签署、"持西郑高铁车票、享景区门票折扣"等活动的举办,无不体现了地方政府和旅游行政管理部门对高铁旅游的引导和支持。

二、高速铁路与西安旅游产业的灰色关联度分析

灰色关联度模型是灰色系统分析方法的一种,其基本原理是通过比较统计序列的几何关系来反映系统中多因素之间的关系的紧密程度,序列曲线的几何形状越接近,它们之间的灰色关联度就越大,反之则越小。由于灰色关联度分析方法主要研究系统动态过程,对样本量的多少没有固定的要求,并且可以进行非线性研究,因此在社会科学领域有独到的应用价值。根据不同系统、不同因素之间发展态势的相似或相异程度来衡量其关联程度,结论一般与定性分析相吻合,实用性和可信度较高。

本章通过选取一定的高速铁路交通指标和旅游产业发展指标,科学测度各指标之间的灰色关联系数,从而反映出高速铁路建设对西安市旅游产业发展的影响程度,说明二者之间存在的促进关系。

(一)指标选取与参考序列

1. 高速铁路交通指标

高速铁路交通指标主要包括营业里程和客运量,由于西安市高速铁路开通的年限较短、数据较少,本章选取西安市 2005—2011 年的铁路电

气化营业里程和铁路客运量作为反映高速铁路建设和发展情况的指标（见表 3.11）。

表 3.11 西安市高速铁路交通各指标序列值

年 份	电气化营业里程（公里）$Y_1(k)$	客运量（万人次）$Y_2(k)$
2005	1 303	1 796
2006	1 528	2 066
2007	1 791	2 380
2008	2 100	2 680
2009	2 462	2 585
2010	2 887	2 781
2011	3 385	2 861

资料来源：《西安统计年鉴》，由于 2006—2010 年间铁路电气化营业里程统计数据缺失，故根据年平均增长率计算出相关数据。

2. 旅游产业发展指标。

旅游产业发展指标主要选取 2005—2011 年西安市的国内旅游人数、国内旅游收入、入境旅游人数及旅游外汇收入等统计数据（见表 3.12）。

表 3.12 西安市旅游产业发展各指标序列值

年 份	国内旅游人数（万人次）$X_1(k)$	国内旅游收入（亿元）$X_2(k)$	入境旅游人数（万人次）$X_3(k)$	旅游外汇收入（亿元）$X_4(k)$
2005	2 346	144.96	77.56	33.54
2006	2 652	166.47	86.73	37.83
2007	3 018	194.8	100.01	42.43
2008	3 169	214.8	63.2	28.72
2009	3 862	266.4	67.29	31.05
2010	5 201	362.8	84.18	42.38
2011	6 553	478.87	100.23	51.28

资料来源：各年份《西安统计年鉴》。

本章将高速铁路交通指标作为参考序列,表示为 $Y_i = \{Y_i(k) | i = 1, 2, 3, \cdots, n; k = 1, 2, 3, \cdots, l\}$;旅游产业发展指标作为比较序列,表示为 $X_j = \{X_j(k) | i = 1, 2, 3, \cdots, m; k = 1, 2, 3, \cdots, l\}$;其中 n 为参考序列因素数量,m 为比较序列因素数量,k 为动态观察值个数。

(二)原始数据的无量纲化处理

由于铁路交通指标与旅游产业发展指标的统计方式和单位不同,数据的数量级也有较大差异,需要消除原始数据的量纲,将其转化为可比较的数据序列。本章采用初始值变换方法,即分别用同一序列的第一个数据去除后面的各个数据,得出初值化数列,计算公式如下:

$$Y_i(k)' = \frac{Y_i(k)}{Y_i(1)}, \quad i = 1, 2, 3, \cdots, n; \quad k = 1, 2, 3, \cdots, l$$

$$X_j(k)' = \frac{X_j(k)}{X_j(1)}, \quad i = 1, 2, 3, \cdots, m; \quad k = 1, 2, 3, \cdots, l$$

通过对西安市高速铁路交通和旅游产业各指标序列值进行无量纲化处理,得出初值化数列(见表 3.13)。

表 3.13　初值化数列

年　份	$Y_1(k)'$	$Y_2(k)'$	$X_1(k)'$	$X_2(k)'$	$X_3(k)'$	$X_4(k)'$
2005	1.00	1.00	1.00	1.00	1.00	1.00
2006	1.17	1.15	1.13	1.15	1.12	1.13
2007	1.37	1.33	1.29	1.34	1.29	1.27
2008	1.61	1.49	1.35	1.48	0.81	0.86
2009	1.89	1.44	1.65	1.84	0.87	0.93
2010	2.22	1.55	2.22	2.50	1.09	1.26
2011	2.60	1.59	2.79	3.30	1.29	1.53

求解参考序列与比较序列的绝对差和两极最大差、最小差。

设 $\Delta_{ij}(k)$ 表示第 k 个年份 $Y_i(k)'$ 与 $X_j(k)'$ 的绝对差，则：

$$\Delta_{ij}(k) = |Y_i(k)' - X_j(k)'|; \ i = 1, 2, 3, \cdots, n;$$

$$j = 1, 2, 3, \cdots, m; \ k = 1, 2, 3, \cdots, l$$

记 $M = \max_i \max_j \Delta_{ij}(k)$，其中 $\max_j \Delta_{ij}(k)$ 表示在 X_j 曲线上，各相应点与 Y_i 曲线上各相应点的距离的最大值。即

$$\max_j \Delta_{ij}(k) = \max\{\max \Delta_{ij}(1), \max \Delta_{ij}(2), \cdots, \max \Delta_{ij}(l)\}$$

同理，记 $m = \min_i \min_j \Delta_{ij}(k)$，其中

$$\min_j \Delta_{ij}(k) = \min\{\min \Delta_{ij}(1), \min \Delta_{ij}(2), \cdots, \min \Delta_{ij}(l)\}$$

(三) 灰色关联系数计算

$$\gamma_{ij}(k) = \frac{m + \rho M}{\Delta_{ij}(k) + \rho M}, \ i = 1, 2, 3, \cdots, n;$$

$$j = 1, 2, 3, \cdots, m; \ k = 1, 2, 3, \cdots, l$$

其中 ρ 为分辨系数，取值在 $[0, 1]$，依照经验一般取 $\rho = 0.5$。

求得比较数列 X_j 与参考数列 Y_i 各点的关联系数的算术平均数，即可得到西安市高速铁路建设与旅游产业发展之间的灰色关联度(见表 3.14)。

$$\gamma_{ij} = \frac{1}{n} \sum_{i=1}^{n} \gamma_{ij}(k)$$

表 3.14　西安市高速铁路与旅游产业发展的关联度

	国内旅游人数（万人次）	国内旅游收入（亿元）	入境旅游人数（万人次）	旅游外汇收入（亿元）
电气化营业里程（公里）	0.87	0.84	0.62	0.64
客运量（万人次）	0.80	0.78	0.78	0.83

由表 3.14 可知，高铁建设与西安市旅游产业的发展情况之间存在

较大的关联性。

首先,无论是在旅游接待人数还是在旅游收入方面,高速铁路与国内旅游的关联性均大于其与入境旅游的关联性。这一方面与入境游客多采用航空交通方式有关,另一方面也说明了随着高速铁路营业里程的增加和客运能力的增强,国内旅游的市场规模会进一步扩大。

20 世纪 90 年代以后,西安市旅游业从单一的入境旅游转变为国际、国内旅游并重发展,且国内旅游的增长速度远远高于入境旅游,在旅游客源市场的空间结构上,也从海外市场拉动逐步转化为国内市场驱动的格局。2011 年,西安市国内旅游人次和收入分别达到 6 553 万人次和478 亿元人民币,分别是入境旅游市场的 65.4 倍和 9.4 倍,由此可见,国内旅游市场对于西安市旅游产业的发展具有重要作用。随着高速铁路的建设和开通,西安市在全国铁路交通体系中的地位不断提高,其作为旅游目的地的可达性和吸引力也随之增强,对促进旅游产业尤其是国内旅游市场的发展有重大意义。

其次,从高速铁路的两项参考指标上看,与营业里程与旅游产业的关联性相比,客运量与旅游产业的关联性更为稳定。在实践中,交通客运量本身就是统计一个地区旅游接待人次的重要数据来源之一,与旅游收入之间也具有更加直接的关系,因此这一分析结果是显而易见的。同时,这也说明若要有效地发挥高速铁路对旅游产业的促进作用,以营业里程为标志的硬件建设只是一个方面,更重要的是客运量的增长和客运效率的提高。

笔者在访谈中也发现,目前西安旅游市场对高铁还处在较被动的观望阶段,高铁与普通列车价格差别较大,旅游者尤其是团队对价格敏感度较高,对于 5 个小时以上的中长途路线,普通列车的卧铺席位比高速铁路的座位更为舒适,仍是旅游者首选的出行方式。因此,只有旅游者认同和选择高铁这一出行方式,高铁的正向影响才能更充分地显现。

总体上讲,高速铁路对西安市旅游产业的发展具有明显的促进作用,但实现二者融合发展的关键在于高速铁路客运量的提升。这需要铁路交通管理部门对旅游客源市场进行准确的需求分析,并在此基础上规划和制定合理的列车运行方案及票价,使旅游者真正享受到高速铁路带来的出行便利。同时,西安市的旅游产业供给要素也需要进行相应的调整和优化,适应高速铁路时代旅游者出行方式和消费习惯的变化,最终实现旅游供给水平的提升和旅游产业的可持续发展。

三、高铁枢纽城市西安旅游产业供给水平评价

为了综合考虑全国各主要城市在铁路网中的区位特征、城市等级和旅游业发展规模,提高评价结果的客观可比性,本章选取武汉市、南京市作为参照展开比较研究。西安、武汉、南京这三个案例城市皆为省会城市和"枢纽城市";作为各自区域内的重要高铁站点,线路密集,具有较好的铁路运输功能性和配套服务,因此将其界定为"高速铁路枢纽城市"。

(一) 评价指标体系的构建

1. 指标选取与说明

本章运用 AHP 决策分析法,进行高速铁路影响下城市旅游产业供给水平评价指标体系的构建。

首先,确定评价体系的层次。第一层是总目标层次,即高速铁路影响下节点城市的旅游产业供给水平(A),这是综合评价最终要达到的目标,即通过量化的方式分析各城市的旅游产业供给要素在引入高速铁路的影响后的时间序列变化,从而衡量城市旅游产业供给水平的综合得分。第二层是中间层次,将城市旅游产业供给水平的主要构成方面进行分解,包括旅游吸引物(O1)、旅游接待与服务设施(O2)、旅游投资

（O3）、旅游人力资源（O4）和旅游环境（O5）五个方面。第三层是指标层次，由反映评价目标各方面的统计指标构成。

其次，本章以现有的各种统计资料和相关研究成果为基础，通过专家咨询和经验选择，确定了反映城市旅游产业供给水平的五个方面，一共包括20个具体指标，详见表3.15。

表3.15　高速铁路影响下节点城市的旅游产业供给水平指标体系

总目标	中间层	指标层	单位	变量
高速铁路影响下节点城市的旅游产业供给水平A	旅游吸引物 O1	旅游 A 级景区数量	个	C1
		公园数量	个	C2
		博物馆数量	个	C3
	旅游接待与服务设施 O2	旅行社数量	个	C4
		星级饭店数量	个	C5
		餐饮业网点数量	个	C6
		零售贸易业网点数量	个	C7
		城市公共营运车辆数量	辆	C8
		出租汽车数量	辆	C9
		公共厕所数量	座	C10
	旅游投资 O3	住宿和餐饮业固定资产投资	万元	C11
		批发和零售固定资产投资	万元	C12
		文化、体育和娱乐固定资产投资	万元	C13
		旅游业固定资产原值	万元	C14
	旅游人力资源 O4	住宿和餐饮业从业人数	万人	C15
		批发和零售业从业人数	万人	C16
		文化、体育和娱乐业从业人数	万人	C17
		旅游从业人员数量	人	C18
	旅游环境 O5	城市绿化覆盖率	％	C19
		城市环境基础设施建设投资	亿元	C20

旅游吸引物(O1)。是城市旅游产业供给中的核心要素,以历年《城市统计年鉴》及《城市国民经济与社会发展统计公报》中的数据为依据,主要包括国家 A 级景区(C1)、公园(C2)及博物馆(C3)的数量。

旅游接待与服务设施(O2)。包括反映旅游接待能力的旅行社数量(C4)和星级饭店数量(C5);反映城市商业服务的餐饮业网点数量(C6)和零售贸易业网点数量(C7);反映交通和其他公共设施的城市公共营运车辆数量(C8)、出租汽车数量(C9)和公共厕所数量(C10)。

旅游投资(O3)。根据《城市统计年鉴》以及《中国旅游统计年鉴(副本)》的统计数据,以住宿和餐饮业固定资产投资(C11)、批发和零售业固定资产投资(C12)、文化、体育和娱乐业固定资产投资(C13)和旅游业固定资产原值(C14)来综合反映旅游业投资状况。

旅游人力资源(O4)。住宿和餐饮业从业人数(C15)、批发和零售业从业人数(C16)和文化、体育和娱乐业从业人数(C17)反映了旅游相关行业的人力资源储备,旅游业从业人员数量(C18)则直接反映了旅游业就业人数的规模。

旅游环境(O5)。旅游环境外延比较广泛,既包括自然生态环境,也包括政治法律环境、社会文化环境。但由于现有统计资料的限制,本章主要选择反映自然环境状况的城市绿化覆盖率(C19)指标以及反映环境改善力度的城市环境基础设施建设投资(C20)指标。

2.指标权重的确定

根据上文建立的评价高铁影响下节点城市旅游产业供给水平的层次结构模型,本章采用专家咨询法,通过逐层构建评价指标的判断矩阵、层次单排序及一致性检验计算出了各项指标对于总体评价结果的权重。

计算五个中间层 O1,O2,O3,O4,O5 的相对权重,表示在高铁影响下,旅游产业供给的各个方面对形成节点城市旅游产业总体供给水平的重要程度。

计算每一个指标 C1，C2，…，C20 对各自的中间层的相对权重，表示在高铁影响下，每个旅游产业供给要素对形成旅游产业供给主要方面的重要程度。

用各个指标的权重与相应的中间层 O1，O2，…，O5 的权重进行加权，计算出各指标的组合权重，表示在高铁影响下，每个旅游产业供给要素对形成节点城市旅游产业供给水平的重要程度。

以上计算结果如下：

A-O 判断矩阵及层次排序结果见表 3.16。

表 3.16 高铁枢纽城市旅游产业供给要素水平排序表

A	O1	O2	O3	O4	O5	W	排序
O1	1	1/4	1/3	3	4	0.154	3
O2	4	1	3	4	4	0.44	1
O3	3	1/3	1	4	4	0.267	2
O4	1/3	1/4	1/4	1	2	0.081	4
O5	1/4	1/4	1/4	1/2	1	0.058	5

由以上的计算结果可知，各层评价指标的判断矩阵都具有满意的一致性，所得的权重值可以采用。因此，将各个指标的权重与相应的中间层 O1，O2，…，O5 的权重进行加权，计算出各指标的组合权重，见表 3.17。

从各中间层的权重上可以看出，节点城市旅游产业供给水平的各方面受高速铁路影响的程度不同，依次为旅游接待与服务设施、旅游投资、旅游吸引物、旅游人力资源和旅游环境。通过对高速铁路节点城市具体指标数据的测算和评价，可以了解其旅游产业供给水平的高低和时序变化特点。

表 3.17 高速铁路影响下节点城市旅游产业供给水平的评价指标体系

总目标层	中间层	指标层	权 重	合 计	
A	O1	C1	0.083	0.154	1
		C2	0.025		
		C3	0.046		
	O2	C4	0.075	0.44	
		C5	0.044		
		C6	0.151		
		C7	0.103		
		C8	0.021		
		C9	0.031		
		C10	0.014		
	O3	C11	0.066	0.267	
		C12	0.042		
		C13	0.025		
		C14	0.135		
	O4	C15	0.02	0.081	
		C16	0.013		
		C17	0.008		
		C18	0.041		
	O5	C19	0.015	0.058	
		C20	0.044		

（二）实证测度评价

1. 数据搜集与标准化

基于上文确定的实证研究对象和构建的指标体系，本章利用《城市国民经济与社会发展统计公报》《城市统计年鉴》《中国旅游统计年鉴》和《中国环境统计年鉴》等渠道收集并整理了 2005—2011 年西安市、武汉市和南京市各旅游产业供给要素的原始数据。

表 3.18 西安市旅游产业供给要素相关数据

西安	C1	C2	C3	C4	C5	C6	C7	C8	C9	C10
2005 年	18	49	40	221	81	112	298	4 762	11 236	693
2006 年	23	49	42	240	87	147	310	5 489	11 177	891
2007 年	23	50	43	262	100	194	356	5 836	11 879	962
2008 年	23	54	45	271	105	238	376	6 123	11 879	1 131
2009 年	24	55	49	303	112	266	422	7 039	12 786	1 131
2010 年	34	68	55	334	113	264	453	7 107	12 786	1 257
2011 年	43	66	85	365	122	286	497	7 462	13 839	1 493

西安	C11	C12	C13	C14	C15	C16	C17	C18	C19	C20
2005 年	131 595	422 757	73 446	630 893.36	16.71	50.65	1.65	2.52	30.43	11.22
2006 年	188 864	495 814	115 119	753 778.3	16.81	50.69	1.71	3.13	39.82	12.79
2007 年	308 414	701 953	255 828	819 506.4	19.31	54.19	1.66	3.6	39.71	17.73
2008 年	372 528	676 458	273 253	402 767.74	20.39	55.38	2.08	1.4	40.33	36.60
2009 年	445 102	630 216	326 143	491 422.11	24.39	51.94	2.41	1.87	40.42	21.91
2010 年	389 667	547 444	156 596	736 206.03	22.5	60.01	3.21	2.74	43.39	43.63
2011 年	573 638	1 096 207	160 873	598 133.82	27.49	50.62	3.39	2.08	46.58	58.71

表 3.19　武汉市旅游产业供给要素相关数据

武汉	C1	C2	C3	C4	C5	C6	C7	C8	C9	C10
2005 年	30	52	16	216	120	202	1 989	5 463	12 137	900
2006 年	30	52	16	236	119	203	2 191	5 986	12 137	821
2007 年	31	58	17	222	121	218	2 173	6 600	12 137	852
2008 年	31	67	23	219	112	242	2 390	6 976	12 137	851
2009 年	32	69	23	235	111	298	4 328	7 241	12 137	811
2010 年	32	69	24	251	97	326	3 979	7 001	13 997	1 613
2011 年	35	70	24	261	96	382	3 519	7 465	14 780	1 540

武汉	C11	C12	C13	C14	C15	C16	C17	C18	C19	C20
2005 年	170 153	352 674	51 566	588 499.7	3.17	8.62	2.03	3.23	21.4	14.4
2006 年	168 140	273 342	92 487	695 862.1	4.04	7.84	1.93	3.22	21.6	15.412
2007 年	280 960	445 911	289 509	760 470.2	2.81	8.12	1.99	3.51	21.72	15.276
2008 年	288 612	668 591	98 958	730 937.4	3.26	8.27	2.42	3.02	25.12	19.36
2009 年	523 278	836 932	423 797	784 188.1	4.21	7.92	2.21	3.61	26.48	28.232
2010 年	549 597	593 848	154 231	886 691.2	5.39	8.79	2.68	2.21	26.63	35.98
2011 年	275 420	680 092	372 546	571 660.9	4.88	8.46	2.57	2.06	26.8	43.212

表 3.20　南京市旅游产业供给要素相关数据

南京	C1	C2	C3	C4	C5	C6	C7	C8	C9	C10
2005 年	16	59	14	395	122	330	1 327	5 158	9 055	1 559
2006 年	27	59	14	410	127	384	1 250	5 246	9 262	1 315
2007 年	35	60	14	436	143	437	1 270	5 709	9 997	1 060
2008 年	43	62	38	435	130	929	2 613	5 911	10 151	1 098
2009 年	47	62	38	450	131	678	2 396	6 201	10 364	1 145
2010 年	48	62	42	476	121	776	2 489	6 296	10 593	1 151
2011 年	51	83	44	502	113	848	2 649	6 573	10 644	1 162

南京	C11	C12	C13	C14	C15	C16	C17	C18	C19	C20
2005 年	35 395	82 245	189 892	1 395 278	2.28	8.21	1.3	2.58	44.94	63.28
2006 年	73 982	105 205	56 362	893 577.7	2.14	6.51	1.27	2.36	45.49	76.58
2007 年	31 649	210 640	98 671	1 003 407	6.09	14.69	1.3	2.97	45.92	73.17
2008 年	78 211	307 923	122 122	879 965.7	6.62	14.19	1.43	3.7	46.12	74.71
2009 年	66 110	253 665	97 261	978 385.9	6.89	15.5	1.66	3.3	44.11	84.1
2010 年	119 709	411 085	173 797	681 411.2	7.62	14.87	1.71	2.56	44.38	111.83
2011 年	146 912	406 355	203 297	692 895.3	12.71	20.78	1.91	2.69	44.42	107.4

2. 数据搜集与标准化

采用标准差标准化的方法,通过原始数据进行标准化处理,并将以上数据代入评价指标体系进行计算和整理,最终得出 2005—2011 年各城市在高速铁路影响下的旅游产业供给水平指数,如图 3.5 所示。

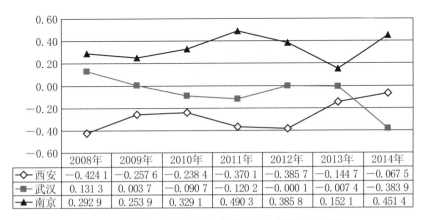

	2008年	2009年	2010年	2011年	2012年	2013年	2014年
◇ 西安	-0.424 1	-0.257 6	-0.238 4	-0.370 1	-0.385 7	-0.144 7	-0.067 5
■ 武汉	0.131 3	0.003 7	-0.090 7	-0.120 2	-0.000 1	-0.007 4	-0.383 9
▲ 南京	0.292 9	0.253 9	0.329 1	0.490 3	0.385 8	0.152 1	0.451 4

图 3.5　高铁驱动下枢纽城市旅游产业供给水平指数

由图 3.5 可知,南京市的旅游供给水平在三者中相对最高,基础设施和旅游服务较为完善,旅游产业发展基础最好;武汉市在 2011 年有明显下降,还未适应高铁开通带来的旅游市场井喷式发展。而西安市的旅游产业供给水平相对最低,但随时间变化呈较为明显的增长,尤其是在 2010 年郑西高铁开通之后提升较快。目前,随着西安市建设国际化大都市发展定位的确立和新城市规划的开展,以高速铁路为代表的交通基础设施为经济增长提供了新引擎,旅游业作为西安市的传统优势和主导产业之一也面临产业供给水平的新提升。

从高速铁路枢纽城市旅游产业供给要素来看,在高速铁路影响下,各城市 2008—2011 年在旅游吸引物、旅游接待与服务设施、旅游投资、旅游人力资源和旅游环境的供给水平变化如图 3.6 所示。

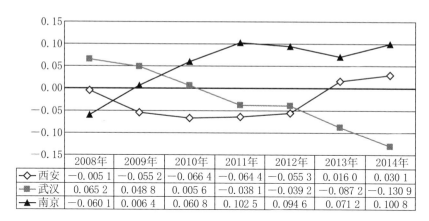

	2008年	2009年	2010年	2011年	2012年	2013年	2014年
西安	−0.005 1	−0.055 2	−0.066 4	−0.064 4	−0.055 3	0.016 0	0.030 1
武汉	0.065 2	0.048 8	0.005 6	−0.038 1	−0.039 2	−0.087 2	−0.130 9
南京	−0.060 1	0.006 4	0.060 8	0.102 5	0.094 6	0.071 2	0.100 8

图 3.6   高铁影响下枢纽城市旅游吸引物水平指数

由图 3.6 可知,近几年来西安市的旅游吸引物供给水平有所提高,但比南京增长缓慢,旅游景区、公园、文化场馆的规模在三个案例中仍处于较低水平。

根据陕西省委、省政府出台的《关于省市共建大西安加快推进创新型区域建设的若干意见》,西安将建设文化生态大融合的国际旅游目的地,实施跨区域整合旅游资源、打造精品旅游品牌和线路等措施,加快建设临潼旅游休闲度假区、秦岭终南山世界地质公园、世园主题公园等重大项目;在文物保护领域,要在汉昆明池、汉长安城和秦咸阳城等大遗址保护项目的基础上整合文物资源,增建 50—80 座博物馆,落实"博物馆之城"的目标。旅游吸引物的持续投入和创新有利于扩大城市旅游的知名度和影响力,为此各级旅游主管部门也制定了相应的鼓励政策,根据投资规模给予景区一定补贴,对新认定的 A 级景区给予奖励。

在旅游接待与服务设施方面,西安的总体水平相对最低,虽发展速度较快,但尚有较大提升空间。而武汉和南京则维持较稳定的水平。

从构成要素上看,西安市和其他两个城市的差距主要体现在餐饮网点和零售贸易网点的数量上。2014 年,武汉市各有限额以上餐饮网点

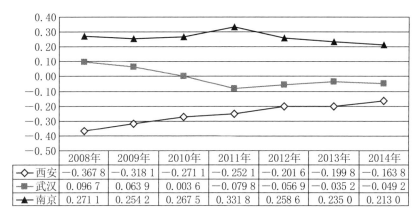

	2008年	2009年	2010年	2011年	2012年	2013年	2014年
西安	−0.367 8	−0.318 1	−0.271 1	−0.252 1	−0.201 6	−0.199 8	−0.163 8
武汉	0.096 7	0.063 9	0.003 6	−0.079 8	−0.056 9	−0.035 2	−0.049 2
南京	0.271 1	0.254 2	0.267 5	0.331 8	0.258 6	0.235 0	0.213 0

图 3.7　高铁影响下枢纽城市旅游接待与服务设施水平指数

382 个和限额以上零售贸易网点 3 519 个;南京市各有 848 个和 2 649 个;而西安市的数字仅为 286 和 497,说明餐饮业和购物业是主要制约因素。在笔者对旅行社的走访调查中也了解到,西安市虽然以种类繁多的风味小吃闻名全国,但缺乏就餐环境好、知名度高的品牌餐饮企业,很大程度上影响了旅游体验,也不利于旅游餐饮业综合收益的提高。旅游购物一直以来也是西安旅游有效供给的薄弱环节,缺乏附加值高、特色突出的旅游商品,也凸显出整个城市商业发展的不足。但可以预见的是,随着交通的改善,西安市作为西北地区商业贸易集散中心的地位将不断强化,与华中、华东等发达地区经济联系也将不断增强,加之关中——天水经济区和大西安城市规划的实施,整体旅游接待与服务设施供给水平将实现较快提升。

　　旅游业具有极强的关联和带动作用,因此本章研究的旅游投资水平包含了旅游业固定资产原值以及住宿和餐饮、批发和零售、文化体育和娱乐等旅游相关行业的固定资产投资。由图 3.8 可见,三个案例城市水平相当,只是随时间变化有所不同。其中西安市的旅游投资水平与旅游产业的发展变化基本一致,即在 2008 年、2009 年全球金融危机时期旅游投资水平出现明显下滑,随后又稳步恢复和增长。

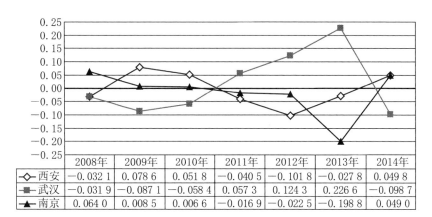

	2008年	2009年	2010年	2011年	2012年	2013年	2014年
西安	−0.032 1	0.078 6	0.051 8	−0.040 5	−0.101 8	−0.027 8	0.049 8
武汉	−0.031 9	−0.087 1	−0.058 4	0.057 3	0.124 3	0.226 6	−0.098 7
南京	0.064 0	0.008 5	0.006 6	−0.016 9	−0.022 5	−0.198 8	0.049 0

图 3.8　高铁影响下枢纽城市旅游投资水平指数

　　高速铁路的开通将大幅提升过境和停留客流,旅游需求也随之增长。西安市曲江新区作为文旅产业发展的典型案例,依托曲江文化景区、大明宫遗址保护区、法门寺文化景区、临潼国家旅游度假区的优势旅游资源,积极吸引各方投资,建设星级酒店、主题社区、商业综合体等,推出了 33 个重大文化旅游、绿色生态、金融科技、城乡统筹类招商项目,总

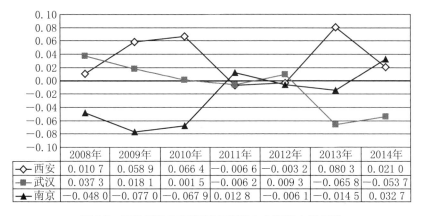

	2008年	2009年	2010年	2011年	2012年	2013年	2014年
西安	0.010 7	0.058 9	0.066 4	−0.006 6	−0.003 2	0.080 3	0.021 0
武汉	0.037 3	0.018 1	0.001 5	−0.006 2	0.009 3	−0.065 8	−0.053 7
南京	−0.048 0	−0.077 0	−0.067 9	0.012 8	−0.006 1	−0.014 5	0.032 7

图 3.9　高铁影响下枢纽城市旅游人力资源水平指数

签约金额达 460 亿元。同时,旅游投资水平不仅体现在投资数额,更体现在投资项目能否迎合体验化和休闲化的消费需求,能否实现交通系统与配套设施的匹配。只有通过详尽规划、分步实施和持续投入,才能促进城市旅游投资水平的提升。

旅游从业人员的数量和结构在很大程度上决定了城市旅游服务质量和旅游者旅游体验质量。西安市的旅游人力资源状况在三个城市中表现较好,说明现有的人员配比基本可以满足高速铁路影响下旅游产业发展需要。但值得注意的是,三个城市旅游人力资源水平指数都具有较大波动性,也凸显出旅游从业人员的不稳定性和高流失率。

旅游人力资源供给的合理化是一个系统性问题,关系到从业人员数量、人员知识经验结构以及旅游教育培训。本章着眼于高铁枢纽城市的旅游人力资源水平,认为交通和空间距离的缩短会缓解旅游目的地淡旺季的供求矛盾,这有利于旅游人力资源供给水平的稳定,减少淡旺季造成的员工流失。

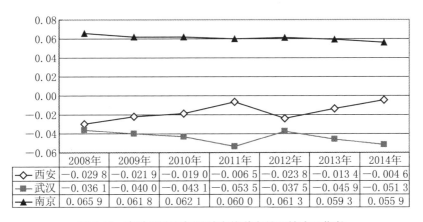

	2008年	2009年	2010年	2011年	2012年	2013年	2014年
西安	−0.029 8	−0.021 9	−0.019 0	−0.006 5	−0.023 8	−0.013 4	−0.004 6
武汉	−0.036 1	−0.040 0	−0.043 1	−0.053 5	−0.037 5	−0.045 9	−0.051 3
南京	0.065 9	0.061 8	0.062 1	0.060 0	0.061 3	0.059 3	0.055 9

图 3.10　高铁影响下枢纽城市旅游自然环境水平指数

在旅游环境方面,南京市整体水平较好,这主要得益于南京市对城市环境建设的重视和投入。无论是城市绿化覆盖率的指标还是城市环境基础设施建设投资的数额,南京市都远高于西安市和武汉市,处于全国的先进水平,并获国家园林城市、全国城市环境综合整治十佳城市和国家卫生城市等称号。

西安市与南京市同为历史古都,虽然自然条件存在差异,但南京市在旅游生态环境保护和优化方面的经验值得借鉴。陕西省将"人文陕西山水秦岭"作为统一的形象定位和宣传口号,意在凸显其丰富的自然生态资源,促进旅游产品的多元化开发和旅游形象的提升。西安市从2013年开始,在现有支持生态环境建设资金的基础上,将连续五年通过省级相关专项资金每年再增加4 000万元,用于秦岭生态保护、城市造林绿化等,把西安建成山、水、城、田协调共生,人与自然和谐共处的生态区。

(三) 评价结论

根据上文对西安市旅游产业供给水平指数的计算和分析,可以得出基本结论:

一是与其他的高速铁路节点城市相比,西安市的旅游产业供给水平总体较低,但发展趋势良好,总体呈现增长态势。

二是在高速铁路影响下,西安市的旅游吸引物和旅游接待与服务设施的增长最为明显,但餐饮、购物等供给环节还较为薄弱,需要进一步加强。

三是西安市的旅游环境有较大的提升空间,应注重自然旅游资源的开发利用,完善旅游产品谱系、提升和优化旅游形象。

通过对西安市旅游产业供给水平的评价及与其他城市的比较分析,本章从总体上说明了高铁节点城市旅游产业供给与高速铁路交通系统的匹配程度。下文中,笔者试图从旅游空间结构演变、旅游商业发展模式创新和旅游公共服务体系建设三个角度具体探讨城市旅游产业供给系统应该如何适应高速铁路带来的影响,实现与交通系统的融合发展,并提出相应的对策和建议。

四、高铁枢纽城市旅游产业要素供给水平提升路径

旅游空间结构是指人们的旅游活动和经济行为在一定地域范围内相互作用形成的空间形态和组织方式,反映出该地域内不同地区的空间属性和人们旅游行为之间的相互关系。分析研究高铁对西安市旅游空间结构的影响,首先要明确旅游空间结构的组成要素。根据卞显红(2003)、张凡(2004)等的研究,一个地区的旅游空间结构主要包括旅游目的地区域、旅游节点、旅游循环路线、旅游出入通道和旅游客源市场等要素,不同的要素组合影响着城市旅游产业的规划布局模式。本章着重从供给角度探讨西安市旅游空间结构在高速铁路影响下的演进变化,主要从旅游目的地的旅游节点和旅游通道要素两方面进行分析。

关于旅游空间的范围,本章按照西安市的自然地理范围及行政管理区划进行界定。西安市位于渭河流域中部关中盆地,北临渭河和黄土高原,南邻秦岭,地理位置为东经 107°40′—109°49′,北纬 33°42′—34°45′。全市辖境东西长约 204 公里,南北宽约 116 公里,国土面积 9 983 平方公里,其中市区面积 1 066 平方公里;常住人口 846.78 万人(2010)。西安市包括新城区、碑林区、莲湖区、雁塔区、未央区、灞桥区、长安区、阎良区、临潼区九个辖区和蓝田县、周至县、户县、高陵县四个辖县。本章将西安市旅游空间结构的研究范围确定为九个中心城区和四个区县。

(一) 增强西安市旅游节点的旅游吸引力

衡量一个地区对其他地区旅游吸引力的大小,主要需要考虑两地之间的时空距离、旅游者的可支配收入水平和需求偏好等因素,由于本章主

要探讨高铁开通带来的时空距离缩短对西安旅游节点吸引力的影响,故主要借助距离衰减理论和引力模型分析旅游吸引力受旅行时间因素影响而产生的变化趋势(赵现红、吴丽霞、马耀峰,2005)。所应用的公式如下:

$$T_{ij} = G\frac{P_i A_j}{D_{ij}b} \tag{11}$$

式中,T_{ij} 表示某地区到西安的旅游者人数;P_i 表示西安的旅游容量;A_j 表示该地区的人均可支配收入;D_{ij} 表示该地区到西安乘火车所需的时间。G,b 为经验参数。利用公式(11)可知,假设各地区的人均可支配收入水平一致,西安对各地区的旅游吸引力的大小为:

$$\frac{T_{i1}}{T_{i2}} = \left[\frac{D_{i2}}{D_{i1}}\right]^b \tag{12}$$

由公式(12)可知,西安市旅游节点的吸引力与旅游客源地到西安市的时间距离成反比。在旅游者可支配收入水平与西安市旅游容量一定的情况下,旅游者花费的旅行时间越短,旅游客源地到西安市的旅游人数越多,旅游节点吸引力越强。

表 3.21 高铁开通前后各城市到西安的旅游时间对比

城　市	距离(km)	高铁平均 旅行时间(h)	普通铁路 平均旅行时间(h)
郑　州	505	2.5	6.5
武　汉	1 050	5.0	13.5
北　京	1 216	5.5	14.0
长　沙	1 421	6.5	18.0
上　海	1 503	10.5	16.5
广　州	2 119	9.0	26.0
深　圳	2 230	9.5	32.5

资料来源:全国铁路列车运行时刻表,2013 年 2 月 12 日。

借助公式(12)并根据各主要客源地到西安市的铁路旅行时间,本章对高铁开通前后西安市旅游节点吸引力的变化情况进行了计算和比较。

$$郑州到西安:\frac{T_{i1}}{T_{i2}}=\left[\frac{6.5}{2.5}\right]^b$$

$$武汉到西安:\frac{T_{i1}}{T_{i2}}=\left[\frac{13.5}{5}\right]^b$$

$$北京到西安:\frac{T_{i1}}{T_{i2}}=\left[\frac{14}{5.5}\right]^b$$

$$长沙到西安:\frac{T_{i1}}{T_{i2}}=\left[\frac{18}{6.5}\right]^b$$

$$上海到西安:\frac{T_{i1}}{T_{i2}}=\left[\frac{16.5}{10.5}\right]^b$$

$$广州到西安:\frac{T_{i1}}{T_{i2}}=\left[\frac{26}{9}\right]^b$$

$$深圳到西安:\frac{T_{i1}}{T_{i2}}=\left[\frac{32.5}{9.5}\right]^b$$

T_{i1} 为高铁开通后各地区可能到西安市的旅游者数量,T_{i2} 为高铁开通前各地区可能到西安市的旅游者数量,b 为经验参数,一般取 1 或 2。由以上各式可以看出,时间距离越短,旅游目的地对客源地的吸引力越大。高速铁路的开通大大降低了旅游者出行的时间成本,提高了西安市旅游节点的对外吸引力,为西安市旅游产业的发展带来了新的机遇。

(二) 优化西安市旅游节点的空间等级结构

作为一个旅游目的地区域,西安市由不同种类和主题的旅游节点组成。由于旅游吸引物资源品级的高低、吸引力大小的差异和旅游配套服务设施的开发程度不同,旅游节点呈现出一定的空间等级结构。一级节点是旅游者所熟知的城市核心吸引物聚集体;二级节点也有较强的旅游吸引力和较为完善的旅游服务接待设施,但不是旅游者首选的目的地;

三级节点则包括其余有一定旅游吸引力和开发潜力,但发展尚不成熟或游客到访较少的旅游资源。不同等级的旅游节点按照相互距离的远近在空间上集聚和联系,形成旅游区,旅游区的空间范围和内部要素的密集程度等都会随节点之间的相互作用和状态而变化,若出现新的节点,旅游区的发展实力就会增强,进而促进整个城市旅游空间结构的优化。

作为驰名海外的历史文化古都和西北地区的中心城市,西安市具有优越的地理位置和丰富的旅游资源。北临渭河、南依秦岭,关中平原的沃野千里和秦岭山地的崇山峻岭构成了西安市的地貌骨架,涵养了独特的山水风光。得天独厚的自然条件也使西安市成为中华文明的发祥地之一,从远古时代的蓝田猿人、半坡人的生活繁衍到周秦汉唐的繁荣盛世,十三朝古都的历史绵延留下了丰富灿烂的文化宝藏,也奠定了西安市作为世界四大古都之一的地位。在西安市近一万平方公里的土地上,各类旅游资源广泛分布,在空间上呈现出较强的多样性。

根据最新陕西省旅游资源普查的结果,西安市共有 2 093 个旅游资源单体,总量丰富、类型多样,自然风光与人文古迹融为一体。其中人文旅游资源地位突出,共有单体 2 035 个,占到全部旅游资源的 97.2%,种类全、品位高,相对均匀地分布于 13 个区县;自然旅游资源共有单体 58 个,占总量的 2.8%,主要集中在西安市南郊的秦岭北麓一带,如户县、长安、蓝田和周至等区县,资源分布的地域指向性明显。

调研访谈统计得知(见图 3.11),在 13 个区县中,临潼区的旅游资源单体数量最多,其次是位于城市中心的莲湖、新城和碑林三区,丰富的旅游资源使这些区域成为西安市旅游发展的核心区,也是旅游开发较为成熟、服务配套设施相对完善的地区。户县、长安、蓝田和周至等市郊区县以秦岭山水风光为主要旅游吸引物,旅游环境容量大,旅游吸引力和接待量受交通便利程度的影响较大,对于实现西安市旅游资源系统整体功能优化具有重要意义。其余的未央、阎良、雁塔、高陵、灞桥等区县,虽然旅游资源数量较多,但由于资源类型的相似性,易受到旅游发展核心区遮蔽效应的影响,加之产业布局规划等政策因素(如阎良是以飞机设计、制造、试飞为主的航空工业区,高陵是以设备制造、医药化工为主的工业区),旅游资源开发程度有限,旅游节点的空间等级相对较低,但随着大明宫国家遗址公园、曲江新区、浐灞生态区等以旅游休闲为主要功能的新兴旅游节点的建设和发展,这些区县的旅游发展潜力明显。

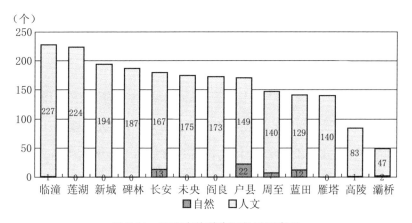

图 3.11 西安市旅游资源数量和类型

从旅游资源的等级上看,图 3.11 列出了西安市普通级及以上的旅游资源数量及区县分布。由统计可知,等级较高的旅游资源仍集中于碑林、新城、莲湖等城市中心区及户县、长安等自然旅游资源丰富的市郊区县。此外,虽然临潼区的优良级以上旅游资源数量较少,但因拥有秦始皇陵兵马俑、骊山华清池风景区等驰名海外的特品级旅游资源,在西安市旅游节点的空间结构中仍占据重要地位。根据以上的分析并结合笔者的实地调查,可以将西安旅游节点的空间布局分为城市中心旅游区、灞桥—临潼旅游区、秦岭北麓旅游区三个区(图 3.12)。

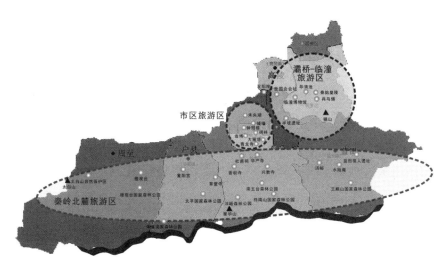

图 3.12　西安市旅游区空间布局示意图

新城、莲湖、碑林、雁塔、未央等中心城区在旅游资源数量和等级上的优势最为明显，以历史文化类旅游吸引物为主，拥有明城墙、大雁塔、小雁塔、钟楼、鼓楼、陕西历史博物馆等一级旅游节点和青龙寺、大清真寺等二级旅游节点，汉城湖、大明宫遗址公园、曲江新区等休闲度假区方兴未艾。完备的基础及服务设施和旅游节点的高度密集使城市中心旅游区的实力最强，是吸引旅游者到访西安的最主要因素。

灞桥—临潼旅游区位于城市中心旅游区以东，灞柳风雪、骊山晚照自古是长安胜景，以秦始皇陵兵马俑、华清池等一级旅游节点为核心的游线长期以来已经发展成为西安最为热门的旅游路线，尤其对于入境旅游者而言，该区是推动其选择西安作为旅游目的地的原始动力。此外，临潼温泉、仰韶文化半坡遗址、西安市 2011 世界园艺博览会园区和鲸鱼沟自然风景区等二、三级旅游节点也完善了该区的旅游功能和空间结构。

秦岭北麓旅游区位于西安城南，包括周至、户县、长安和蓝田四个区县,这一地区以自然风光为主,受到西安十三朝古都的形象遮蔽,知名度和游客接待量较低。主要旅游节点有秦岭主峰太白山、楼观台风景名胜区、朱雀森林公园、翠华山旅游风景区及秦岭野生动物园等,另有户县农民画、蓝田玉等地方名产。由于本区地处市郊,相关服务配套设施尚不完善,因此缺乏具有核心吸引力的一级旅游节点,客源也主要以西安市及陕西省内居民为主。

高速铁路开通之后,西安市与国内各主要城市之间的空间距离缩短,会从以下几方面促进旅游节点空间等级结构的优化。

第一,旅游者在旅游目的地的停留时间得以延长,对旅游项目和活动的选择空间更大。这会促进客流从一级旅游节点向二级、三级旅游节点的扩散和转移,加强旅游区内节点之间的空间互动,尤其在旅游旺季,可以有效缓解不同等级的旅游节点之间客流量悬殊的情况,扩大旅游容量、促进均衡发展,同时带动周边零售、娱乐、酒店的业务增长。从长期来看,更可以促进次级旅游节点的升级和新节点的产生。

第二,次级旅游区如秦岭北麓各区县的吸引力范围将扩大,为城郊休闲旅游资源提供更充足的消费基础。以往提供本地居民内部消费需求的资源和产品将获得外来市场支持,促进秦岭山地的温泉、药材、峪口等自然资源和农民画、玉石加工等民俗资源转化为产业供给,为休闲、养生、探险等主题旅游活动的开展提供基础,增强旅游者的体验性和参与度。秦岭北麓旅游区内的自然环境条件类似,也有利于各区县突破行政界限实现旅游产业合作,共同建设基础设施、开辟游憩空间。

第三,高铁旅游带来的旅游者行为的变化会促进西安市旅游空间结构的合理化。在西安市这个以传统观光旅游为主的目的地,旅游者以参加旅游团为主要的活动方式,客流呈现出沿典型线路集中的情况,反映在旅游空间结构上则形成了以西安市区为中心,依托陇海铁路和西临、西宝公路的点轴模式。沿交通线路的轴线上集中了众多一级旅游节点，包括以华山、兵马俑、华清池为中心的东线和由乾陵、法门寺组成的西线。随着交通的便利和旅游信息的普及，散客和自驾车游客逐渐成为主流，旅游者不再满足于统一的团队活动，从热门的旅游节点向温冷的旅游节点扩散，使旅游空间扩展、节点类型增加，逐渐演变成板块式的旅游空间结构，不同等级的旅游节点联系和集聚形成旅游区，如城市中心旅游区中的曲江板块。

（三）完善西安市旅游通道和环境建设

根据空间关系的不同层次，旅游通道具有两重含义。如果把西安市看作交通系统中的一个点，旅游通道就是特定的交通线路，具有重要的联系功能，体现出城市与周边地区的空间互动关系及其在全国交通体系中的区位；如果把西安市看作一个旅游目的地区域，旅游通道则是旅游者进入该区域的大门或到达地点，即入口通道（Gateway），它也许沿着一条旅游路线集中分布，也许是在旅游者由一个旅游目的地进入另一目的地区域的渐进过渡点上。虽然有时并未标明，但却是旅游者最先接触到的地区，对旅游者有着重要的生理和心理影响，与旅游体验的效果直接相关（Douglas G. Pearce，1999）。本章从这两方面探讨高速铁路对西安市旅游通道的影响。

第一，提高西安市旅游的可进入性，形成高铁旅游圈。从宏观上看，西安市是我国东部和北部地区联系西南和西北的重要通道，是第二欧亚大陆桥上最大的中心城市，在全国经济总体布局上具有承东启西的重要战略地位；在陕西省内，西安市作为省会，是全省的交通枢纽和经济文化中心，9条国道向四周呈米字形放射状分布，已经形成了高等级的公路网络，为地区内部的经济联系起到了重要的作用。但从旅游产业发展的角度讲，西安与经济发达、旅游需求旺盛的东部沿海地区距离较远，乘坐火车旅行的时间成本比较高且舒适性差,一定程度上影响了西安市国内旅游的发展;省内交通方面,西安市与陕北地区距离较远,公路交通单程需要 4—5 个小时,与陕南各市县之间有秦岭山脉相隔,交通通达性较差,造成长期以来西安市的旅游空间受限,客流难以扩散到周边地区,旅游业的辐射带动效应难以体现。

2010 年郑西高铁开通后,沿线城市的旅游交通时间成本大幅度缩短,陕西省与河南省的旅游行政管理部门随即召开旅游合作恳谈会,签订旅游合作协议,联合打造高铁旅游品牌,并举办了一系列旅游宣传推广活动。这标志着西安地区正式迈入"高铁旅游"时代,也拉开了高铁沿线城市旅游合作的序幕。

从省内的角度看,西安—延安和西安—宝鸡高速铁路的开通使西安市的交通体系更加完善。根据 2010 年《关中城市群城际铁路网规划》,未来还将建设以西安市为中心,向铜川、蒲城两地辐射的 V 字形城际铁

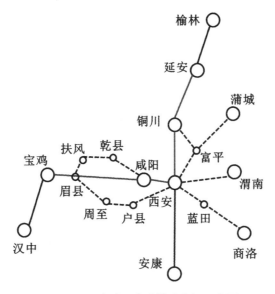

图 3.13　西安地区高速铁路空间示意图

路,贯通宝鸡、咸阳、渭南等市,沿陇海线的一字形城际铁路,以及西安—蓝田—商洛,眉县—周至—户县—西安—关中南环线。高速铁路网为旅游者提供了更为便捷舒适的出行选择,有利于带动陕北红色旅游和秦岭地区自然生态旅游的发展,与西安地区的历史文化旅游实现功能互补,推动区域旅游产业的整体进步。

第二,改善西安市入口通道形象,提升目的地整体感知效果。由于西安是内陆城市,所以其旅游入口通道主要包括咸阳国际机场、西安火车站和分布于市内各处的长途汽车站。从西安市旅游入口通道空间布局和结构上分析,除咸阳国际机场位于绕城高速以外,城西、城南客运站位于二环路与绕城高速之间,其他包括火车站在内的入口通道均居于环城路与二环路之间的城市主干道上,与市中心关系密切,相互作用强度较大。以火车站为例,西安火车站位于西安城墙外的东北角,与中心城区仅一墙之隔,对面就是西安汽车站,两个大型对外交通枢纽同时出现在中心市区边缘,周边时常拥堵,对市内交通状况产生了较大的不良影响。同时,大部分车站修建于 20 世纪八九十年代,设施老化,硬件环境较差,缺乏旅游咨询、户外解说系统等设施。

从设施情况和区位条件上看,分散、老旧的入口通道为旅游者的信息获取和行程安排造成了一定的不便,第一印象区的作用不明显,难以使旅游者获得整体化的良好感知,与西安作为世界历史名城和区域中心城市的地位不符,也与建设国际化大都市的规划目标存在较大差距。

高速铁路对西安市入口通道的提升作用,主要体现在西安北站的规划建设上。西安北站位于西安城市中轴未央路、机场高速二号线及绕城高速公路的衔接处,区位条件优越。在功能上,西安北站主要承担郑西、西兰、西成、西太客运专线以及关中城际铁路的客运需求,同时还将建成中长途公路客运站和旅游集散中心,并与城市轨道交通系统及公交系统相连,成为同时满足对外交通和市内居民交通需求的大型综合枢纽。由此,西安北站将逐步取代西安火车站,并集成长途客运功能,为旅游者提供一站式服务,缓解城市中心区的交通压力、改善西安市的旅游空间结构。在建筑风格上,西安北站总体立意为"唐风汉韵,盛世华章",建筑立面取意于唐代建筑大明宫含元殿;车站的屋顶、进站大厅、高架层,分别源自含元殿出檐深远的屋顶、结构外露的墙身、浑厚有力的台基。[①]恢宏大气、古朴典雅的设计使西安北站完美地契合了西安市历史名城和文明古都的旅游形象,车站内部的壁挂灯箱、电子屏幕也成了宣传旅游信息的平台。随着高铁旅游的普及发展,西安北站将逐渐成为西安市入口通道的核心和光环区,给旅游者以对目的地区域的全景俯览,提升整体感知效果、激发旅游动机。

第三,以高铁站点为依托,建设旅游商业综合体,优化旅游商业购物环境。旅游业的根本性质是经济产业,通过向旅游者提供产品和服务获得收入,实现经济效益。在城市的旅游产业供给结构中,旅游商业是增加就业、创造收入的重要环节。对旅游者而言,购物是吃住之外最重要的旅游开支。在国际上,游客的购物支出占整个旅游支出的30%—36%;同时,购物是旅游活动的延伸和扩大,具有铭记和纪念旅游经历的作用。

前文关于西安市旅游产业结构要素的分析中提到,购物是西安旅游的薄弱环节,虽然近几年来城市经济的发展改善了这种情况,购物场所的数量明显增长,但是从研究和实践上看,西安旅游商业仍存在一些问题。

[①] 中国超级工程:西安火车北站,[EB/OL].[2012-12-13]. http://www.17u.net/news/newsinfo_64758.html.

首先,商业街布局不够合理。西安市的商业街主要分布在中心城区,购物场所以零售网点居多,大部分商品类型主要满足城市居民消费,没有形成具有特色的、以旅游者为主要服务对象的区域商业中心。大雁塔南北广场、兵马俑博物馆馆前广场等虽然是依托旅游节点发展的购物区,但由于商品类型较少及旅游者的消费心理影响,发展规模有限。

其次,旅游者对旅游购物的满意度较低。根据刑晓玉(2008)对西安旅游购物满意度进行的问卷调查,旅游者对购物环境和销售人员的不满意程度达到29%,对商品的质量、包装、价格、购物环境及销售人员服务态度等的评价都是"一般",研究发现旅游商品纪念性、地方特色以及购物环境的文化氛围对满意度的影响最大。陈晓红(2011)等对入境游客旅游购物满意度的调查也发现,购物环境、商品品质和商家信誉是影响入境旅游者购物满意度的三个关键因素。可见购物环境这一供给要素的不足已经制约了西安旅游商业的发展。

有学者曾在借鉴美国、加拿大等地的大型购物中心发展经验的基础上总结出三种旅游购物的发展模式(曾忠禄、张冬梅,2007),其包括:度假村(酒店)购物中心模式,即借助酒店的住宿和娱乐设施的吸引力增加客流,通过购物、住宿、娱乐设施的互补性提高整个度假村的吸引力;娱乐型购物中心模式,以购物为卖点,但通过增加餐饮、娱乐、美容、保健等服务满足游客的娱乐型购物体验;以景点为依托的购物区模式,即一定数量的商家聚集在旅游景点周边,以纪念品、土特产为主要销售产品。

对于西安市这样一个历史人文资源型的旅游目的地而言,旅游者的停留时间通常在三至七天左右,以游览、观赏和体验为主要方式在各个旅游节点之间活动,不会固定停留在某个度假区,访古怀旧、文化体验的旅游动机也决定了旅游者不会在单纯的娱乐购物活动上花费太多时间，因此这几类旅游商业模式不适合西安市的实际情况。但以一定的资源和功能为依托，通过自发性或诱导性的力量识别旅游增长极、发展旅游商业综合体的思路却是相通的。

从总体上讲，西安市的商业街区和网点数量较多，只是过于集中地分布在城市中心区，缺少交通便利、规模等级高、设施环境好、文化氛围浓厚的旅游商业中心，而高速铁路尤其是铁路站点的建设则为旅游商业发展提供了契机。根据增长极理论，主导产业的吸引作用会促进劳动力、资金、技术等要素在空间上的集聚，形成增长极并对周围区域的发展产生效应。城市旅游增长极的形成，一方面是在旅游市场需求推动下，某些具有旅游资源优势或区位优势的区域发展成为市场机制支配或旅游资源开发机制支配的自发性的增长极，如国家级风景名胜区或一些在持续的需求与投资增长推动下的旅游资源富集区；另一方面则是通过政府的规划、计划、政策等培育，而成为计划机制支配的诱导型城市旅游增长极。

高速铁路是为满足快速增长的旅客运输需求，在国家中长期铁路网规划指导下进行的交通基础设施建设工程，西安北站交通枢纽产生的人流、物流聚集效应，也为城市旅游产业结构的优化提供了内生动力。在车站交通功能核心区周边，可以结合城市旅游业、商贸业的发展规划，通过政府主导产生外部推动力，建设打造一个以旅游者为服务对象、商品种类齐全的旅游商业综合体。对此，笔者有以下几点具体设想。第一，在高铁旅游发展初期，旅客多以商务人士为主，依托高铁站点的购物场所便于旅客充分利用闲暇时间满足消费需求，也有利于增加城市旅游收入。第二，在高铁旅游普及和客流量稳定之后，这一旅游商业综合体可以整合购物咨询、产品定制、物流服务等功能，将城市中心区或旅游景点周边的旅游购物场所链接起来。例如,旅游者在旅游活动途中购买的不易保存或不便携带的商品,可以直接由零售终端发往高铁车站,在旅游者离开时收取,或转运至其客源所在地,以此提高旅游服务质量、优化旅游者的体验。第三,高铁站点旅游商业综合体作为集成性、一站式的旅游购物场所,可以发挥窗口作用,便于对旅游商品质量、服务等进行市场监管,有助于优化城市旅游目的地的整体形象。第四,以旅游功能为主导的高铁商业综合体可以充分发挥行业关联和带动作用,逐渐形成集商住办公、餐饮娱乐、商务会展等于一体的综合性现代化服务业集聚平台和新型商贸区,实现服务品牌带动产品品牌推广和提升的良性互动,培育发展知名品牌。

第四节　高铁驱动下的长三角城市群旅游产业全要素生产率分析

一、三阶段 DEA-Malmquist 指数模型

本章以各城市首条高铁线路的开通时间为节点,测度高铁开通前后各城市的旅游产业效率变化,因此本章选取三阶段 DEA-Malmquist 模型来处理时间序列数据。三阶段 DEA-Malmqusit 模型的优势就在于规避了传统三阶段 DEA 模型和传统 Malmquist 指数模型的局限性:传统的三阶段 DEA 模型只能处理截面数据,不能反映高铁开通前后区域旅游产业效率的动态变化情况,而传统的 Malmqusit 指数模型未考虑剔除环境变量和随机误差的影响。目前旅游学科研究领域比较典型的是金春雨(2014)利用三阶段 DEA-Malmquist 指数模型对中国各省级区域、三大地区旅游业的全要素生产率及其分解指数进行了测算与分析,然而

运用三阶段 DEA-Malmquist 指数模型对高铁沿线城市旅游产业全要素生产率的研究比较薄弱。

三阶段 DEA-Malmquist 指数模型的基本思路是：第一阶段，运用传统的 Malmqusit 指数模型对 2006—2015 年长三角城市群高铁沿线城市旅游产业全要素生产率进行分析；第二阶段，首先运用 BCC 模型分离出投入松弛变化量，再通过随机前沿 SFA 模型调整投入变量以剔除管理无效率和随机误差的影响；第三阶段，将调整后的投入变量与原始产出值再次代入 Malmquist 模型，计算长三角城市群高铁沿线城市全要素生产率变化指数及其分解值，此时的结果即为剔除了环境因素和随机误差影响后的旅游产业全要素生产率变化指数。

二、旅游产业效率指标的选取

（一）投入产出指标

一般而言，产业效率的投入指标包含土地、资本和劳动力三个方面，产出指标包含营业收入和税金两个方面。由于旅游产业的特殊性，旅游生产活动不受土地面积的约束，因而国内学者一般从资本投入和劳动力投入方面考虑投入指标的选择。其中，资本投入通常选取固定旅游企业资本投入量、第三产业固定资本投入、旅行社数量和星级酒店数量；劳动力投入通常选取旅游业从业人员数量、第三产业从业人数和旅游业全员劳动生产率。而产出指标主要分成两类，一类主要关于收入规模，如旅游业总收入、旅游企业营业收入；另一类主要关于市场规模，如旅游总人次、入境游人次。在借鉴已有研究成果的基础上，考虑到本研究对象的实际情况和数据的可得性，本章选取的投入指标有第三产业固定资产投资额、第三产业从业人员数、旅游资源吸引力、旅游企业数量和铁路网络密度，产出指标包含国内旅游收入和国内旅游人次。

表 3.22　长三角城市群高铁沿线城市旅游产业效率评价指标体系

目标层	准则层	要素层	指标层
长三角城市群高铁沿线城市旅游产业效率评价指标体系	投入指标	资本投入	第三产业固定资产投资额
		劳动力投入	第三产业从业人员数
		旅游目的地发展情况	旅游资源吸引力
			旅游企业数量
		高铁发展情况	铁路网络密度
	产出指标	旅游产出	国内旅游收入
			国内旅游人次

（1）第三产业固定资产投资额：投资是拉动中国经济发展的三驾马车之一，旅游产业的规模扩张也离不开投资的拉动作用，因而固定资产投资是衡量旅游产业投资的一个重要指标。由于旅游产业的综合性，产业边界较为模糊，导致我国城市几乎不专门统计旅游业的固定资产投资。此外，旅游业与第三产业中的房地产业、餐饮业、交通运输业等关系密切，城市的基础设施等也可视作为旅游服务的一部分，故本章选取第三产业固定资产投资来反映旅游业的资本投入情况。

（2）第三产业从业人员数：旅游业是一个劳动密集型行业，人力资本的投入是体现城市旅游业生产发展的重要指标。考虑到我国大多数城市对旅游业从业人员数据统计的缺失，各城市之间统计口径不同，并且第三产业从业人员可以涵盖所有与旅游业直接或间接相关的从业人员，故本章选取第三产业从业人员数量来反映旅游业的劳动力投入情况。

（3）旅游资源吸引力：除了资本和劳动力方面的投入，旅游资源是区域旅游产业发展所依赖的基础，旅游资源的丰裕度与吸引力决定了旅游城市在旅游市场中的热度与地位。本章旅游吸引力的指标使用旅游景区级别中的 3A、4A、5A 旅游区来反映旅游城市的综合吸引力，5A

级景区记 5 分,4A 级景区记 3 分,3A 级景区记 1 分,将城市中所有 3A、4A、5A 景点的分值加总求和,作为城市旅游资源吸引力的判别标准。

(4)旅游企业数量:旅行社是旅游产业的三大支柱产业之一,在旅游者与旅游目的地之间发挥着桥梁作用,是保障区域旅游业发展的重要基础,因此旅行社的数量是衡量区域旅游产业服务能力的重要指标。星级饭店的数量反映了区域旅游业发展的接待能力,不同等级的饭店能够满足不同消费水平的游客需求。本章选取各城市的旅行社和星级饭店总数来衡量地区旅游产业的接待服务能力。

(5)铁路网络密度:除了上文提到的旅行社,交通运输业也是旅游业的三大支柱行业之一,交通的便利程度很大程度上限制着游客的出行选择。铁路网络密度体现了城际铁路交通的便利程度,铁路网络密度大的城市,铁路的通达性越强,对区域旅游产业的贡献也越大。因此,本章选取铁路网络密度来衡量各城市高铁的发展情况。

(6)国内旅游收入:经过对旅游产业效率的大量文献梳理,发现已有文献几乎都采用旅游收入和旅游接待人次作为旅游产业的产出指标。相关论文一般采用旅游总收入,即国内旅游收入和国际旅游收入之和,来衡量旅游产业的经济产出指标。鉴于本章研究的主题围绕高铁驱动下的城市旅游产业效率变化而展开,高铁旅游的发展与国内旅游关系更为密切,因而本章选取国内旅游收入作为地区旅游产业发展水平的经济产出指标。

(7)国内旅游人次:旅游接待人次一般是衡量地区旅游市场规模的重要指标,包括国内旅游人次和国际旅游人次。鉴于本研究的高铁驱动下的旅游产业效率与国内旅游关系更为密切,因而选取国内旅游人次作为地区旅游产业接待规模的产出指标。

（二）环境变量指标

三阶段 Malmquist 分析相比于传统 Malmquist 指数模型的优点在于可以剔除环境因素和随机因素对结果的影响，得到较为科学、真实的效率值，因此环境变量的选取是三阶段 Malmquist 分析中相当重要的一步。结合高铁驱动下旅游产业发展的特点与现状，本章决定从以下三个方面来选取环境变量：

（1）城镇居民可自由支配收入：居民收入水平是将潜在的旅游需求转化成现实的旅游行为的物质基础，只有在满足了基本的生理需求和安全需求后，人们才会通过旅行去追求精神上的愉悦。此外，居民收入水平的高低直接决定了旅行者的消费偏好与消费需求。因此，基于数据的可得性，本章选取城镇居民可自由支配收入作为衡量居民收入水平的杠杆。

（2）居民出游偏好：居民出游偏好主要体现在旅游者对旅游目的地的选择上，因此这一指标不仅能够体现某一旅游目的地的受欢迎程度，更能体现地区旅游业的发展水平。因此，本章选取各高铁沿线城市游客人数占全国接待游客人数的比重与该城市人口占全国总人口的比重来衡量各城市居民旅游的偏好程度。

（3）虚拟变量：不同等级的城市在人文、教育、科技等方面都存在一定的差异。本章选取的 23 个高铁沿线城市中，上海是直辖市，南京、杭州和合肥是省会城市，相比于其他类型的城市，直辖市与省会城市必定具备更多有利于旅游业发展的因素。因此，本章设置一个虚拟变量，直辖市与省会城市取值为 1，其他类型的城市取值为 0。

（三）数据来源

囿于统计数据的可获得性，在本研究开展时，各省市 2017 年的统计年鉴仍未出版,故将 2006—2015 年作为本章的研究时间区间,这一时间区间已横跨了高铁开通前、后的五年时间,能够对区域旅游产业效率产生一定的影响。

本章选取的所有指标数据均来源于 2006—2015 年《中国城市统计年鉴》《上海统计年鉴》《江苏统计年鉴》《浙江统计年鉴》《安徽统计年鉴》以及各城市地方统计年鉴,其他数据来自各城市国民经济与社会发展统计公报。

需要说明的是,嘉兴、宁波、金华三个城市的相关统计资料中没有对第三产业从业人数进行说明,因而本章借鉴张洪(2015)对第三产业从业人数和旅游业从业人数的关系,计算第三产业从业人数=批发零售业+交通运输邮电业+住宿餐饮业+计算机软件服务业+金融业+房地产业+租赁商务服务业+科学研究业与技术服务业+水利环境和公共设施管理业+居民服务业+教育业+卫生和社会保障福利业+文化体育与娱乐业+公共管理和社会组织业。对于其他个别缺失的数据,基于前几年数据的平均增长率求得。

三、基于三阶段 DEA-Malmquist 模型的旅游产业全要素生产率分析

（一）第一阶段:传统 Malmquist 指数模型分析

1. 总体全要素生产率及其变化分析

将每一个高铁沿线城市的旅游产业效率作为一个生产决策单元(DMU),运用 Deap2.1 软件对 2006—2015 年长三角地区旅游产业效率进行分析,得到 2006—2015 年长三角城市群高铁沿线城市旅游产业全要素生产率及其分解指数的结果。

表 3.23　2006—2015 年长三角高铁沿线城市旅游产业全要素生产率及其分解指数

年　份	effch	techch	pech	sech	tfpch
2006—2007	0.978	1.037	1.013	0.965	1.014
2007—2008	0.971	1.008	1.003	0.968	0.98
2008—2009	0.957	1.022	0.985	0.971	0.978
2009—2010	0.937	1.081	0.963	0.973	1.013
2010—2011	0.895	1.142	1.012	0.884	1.022
2011—2012	0.933	1.117	1.032	0.904	1.043
2012—2013	0.987	0.997	0.973	1.015	0.984
2013—2014	0.952	1.043	0.983	0.968	0.993
2014—2015	0.915	1.126	1.003	0.912	1.03
均　值	0.947	1.062	0.996	0.95	1.006

　　注：effch 代表技术效率；techch 代表技术进步；pech 代表纯技术效率；sech 代表规模效率；tfpch 代表全要素生产率。

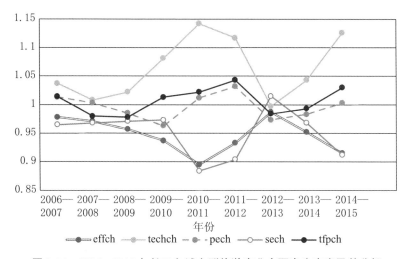

图 3.14　2006—2015 年长三角城市群旅游产业全要素生产率及其分解

　　从图 3.14 可见,长三角城市群高铁沿线城市的旅游产业全要素生产率(tfpch)在 2006—2015 年呈现先减后增再减再增的 W 字形波动变化趋势。在 2006—2015 年的九个时间区间中,Malmquist 指数大于 1 的有 5 个时间区间,占总数的 55.6%;Malmquist 指数小于 1 的区间有 4 个,占总数的 44.4%。因而,在两者的相互作用下,23 个高铁沿线城市的全要素生产率均值为 1.006,表明在高铁的驱动下,2006—2015 年间长三角城市群旅游产业效率增长了 0.6%。其中,全要素生产率最高的两个时间区间是 2011—2012 年和 2010—2011 年,增长率分别达到 4.3% 和 2.2%。值得一提的是,长三角地区客运量最大的三条高铁线沪宁高铁、沪杭高铁和京沪高铁都开通于 2010 年和 2011 年,三条高铁线路的开通标志着长三角地区正式形成交通一体化,长三角城市群旅游产业的全要素生产率在 2010—2011 年间达到了峰值(1.043),表明高铁在提升旅游产业效率方面具有一定的作用。全要素生产率在 2008—2009 年间的值最低(0.978),其规模效率与技术进步效率都处于较低的水平,这可能与 2008 年爆发的全球金融危机有关,全球金融危机对旅游产业也造成了较大的冲击。

技术效率(effch)体现的是 2006—2015 年间每个决策单元到生产前沿面的追赶程度,代表了现有技术在既有条件下的生产状况,表现为实际生产情况向生产前沿面的靠近。2006—2015 年间,长三角城市群的旅游产业技术效率均低于 1,平均增长率是 −5.3%,表明技术效率是阻碍全要素生产率增长的源泉。从技术效率的分解来看,纯技术效率(pech)的均值为 0.996,表明长三角城市群旅游产业的纯技术效率在 2006—2015 年间下降了 0.4%;规模效率(sech)的均值为 0.95,表明长三角城市群旅游产业的规模效率在 2006—2015 年间下降了 5%。

技术进步(techch)体现的是 2006—2015 年间每个决策单元技术边界的移动效应,代表了技术创新对生产可能性边界移动的影响。长三角地区 2006—2015 年旅游产业技术进步均值为 1.062,除了 2012—2013

年这一区间,长三角地区旅游产业的技术进步变化指数均大于1,表明科技进步在提升旅游产业全要素生产率方面发挥了至关重要的作用。技术进步在2010—2011年区间达到了最大值(1.142),出现这种情况的原因极有可能与沪宁高铁、沪杭高铁的开通有着密切关系,并且研究发现高铁能够提升旅游地对客源地的吸引力、扩大客源市场辐射范围,说明高铁的开通对旅游产业产生了较强的拉动作用。

2. 地区全要素生产率及其变化分析

2006—2015年长三角城市群高铁沿线城市的旅游产业全要素生产率及其分解结果如表3.24所示。

表3.24　2006—2015年长三角城市群及三省一市旅游产业全要素生产率及其分解

	DMU	effch	techch	pech	sech	tfpch
上　海		0.95	1.069	0.956	0.993	1.015
江　苏	南　京	0.956	1.08	1.002	0.955	1.032
	无　锡	0.947	1.086	1.001	0.946	1.029
	常　州	0.953	1.074	1.016	0.938	1.023
	苏　州	0.953	1.103	0.986	0.967	1.051
	南　通	0.933	1.035	1	0.933	0.965
	扬　州	1	1.081	1.012	0.988	1.081
	镇　江	0.924	1.06	0.993	0.931	0.98
	泰　州	0.913	1.066	1	0.913	0.973
	均　值	0.947	1.073	1.001	0.946	1.017
浙　江	杭　州	1	1.084	1	1	1.084
	宁　波	0.941	1.076	0.982	0.958	1.012
	嘉　兴	0.932	1.058	0.983	0.948	0.986
	湖　州	0.937	1.057	0.987	0.95	0.99
	绍　兴	0.971	1.073	0.999	0.972	1.042
	金　华	0.942	1.08	1.002	0.94	1.017
	台　州	0.969	1.019	1	0.969	0.987
	均　值	0.956	1.064	0.993	0.962	1.017

续　表

	DMU	effch	techch	pech	sech	tfpch
	合　肥	0.907	1.036	0.977	0.929	0.94
	芜　湖	0.942	1.051	1.015	0.928	0.99
	马鞍山	0.918	1.045	1	0.918	0.959
安　徽	铜　陵	0.945	1.041	1	0.945	0.983
	安　庆	0.972	1.07	1.005	0.967	1.04
	滁　州	0.935	1.058	1	0.935	0.989
	池　州	0.942	1.042	1	0.942	0.982
	均　值	0.937	1.049	1	0.938	0.983

　　从全要素生产率结果来看,上海、江苏、浙江、安徽的旅游产业全要素生产率分别为 1.015、1.017、1.017、0.983,说明上海、江苏和浙江的旅游产业效率均实现了增长,且涨幅相近,唯有安徽省出现了 1.7％的下降,说明安徽省的旅游产业发展效率要落后苏浙沪地区,这可能是由于安徽省的主要高铁线路合宁高铁、合福高铁等开通于 2015 年,时间上比苏浙沪晚了将近 4 年,高铁旅游的需求还未得到释放,高铁对旅游产业发展的推动作用还未凸显。进一步细分到各个城市,全要素生产率最高的三个城市分别是杭州(1.084)、扬州(1.081)和苏州(1.051),最低的三个城市分别是合肥(0.94)、马鞍山(0.959)、南通(0.965)。23 个城市旅游产业全要素生产率的标准差为 0.036,数值较小表明各城市之间旅游产业发展的差距不大。在高铁沿线的 23 个城市中,全要素生产率大于 1 的城市共有 11 个,其中苏浙沪皖分别占 5 个、4 个、1 个、1 个;小于 1 的城市共有 12 个,其中苏浙沪皖分别占 3 个、3 个、0 个和 6 个,说明苏浙沪地区对长三角地区的旅游产业发展具有积极的拉动作用,而安徽省对长三角旅游产业效率的增长有着一定的阻碍力。此外,旅游产业全要素生产率下降的城市个数大于增长的个数,但是 23 个城市总体旅游产业全要素生产率为 1.006,表明苏浙沪城市旅游产业全要素生产率增长

的速度快于安徽下降的速度。

从技术效率结果来看,2006—2015 年长三角城市群旅游产业的技术效率以下降为主要特征,仅有扬州和杭州两个城市的技术效率达到 1,最低的是合肥(0.907)。从平均数上来看,上海、江苏、浙江和安徽的技术效率分别为 0.95、0.947、0.956、0.937,标准差为 0.023,数值较小表明各城市之间旅游产业的技术效率差距不大,主要呈现下降的特征。

从技术进步变化指数结果来看,2006—2015 年长三角城市群高铁沿线城市旅游产业技术进步效率全部实现增长,因而技术进步是促进旅游产业效率增长的动力源泉。增长最快的三个城市分别是苏州(1.103)、无锡(1.086)、杭州(1.084),最低的台州也达到 1.019,23 个城市的技术进步率标准差为 0.02,表明各城市之间的技术进步变化差距较小。

3. 分时段全要素生产率及其变化分析

从表 3.25 可见,长三角城市群各个高铁沿线城市的全要素生产率变化情况与表 3.24 的总体变化情况相似,都是呈现先增后减再增再减的 W 字形特征。上海旅游产业发展最好的时期是 2008—2009 年,全要素生产率达到 1.12;江苏省各城市旅游产业发展最好的时期较为分散,南京(1.163)和镇江(1.071)在 2010—2011 年间达到峰值,无锡(1.055)和常州(1.079)在 2011—2012 年间达到峰值,苏州(1.179)在 2009—2010 年间达到峰值,扬州(1.116)在 2012—2013 年间达到峰值,泰州(1.066)在 2014—2015 年间达到峰值。虽然江苏省各城市旅游产业的全要素生产率最大值分布时间较为分散,不过主要集中在 2010 年首条高铁线路开通之后。浙江省的 7 个高铁沿线城市旅游产业发展的巅峰时期较为集中,其中有 5 个城市的全要素生产率在 2014—2015 年达到峰值,分别是宁波(1.177)、嘉兴(1.121)、湖州(1.166)、绍兴(1.146)和台州(1.183)，浙江省的高铁在这一时期已运行两年有余，说明高铁对旅游产业的拉动作用逐渐凸显。安徽省的 7 个高铁沿线城市旅游产业发展巅峰时期主要位于2010—2012 年间，芜湖(1.098)、马鞍山(1.051)、池州

表 3.25　2006—2015 年长三角城市群高铁沿线城市旅游产业 tfpch 变化情况

	DMU	2006—2007 年	2007—2008 年	2008—2009 年	2009—2010 年	2010—2011 年	2011—2012 年	2012—2013 年	2013—2014 年	2014—2015 年
上海		1.026	0.941	1.120	0.952	1.049	1.104	0.980	0.973	1.006
江苏	南 京	1.083	0.947	1.044	1.046	1.163	1.103	0.971	0.924	1.033
	无 锡	1.017	1.053	1.046	0.930	0.991	1.055	1.041	0.999	1.140
	常 州	0.977	0.972	1.030	0.978	1.033	1.079	1.024	1.017	1.106
	苏 州	1.097	1.062	0.873	1.179	0.911	1.105	1.185	0.952	1.153
	南 通	1.134	0.969	0.873	0.899	0.717	0.930	1.042	1.096	1.109
	扬 州	1.107	0.958	1.110	1.100	1.082	1.081	1.116	1.095	1.093
	镇 江	1.039	0.945	0.905	0.900	1.071	0.995	1.015	0.947	1.019
	泰 州	0.980	0.980	1.027	0.918	1.028	0.878	1.028	0.874	1.066
	均 值	1.054	0.986	0.989	0.994	1.000	1.028	1.053	0.988	1.090
浙江	杭 州	1.075	1.049	1.155	1.113	1.126	1.116	0.987	1.052	1.093
	宁 波	1.066	1.016	0.775	1.165	1.105	1.105	0.699	1.131	1.177
	嘉 兴	0.938	0.976	1.042	0.925	0.910	0.991	0.902	1.095	1.121
	湖 州	0.947	1.040	0.961	1.000	0.821	0.997	0.970	1.045	1.166
	绍 兴	0.992	1.033	1.047	1.120	1.115	1.104	0.774	1.105	1.146
	金 华	1.011	0.952	0.943	1.103	1.092	1.088	1.160	0.882	0.955
	台 州	1.005	1.018	0.651	1.094	1.090	1.075	0.774	1.134	1.183
	均 值	1.005	1.012	0.939	1.074	1.037	1.068	0.895	1.063	1.120
安徽	合 肥	1.038	1.036	0.986	0.789	0.973	0.928	0.906	0.866	0.963
	芜 湖	1.007	0.793	0.991	1.020	1.098	1.078	0.960	1.046	0.953
	马鞍山	0.993	0.997	1.008	0.976	1.051	0.994	1.034	0.718	0.910
	铜 陵	0.998	0.993	1.008	1.008	1.012	1.016	1.008	1.010	0.815
	安 庆	1.022	1.066	1.074	1.087	1.062	1.119	1.110	1.078	0.789
	滁 州	0.969	1.055	0.955	1.010	1.029	0.991	1.021	0.850	1.036
	池 州	0.844	0.755	1.031	1.087	1.106	1.103	1.099	1.081	0.823
	均 值	0.982	0.956	1.008	0.997	1.047	1.033	1.020	0.950	0.898

(1.106)在 2010—2011 年间达到峰值,铜陵(1.016)和安庆(1.119)在 2011—2012 年间达到峰值,当时安徽省的高铁仍未开通,出现这种情况可能是京沪高铁对沿线城市周边地区的辐射效应,带动安徽省旅游产业发展。

技术效率反映的是城市旅游业发展过程中对投入资源利用的综合水平,从表 3.26 的结果来看,上海旅游产业技术效率变化指数最高的年份出现在 2008—2009 年间,在 2014—2015 年间取得最低值(0.849);江苏省南通市在 2010 年前的技术效率处于非常稳定的状态,但是 2010 年开通的沪宁高铁和沪杭高铁都未经过南通,因而自 2011 年起南通的旅游产业技术效率受到影响。浙江省内杭州的旅游产业技术效率(1.00)处于相当稳定的水平,安徽省旅游产业技术效率最好的年份出现在 2012—2013 年间,达到 1.007。

分别比较长三角各城市旅游产业技术效率变化数值,从 2006—2015 年间旅游产业技术效率最高的城市依次是扬州(1.075)、合肥(1.054)、

表 3.26　2006—2015 长三角城市群高铁沿线城市旅游产业 effch 变化情况

	DMU	2006—2007 年	2007—2008 年	2008—2009 年	2009—2010 年	2010—2011 年	2011—2012 年	2012—2013 年	2013—2014 年	2014—2015 年
上海		0.967	0.915	1.135	0.862	0.920	0.976	1.036	0.919	0.849
	南　京	1.009	0.988	0.957	0.976	1.032	0.975	0.851	0.859	0.977
	无　锡	0.933	0.999	0.992	0.839	0.867	0.953	0.994	0.914	1.054
	常　州	0.899	1.007	0.936	0.914	0.915	0.954	0.908	1.008	1.045
	苏　州	1.030	0.948	0.816	1.065	0.733	0.949	1.334	0.871	0.947
江苏	南　通	1.000	1.000	1.000	1.000	0.657	0.868	1.026	1.004	0.912
	扬　州	1.075	0.946	1.080	0.992	0.871	0.904	1.257	1.008	0.922
	镇　江	0.968	0.994	0.826	0.832	0.971	0.929	0.912	0.938	0.964
	泰　州	0.984	1.009	0.957	0.855	0.957	0.819	0.924	0.832	0.900
	均　值	0.987	0.986	0.946	0.934	0.875	0.919	1.026	0.929	0.965

续 表

DMU		2006—2007年	2007—2008年	2008—2009年	2009—2010年	2010—2011年	2011—2012年	2012—2013年	2013—2014年	2014—2015年
浙江	杭 州	1.000	1.000	1.000	1.000	1.000	1.000	1.000	1.000	1.000
	宁 波	1.062	0.961	0.825	1.055	0.890	0.925	0.788	1.036	0.967
	嘉 兴	0.912	1.015	0.959	0.862	0.847	0.925	0.851	1.058	0.985
	湖 州	0.901	1.084	0.878	0.932	0.788	0.957	0.905	1.028	0.995
	绍 兴	0.941	0.948	1.128	1.011	0.898	0.923	0.904	1.044	0.966
	金 华	0.955	0.969	0.840	1.012	0.879	0.925	1.358	0.833	0.805
	台 州	1.000	1.000	0.956	0.987	0.889	0.925	0.907	1.072	0.997
	均 值	0.967	0.997	0.941	0.980	0.884	0.940	0.959	1.010	0.959
安徽	合 肥	1.014	1.054	0.936	0.735	0.920	0.891	0.846	0.874	0.935
	芜 湖	0.969	0.821	0.915	0.951	1.022	1.006	0.863	1.036	0.922
	马鞍山	0.931	1.033	0.943	0.910	0.979	0.928	0.963	0.730	0.883
	铜 陵	1.000	1.000	0.975	0.939	0.942	0.948	0.906	1.025	0.791
	安 庆	1.051	0.966	1.078	0.982	0.858	0.953	1.300	1.018	0.665
	滁 州	0.923	1.016	0.869	0.941	0.958	0.925	0.917	0.868	1.005
	池 州	1.000	0.737	1.108	0.983	0.890	0.923	1.254	1.022	0.694
	均 值	0.984	0.947	0.975	0.920	0.938	0.939	1.007	0.939	0.842

上海(1.135)、苏州(1.065)、南京(1.032)、芜湖(1.006)、金华(1.358)、台州(1.072)、无锡(1.054),其中上海、江苏、浙江、安徽的占比分别是11.1%、44.4%、22.2%和22.2%,表明江苏省对旅游产业投入要素的配置结构和配置规模更为合理。

由表3.26的结果来看,除了上海市,苏浙皖技术进步变化最高值均出现在2010—2011年间,分别达到1.144、1.171、1.119,这可能是沪宁高铁、沪杭高铁线路的开通为旅游产业带来了技术革新,刺激旅游需求进一步释放,推动旅游产业结构优化升级。此外,23个高铁沿线城市的旅游产业技术进步变化指数几乎都大于1,表明在2006—2015年间长三角城市群科学技术发展水平稳步上升,是提升各个城市旅游产业全要素生产率提升的源泉。

分别比较长三角各城市旅游产业技术进步变化指数的数值(见表3.27),发现自2010年高铁开通后,各城市的科技都取得巨大进步,尤其是2010—2011年和2013—2014年两个时间区间,出现了多个城市并列技术进步变化指数最高的现象。2006—2015年,技术进步率最高的城市依次是南通(1.134)、苏州(1.12)、杭州(1.155)、杭州(1.113)、苏州扬州宁波绍兴金华和池州(1.242)、扬州和绍兴(1.196)、南京(1.14)、无锡苏州南通和宁波(1.092)、苏州和宁波(1.217)。通过分析发现,这些技术进步变化指数最高的城市主要集中在江苏和浙江两个省份,其中苏州、杭州和宁波多次蝉联技术进步变化指数最高的城市,说明苏州高新技术产业开发、杭州国家高新技术产业开发区、宁波高新区在吸纳优秀人才、积极促进科技成果转化、完善区域创新链等方面的政策作用日益凸显。

表3.27　2006—2015年长三角城市群高铁沿线城市旅游产业techch变化情况

	DMU	2006—2007年	2007—2008年	2008—2009年	2009—2010年	2010—2011年	2011—2012年	2012—2013年	2013—2014年	2014—2015年
上海		1.061	1.027	0.986	1.105	1.141	1.131	0.946	1.058	1.186
江苏	南 京	1.074	0.959	1.091	1.072	1.127	1.131	1.140	1.075	1.057
	无 锡	1.090	1.054	1.054	1.108	1.144	1.107	1.047	1.092	1.082
	常 州	1.087	0.965	1.100	1.071	1.128	1.131	1.127	1.009	1.057
	苏 州	1.065	1.120	1.070	1.107	1.242	1.164	0.889	1.092	1.217
	南 通	1.134	0.969	0.873	0.899	1.091	1.071	1.015	1.092	1.216
	扬 州	1.030	1.014	1.028	1.109	1.242	1.196	0.887	1.086	1.186
	镇 江	1.073	0.951	1.095	1.082	1.103	1.071	1.113	1.009	1.057
	泰 州	0.995	0.971	1.072	1.073	1.074	1.071	1.113	1.050	1.184
	均 值	1.069	1.000	1.048	1.065	1.144	1.118	1.041	1.063	1.132

	DMU	2006—2007 年	2007—2008 年	2008—2009 年	2009—2010 年	2010—2011 年	2011—2012 年	2012—2013 年	2013—2014 年	2014—2015 年
浙江	杭　州	1.075	1.049	1.155	1.113	1.126	1.116	0.987	1.052	1.093
	宁　波	1.003	1.057	0.938	1.105	1.242	1.196	0.887	1.092	1.217
	嘉　兴	1.028	0.962	1.087	1.073	1.074	1.071	1.060	1.035	1.138
	湖　州	1.051	0.960	1.094	1.073	1.041	1.042	1.071	1.017	1.172
	绍　兴	1.054	1.089	0.928	1.107	1.242	1.196	0.856	1.058	1.186
	金　华	1.058	0.983	1.123	1.090	1.242	1.177	0.854	1.058	1.186
	台　州	1.005	1.018	0.681	1.108	1.227	1.163	0.854	1.058	1.186
	均　值	1.039	1.017	1.001	1.096	1.171	1.137	0.938	1.053	1.168
安徽	合　肥	1.024	0.983	1.054	1.073	1.057	1.042	1.071	0.991	1.030
	芜　湖	1.039	0.966	1.084	1.073	1.074	1.071	1.113	1.009	1.034
	马鞍山	1.067	0.966	1.069	1.073	1.074	1.071	1.074	0.983	1.030
	铜　陵	0.998	0.993	1.034	1.073	1.074	1.071	1.113	0.985	1.030
	安　庆	0.973	1.104	0.996	1.107	1.238	1.174	0.854	1.058	1.186
	滁　州	1.050	1.038	1.099	1.073	1.074	1.071	1.113	0.979	1.030
	池　州	0.844	1.025	0.930	1.106	1.242	1.196	0.876	1.058	1.186
	均　值	0.999	1.011	1.038	1.083	1.119	1.099	1.031	1.009	1.075

（二）第二阶段：SFA 回归分析

通过第一阶段 DEA-Malmqusit 指数模型的分析，同时也可得到各决策单元的松弛变量，将各投入变量的松弛变量（统一说法）作为被解释变量，将前文环境指标选取过程中选定的城镇居民可自由支配收入、居民出游偏好、虚拟变量作为解释变量，构建 SFA 回归模型。利用 Frontier 4.1 软件得到的回归结果如表 3.28 所示。

从表 3.28 可知，各似然比 LR 值均通过了 1% 的显著性检验，说明本章所选的三个环境变量都会对旅游产业效率产生显著的影响，适合使用 SFA 模型进行回归分析。五个投入松弛变量所对应的 gamma 值均大于 0.9，除了旅游企业松弛变量不显著之外，其余四个投入松弛变量的 gamma 值均在 1% 的显著性水平上显著，这表明纯技术效率的方差对总

表 3.28　第二阶段 SFA 回归结果

	第三产业固定资产投资额松弛变量	第三产业从业人员数松弛变量	旅游资源吸引力松弛变量	旅游企业数量松弛变量	铁路网络密度松弛变量
常数项	2.32E−01*** (7.07E+00)	1.39E−01*** (5.32E+00)	−7.39E−02*** (−2.92E+00)	4.33E−03 (4.48E−03)	1.97E−01*** (6.86E+00)
城镇居民可自由支配收入	3.65E−01*** (1.09E+01)	2.65E−01*** (1.04E+01)	4.40E−01*** (1.95E+01)	1.24E−01 (1.38E−01)	6.98E−02*** (2.95E+00)
居民出游偏好	−7.72E−01*** (−3.51E+00)	−1.21E−01 (−9.91E−01)	4.08E−02 (3.51E−01)	−4.41E−01 (−4.41E−01)	−2.12E−01 (−1.58E+00)
虚拟变量	2.70E−01*** (6.03E+00)	1.98E−01** (2.18E+00)	1.27E−01*** (4.97E+00)	2.52E−01 (2.67E−01)	4.87E−01*** (1.41E+01)
sigma-squared	9.17E−02*** (2.66E+00)	3.42E−02*** (2.88E+00)	2.50E−02*** (3.42E+00)	2.05E−02 (2.43E−02)	4.85E−02*** (3.35E+00)
gamma	9.43E−01*** (4.01E+01)	9.06E−01*** (2.58E+01)	9.02E−01*** (3.00E+01)	9.55E−01 (1.18E+00)	9.36E−01*** (4.64E+01)
log likelihood function	2.33E+02	2.96E+02	3.27E+02	4.48E+02	2.95E+02
LR 单边检验值	1.30E+02***	2.08E+02***	2.82E+02***	5.23E+02***	3.20E+02***

注：***、**、*分别代表在 1%、5% 和 10% 水平上显著,括号里的数值是相对应的 t 值。

方差具有较大的贡献,经营管理无效率因素对投入松弛的影响较大,有必要运用 SFA 模型剥离环境因素与随机因素对旅游产业效率的影响。此外,除了旅游企业数量松弛变量的系数不显著之外,环境变量对其余 4 个投入松弛变量的系数基本都能通过 1% 的显著性检验,表明外部环境因素对长三角城市群旅游产业的投入松弛存在显著影响。

环境因素对投入松弛的回归系数有些为正,有些为负。当回归系数为负的时候,表示外部环境的增加有利于减少投入松弛变量,即有利于减少投入变量的浪费。反之,若回归系数为正时,表示外部环境的增加会使得投入增多或产出减少,即出现浪费的现象。

根据表 3.28 可知,除了旅游企业数量投入松弛这一变量,"城镇居民可自由支配收入"对其他四个投入松弛变量均有显著影响(t 值均≥2.95),且所有变量的回归系数皆为正,说明居民可自由支配收入的增加不利于旅游产业效率的增长。这可能是由于随着居民收入的增多,旅游需求也随之上升,从而导致旅游企业对市场发展状况判断过于乐观,旅游产业投入量超过居民出游需求的投入量,劳动力与资本投入增长过快,反而对旅游产业效率造成负面影响。其中,城镇居民可自由支配收入与旅游资源吸引力松弛变量的正相关系数最大,表明随着城镇居民可自由支配收入的增加,旅游资源吸引力变量所产生的投入浪费最多。

"居民出游偏好"仅对第三产业固定资产投资投入松弛变量存在显著的影响($t=-3.51$),对其余四个投入松弛变量不存在显著影响。居民出游偏好对旅游资源吸引力投入松弛存在正向影响,对固定资产投入、从业人员数、旅游企业数量、铁路网络密度投入要素存在负向影响。这可能是因为,各城市为了获取经济利益,根据居民对旅游产品的偏好程度不断开发新资源,导致各城市对旅游资源过度投资与开发,最终造成旅游资源要素投入的浪费。相反,居民对某一地区的旅游偏好程度意味着游客数量的增加,这会直接导致旅游业从业人数、固定资产投资额、旅游企业数量、铁路线路的增加,这符合现实的发展情况。

"虚拟变量"对五个投入松弛变量的回归系数取值均为正,说明直辖市和省会城市在经济、地理区位、交通、历史文化等方面的优势因素并没有对旅游产业效率的提升产生正面的提升作用,相较于普通行政级别的城市,直辖市与省会城市的固定资产投资额、劳动力、旅游资源、旅游企业与铁路线路的投入浪费更多。

通过以上回归分析可以发现,环境变量因素对投入松弛的影响是显著存在的,因此第二阶段的 SFA 回归分析是有意义的。接下来第三阶段的 Malmquist 指数模型将剔除环境变量对投入指标的影响,测算长三角城市群旅游产业效率的真实发展水平。

(三) 第三阶段:调整后的 Malmquist 指数结果分析

1. 调整后的总体全要素生产率及其变化分析

通过第二阶段的结果得到调整后的新投入变量,与原始产出值一起再次运用 Deap2.1 软件进行 Malmquist 指数分析,得到调整后的长三角城市群旅游产业全要素生产率结果。

表 3.29　2006—2015 年长三角高铁沿线城市旅游产业全要素生产率及其分解指数

年　　份	effch	techch	pech	sech	tfpch
2006—2007	0.933	1.12	1.001	0.932	1.045
2007—2008	0.94	1.088	0.999	0.941	1.023
2008—2009	0.906	1.139	1.001	0.905	1.032
2009—2010	0.929	1.145	0.999	0.93	1.064
2010—2011	0.892	1.183	1.001	0.892	1.055
2011—2012	0.926	1.135	1.001	0.925	1.051
2012—2013	0.983	1.054	1	0.982	1.035
2013—2014	0.974	1.079	1	0.973	1.05
2014—2015	0.95	1.114	0.999	0.951	1.059
均　　值	0.937	1.117	1	0.936	1.046

将表 3.29 调整后的结果与第一阶段调整前的结果对比,发现 2006—2015 年间长三角城市群旅游产业全要素生产率由调整前的小幅上涨(0.6%)提高到 4.6%;技术效率由调整前的 0.947 下降为调整后的 0.937,技术效率平均增长率减少了 1%;技术进步率由调整前的 1.062 提升到调整后的 1.117,技术进步率平均增长率上升了 5.5%;纯技术效率由调整前的 0.996 上升为调整后的 1,纯技术效率平均增长率小幅上

升了 0.4%；规模效率由调整前的 0.95 下降为调整后的 0.936，规模效率平均增长率下降了 1.4%。由此可见，第一阶段传统的 Malmquist 指数模型低估了长三角城市群旅游产业的全要素生产率和技术进步变化指数，高估了技术效率。由此可知，城镇居民可自由支配收入、居民出游偏好、虚拟变量三个因素容易造成长三角城市群旅游产业整体发展效率的浪费，也会造成区域科学技术创新水平的滞后，但是有利于区域旅游产业要素投入配置结构的优化升级。

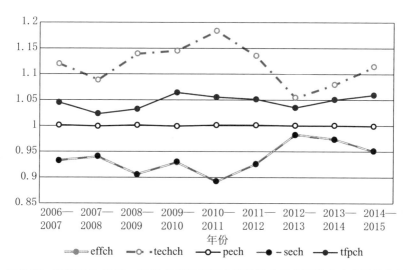

图 3.15　调整后的 2006—2015 年长三角城市群旅游产业全要素生产率及其分解

由于调整后的纯技术效率值约等于 1，技术效率值与规模效率值相当接近，因而图 3.15 中技术效率的曲线与规模效率曲线几乎重合。将图 3.14 和图 3.15 进行对比，发现 2006—2015 年间长三角城市群高铁沿线城市的旅游产业全要素生产率仍然保持着 W 字形波动变化特征，只是波动幅度的极差值由 0.065 变化为 0.041，波动幅度有所缩小。调整后的 2006—2015 年九个时间区间的旅游产业全要素生产率均大于 1，表明在不受环境因素干扰的状态下，长三角城市群高铁沿线城市的旅游产业效率均实现了增长,且平均增长率为4.6%。与调整前结果不同的是,调整后的旅游产业全要素生产率最高的时间区间在2009—2010年间,达到1.064;最低的时间区间在2007—2008年间,达到1.023。

与调整前结果类似的是,调整后的旅游产业技术效率仍然全都小于1,平均增长率为−6.3%,表明长三角城市高铁沿线城市的旅游产业要素配置结构仍有待优化。从技术效率的分解来看,调整后的纯技术效率各年份几乎都为1,表明长三角城市群旅游产业的纯技术效率基本保持原发展状况,各城市的旅游产业投入要素结构配置情况不变;调整后的规模效率平均增长率为0.936,表明长三角城市群旅游产业要素配置的规模效率有所下降。

与调整前的结果相比,除了2014—2015年,其他年份区间的技术进步变化指数均有所上涨,并且全部大于1,平均增长率为11.7%,表明科技创新在提升旅游产业全要素生产率方面发挥了主导作用。与第一阶段的分析结论相似,长三角城市群旅游产业技术进步变化指数在2010—2011年间达到了最大值(1.183),出现这种情况的原因极有可能与沪宁高铁、沪杭高铁的开通有着密切关系,说明高铁的开通对旅游产业产生了较强的拉动作用。

2. 调整后的地区全要素生产率及其变化分析

调整后的2006—2015年长三角城市群高铁沿线城市的旅游产业全要素生产率及其分解结果如表3.30所示。

从全要素生产率结果来看,调整后的上海、江苏、浙江、安徽的旅游产业全要素生产率分别为1.081、1.048、1.061、1.025,相较于调整前的结果,各省市的旅游产业全要素生产率均有增长,其中上海市的增长幅度最大,由调整前的位列第三变为调整后的位列榜首。具体分析高铁沿线的23个城市,除了扬州市,其余22个城市调整后的旅游产业全要素

表 3.30　2006—2015 年长三角城市群及三省一市旅游产业全要素生产率及其分解

	DMU	effch	techch	pech	sech	tfpch
上　海		0.964	1.121	1	0.964	1.081
江　苏	南　京	0.958	1.124	1	0.958	1.077
	无　锡	0.946	1.126	1.002	0.944	1.065
	常　州	0.933	1.121	1.001	0.932	1.046
	苏　州	0.949	1.14	1	0.949	1.082
	南　通	0.903	1.122	1	0.903	1.013
	扬　州	0.931	1.118	1.002	0.929	1.04
	镇　江	0.93	1.119	1	0.93	1.041
	泰　州	0.914	1.12	1	0.914	1.023
	均　值	0.933	1.124	1.001	0.932	1.048
浙　江	杭　州	1	1.114	1	1	1.114
	宁　波	0.934	1.138	1	0.934	1.062
	嘉　兴	0.947	1.106	1	0.947	1.047
	湖　州	0.951	1.105	0.999	0.952	1.051
	绍　兴	0.942	1.127	1	0.942	1.062
	金　华	0.942	1.114	1	0.942	1.049
	台　州	0.927	1.122	1	0.927	1.04
	均　值	0.949	1.118	1	0.949	1.061
安　徽	合　肥	0.947	1.093	1	0.947	1.035
	芜　湖	0.934	1.11	1.002	0.932	1.037
	马鞍山	0.913	1.099	1	0.913	1.004
	铜　陵	0.918	1.099	1	0.918	1.008
	安　庆	0.93	1.121	1	0.93	1.043
	滁　州	0.918	1.101	1	0.918	1.01
	池　州	0.917	1.129	0.999	0.919	1.036
	均　值	0.925	1.107	1	0.925	1.025

生产率较之第一阶段的结果均有明显上升，且调整后的旅游产业全要素生产率均大于 1，表明在剔除环境因素的影响后，长三角城市群高铁沿线城市的旅游产业效率呈现上涨的特征。旅游产业全要素生产率最高的三个城市分别是杭州（1.114）、苏州（1.082）、上海（1.081），无论是调整前还是调整后，杭州和苏州都跻身旅游产业全要素生产率最高的城市之

列。旅游产业全要素生产率最低的三个城市都集中于安徽省,分别是马鞍山(1.004)、铜陵(1.008)和滁州(1.01)。23个城市调整后的旅游产业全要素生产率标准差为0.026,比调整前的标准差小了0.01,表明剔除环境因素后的长三角城市群旅游产业全要素生产率不仅提高了,而且区域之间发展差距缩小了。

从技术效率来看,调整后的旅游产业技术效率仍然以下降为主要特征,仅有杭州达到1,技术效率最低的是南通(0.903)。调整后的上海、江苏、浙江和安徽的技术效率平均增长率分别为0.964、0.933、0.949、0.925,与调整前的技术效率相比均有所下降,表明本章选取的居民可自由支配收入、居民出游偏好等因素不利于长三角城市群旅游产业技术效率的发展,旅游产业结构与要素配置仍有待优化。调整后的旅游产业技术效率标准差为0.20,比调整前的标准差减少了0.03,表明剔除环境因素后各城市旅游产业技术效率的差距在缩小。

从技术进步结果来看,23个城市旅游产业技术进步增长率较之第一阶段的结果均有上升,且均大于1,是旅游产业全要素生产率增长的主要动力。其中技术进步平均增长率最高的三个城市分别是宁波(1.138)、池州(1.129)、绍兴(1.127),这个结果与调整前的技术进步增长率三甲城市完全不同,表明宁波、池州和绍兴的技术进步发展严重受到了外部环境因素的限制。23个城市的旅游产业技术进步增长率标准差为0.012,比调整前的标准差小了0.008,表明在不考虑环境因素的影响下,各城市之间的旅游产业技术进步增长率差距缩小了。

3. 调整后的分时段全要素生产率分析

与调整前的全要素生产率结果相比,表3.31调整后的旅游产业全要素生产率几乎都有所上涨。从全要素生产率变化趋势来看,调整前后的总体变化情况相似,调整后的技术进步均呈现先减后增再减再增的

W 字形特征。23 个城市的旅游产业全要素生产率与调整前的结果一致,虽然各城市取得最大值的时间区间较为分散,但是主要在 2010 年沪宁高铁、沪杭高铁和 2011 年的京沪高铁开通后取得最大值,说明高铁开通对旅游产业效率的提升存在一定的积极影响。

表 3.31　调整后的 2006—2015 年长三角城市群高铁沿线城市旅游产业 tfpch 变化情况

	DMU	2006—2007 年	2007—2008 年	2008—2009 年	2009—2010 年	2010—2011 年	2011—2012 年	2012—2013 年	2013—2014 年	2014—2015 年
上海		1.088	1.073	1.107	1.230	1.091	1.113	0.955	1.041	1.048
江苏	南　京	1.158	1.060	1.057	1.106	1.055	1.056	1.012	1.164	1.036
	无　锡	1.057	1.056	1.062	1.064	1.110	1.061	1.059	1.037	1.082
	常　州	1.034	1.038	1.036	1.085	1.029	1.036	1.027	1.043	1.091
	苏　州	1.067	1.119	1.050	1.100	1.127	1.072	1.096	1.053	1.054
	南　通	1.051	1.017	0.990	0.994	0.946	0.975	1.043	1.061	1.046
	扬　州	1.022	1.031	1.063	1.043	0.982	1.040	1.062	1.067	1.056
	镇　江	1.061	1.033	1.034	1.073	1.009	1.019	1.041	1.039	1.064
	泰　州	1.014	1.032	1.026	1.073	0.998	0.996	1.031	1.013	1.028
	均　值	1.058	1.048	1.040	1.067	1.032	1.032	1.046	1.060	1.057
浙江	杭　州	1.114	1.077	1.145	1.146	1.179	1.126	1.053	1.089	1.098
	宁　波	1.044	1.080	1.017	1.100	1.090	1.087	0.983	1.094	1.073
	嘉　兴	1.029	1.059	1.016	1.053	1.042	1.043	1.038	1.060	1.087
	湖　州	1.027	1.035	1.000	1.068	1.061	1.048	1.055	1.066	1.101
	绍　兴	1.044	1.047	1.055	1.078	1.095	1.086	1.018	1.078	1.062
	金　华	1.023	1.047	1.023	1.069	1.026	1.048	1.097	1.039	1.069
	台　州	1.031	1.037	0.905	1.051	1.071	1.058	1.008	1.089	1.121
	均　值	1.045	1.055	1.023	1.081	1.081	1.071	1.036	1.074	1.087
安徽	合　肥	0.909	1.025	1.041	1.050	1.112	1.027	1.025	1.038	1.100
	芜　湖	1.142	0.936	1.017	1.014	1.058	1.061	1.039	1.032	1.042
	马鞍山	0.966	0.951	1.009	1.013	1.057	1.028	1.037	0.966	1.014
	铜　陵	1.005	0.999	1.008	1.013	1.018	1.021	1.010	1.012	0.987
	安　庆	1.007	1.040	1.038	1.045	1.047	1.081	1.062	1.051	1.017
	滁　州	1.121	0.896	1.008	0.987	1.019	1.024	1.025	0.986	1.039
	池　州	1.050	0.881	1.043	1.046	1.085	1.085	1.051	1.053	1.045
	均　值	1.029	0.961	1.023	1.024	1.057	1.047	1.036	1.020	1.035

为进一步揭示长三角城市群旅游产业全要素生产率的空间演化规律,本章选取 2006—2007 年、2010—2011 年和 2014—2015 年三个时间区间的截面数据,应用 Arcgis10.2 软件进行可视化处理,更直观地分析长三角城市群旅游产业全要素生产率的动态变化情况。区域色块颜色越深,表明该区域的旅游产业全要素生产率越大。在高铁的影响下,长三角城市群 2010—2011 年、2014—2015 年间的旅游产业全要素生产率要明显大于 2006—2007 年,且长三角城市群旅游产业全要素生产率在整体上遵循相对明确的空间分布规律,即部分城市旅游产业全要素生产率在空间上集聚。上海市、江苏南部(南京、苏州、无锡、常州)、浙江中北部(杭州、嘉兴、湖州、绍兴、宁波)和安徽北部(合肥、芜湖)的旅游产业全要素生产率整体较高,江苏北部(扬州、泰州、南通)和安徽南部(安庆、池州)的旅游产业全要素生产率整体较低。将全要素生产率(tfpch)分成四个梯队,杭州在所选的三个研究区间内稳定处于第一梯队($1.101 \leqslant$ tfpch $\leqslant 1.158$);合肥和台州的 tfpch 进步最大,分别从 2006—2007 年的第四梯队($0.909 \leqslant$ tfpch $\leqslant 1.020$)、第三梯队($1.021 \leqslant$ tfpch $\leqslant 1.060$)上升到 2014—2015 年的第一梯队;上海、宁波、绍兴、泰州、镇江稳定处于第二梯队($1.061 \leqslant$ tfpch $\leqslant 1.100$)和第三梯队($1.021 \leqslant$ tfpch $\leqslant 1.060$)。

与调整前的技术效率结果相比,除了个别年份,调整后的旅游产业技术效率几乎都有所下降,印证了在三个环境因素的影响下长三角城市群旅游产业技术效率更容易造成浪费。上海市旅游产业技术效率在 2009—2010 年间取得最大值(1.071),江苏省技术效率均值在 2007—2008 年间取得最大值(0.976),浙江省在 2012—2013 年间取得最大值(1.03),安徽省在 2012—2013 年间取得最大值(0.979)。由此可知,上海和浙江的旅游产业技术效率发展较好,安徽和江苏的技术效率发展较落后。在 23 个城市中,无论是调整前还是调整后,杭州市的旅游产业技术效率一直处于相当稳定的水平。从空集聚上来看,江苏南部(南京、镇江、苏州、无锡、常州)、浙江北部(杭州、湖州、嘉兴)、上海、安徽中北部(合肥、滁州、芜湖)的旅游产业技术效率较高,而安徽南部片区(安庆、池州)一直处于技术效率发展较落后的梯队中。

表 3.32 调整后的 2006—2015 年长三角城市群高铁沿线城市旅游产业 effch 变化情况

	DMU	2006—2007 年	2007—2008 年	2008—2009 年	2009—2010 年	2010—2011 年	2011—2012 年	2012—2013 年	2013—2014 年	2014—2015 年
上海		1.000	0.949	0.964	1.071	0.912	0.972	0.915	0.970	0.931
江苏	南 京	1.025	1.008	0.954	0.968	0.882	0.922	0.923	1.065	0.894
	无 锡	0.935	0.979	0.933	0.932	0.928	0.926	0.963	0.937	0.985
	常 州	0.915	0.987	0.935	0.950	0.861	0.905	0.898	0.952	1.007
	苏 州	0.958	0.983	0.886	0.958	0.937	0.936	1.040	0.951	0.901
	南 通	0.930	0.968	0.894	0.871	0.791	0.852	0.973	0.958	0.908
	扬 州	0.916	0.935	0.959	0.913	0.820	0.902	1.054	0.969	0.927
	镇 江	0.939	0.983	0.933	0.939	0.844	0.890	0.910	0.960	0.983
	泰 州	0.905	0.962	0.913	0.940	0.856	0.896	0.915	0.934	0.907
	均 值	0.940	0.976	0.926	0.934	0.865	0.904	0.960	0.966	0.939
浙江	杭 州	1.000	1.000	1.000	1.000	1.000	1.000	1.000	1.000	1.000
	宁 波	0.945	0.950	0.855	0.953	0.894	0.926	0.980	0.988	0.917
	嘉 兴	0.921	0.977	0.914	0.922	0.911	0.938	0.966	0.994	0.982
	湖 州	0.917	0.950	0.878	0.936	0.939	0.941	1.031	0.993	0.980
	绍 兴	0.938	0.919	0.886	0.934	0.899	0.925	1.052	1.005	0.932
	金 华	0.915	0.922	0.903	0.936	0.854	0.919	1.137	0.968	0.944
	台 州	0.927	0.909	0.760	0.912	0.890	0.927	1.044	1.015	0.984
	均 值	0.938	0.947	0.885	0.942	0.912	0.939	1.030	0.995	0.963
安徽	合 肥	0.807	0.989	0.927	0.921	0.991	0.948	1.003	0.955	0.998
	芜 湖	1.010	0.891	0.917	0.888	0.885	0.949	0.923	0.971	0.984
	马鞍山	0.855	0.893	0.898	0.888	0.929	0.925	0.955	0.923	0.960
	铜 陵	0.894	0.962	0.897	0.888	0.895	0.918	0.897	0.975	0.935
	安 庆	0.902	0.913	0.872	0.906	0.865	0.949	1.100	0.979	0.906
	滁 州	0.992	0.853	0.910	0.864	0.880	0.921	0.910	0.956	0.984
	池 州	0.949	0.774	0.877	0.907	0.891	0.925	1.062	0.982	0.917
	均 值	0.916	0.896	0.900	0.895	0.905	0.934	0.979	0.963	0.955

与调整前的技术进步结果相比,除了个别年份,调整后的旅游产业技术进步几乎都有所上升。与调整前结果的结论相似,上海、江苏、浙江和安徽的旅游产业在 2010—2011 年间取得了技术进步最大值,分别达

表 3.33　调整后的 2006—2015 年长三角城市群高铁沿线城市旅游产业 techch 变化情况

DMU		2006—2007 年	2007—2008 年	2008—2009 年	2009—2010 年	2010—2011 年	2011—2012 年	2012—2013 年	2013—2014 年	2014—2015 年
上海		1.088	1.131	1.148	1.148	1.196	1.146	1.044	1.073	1.126
江苏	南　京	1.130	1.051	1.108	1.142	1.196	1.145	1.097	1.094	1.158
	无　锡	1.131	1.078	1.138	1.142	1.196	1.145	1.100	1.107	1.098
	常　州	1.130	1.051	1.108	1.142	1.196	1.145	1.144	1.096	1.084
	苏　州	1.114	1.138	1.184	1.148	1.202	1.145	1.055	1.107	1.169
	南　通	1.130	1.051	1.108	1.142	1.196	1.145	1.072	1.107	1.151
	扬　州	1.116	1.103	1.108	1.142	1.198	1.154	1.008	1.101	1.139
	镇　江	1.130	1.051	1.108	1.142	1.196	1.145	1.144	1.082	1.083
	泰　州	1.121	1.073	1.123	1.141	1.166	1.112	1.126	1.085	1.133
	均　值	1.125	1.075	1.123	1.143	1.193	1.142	1.093	1.097	1.127
浙江	杭　州	1.114	1.077	1.145	1.146	1.179	1.126	1.053	1.089	1.098
	宁　波	1.105	1.136	1.190	1.154	1.218	1.173	1.003	1.107	1.169
	嘉　兴	1.117	1.084	1.111	1.142	1.145	1.112	1.075	1.067	1.107
	湖　州	1.120	1.089	1.140	1.141	1.130	1.113	1.024	1.073	1.123
	绍　兴	1.113	1.139	1.190	1.154	1.218	1.173	0.968	1.073	1.139
	金　华	1.117	1.135	1.132	1.142	1.201	1.140	0.965	1.073	1.133
	台　州	1.113	1.140	1.190	1.153	1.204	1.141	0.965	1.073	1.139
	均　值	1.114	1.114	1.157	1.147	1.185	1.140	1.008	1.079	1.130
安徽	合　肥	1.126	1.037	1.123	1.140	1.121	1.083	1.021	1.087	1.102
	芜　湖	1.130	1.051	1.108	1.142	1.196	1.118	1.126	1.063	1.060
	马鞍山	1.130	1.064	1.123	1.140	1.137	1.112	1.086	1.046	1.056
	铜　陵	1.124	1.038	1.123	1.140	1.137	1.112	1.126	1.038	1.056
	安　庆	1.117	1.139	1.190	1.154	1.211	1.138	0.965	1.073	1.122
	滁　州	1.130	1.051	1.108	1.142	1.157	1.112	1.126	1.031	1.056
	池　州	1.106	1.137	1.190	1.154	1.218	1.173	0.990	1.073	1.139
	均　值	1.123	1.074	1.138	1.145	1.168	1.121	1.063	1.059	1.084

到 1.196、1.193、1.185、1.168，这说明高铁的开通为旅游产业带来了技术性的突破。

综上所述，根据上述分解效率，本章对长三角城市群高铁沿线城市的旅游产业效率从高到低进行排序，结果见表 3.34。将排序前 20% 的城市划分为第一梯队，包括杭州、苏州、上海、南京；将排序前 50% 的城市划分为第二梯队，包括无锡、宁波、绍兴、湖州、金华、嘉兴、常州；剩下

表 3.34　长三角城市群高铁沿线城市旅游产业 tfpch 排序

排　序	城　市	tfpch	梯　队
1	杭　州	1.114	
2	苏　州	1.082	第一梯队
3	上　海	1.081	
4	南　京	1.077	
5	无　锡	1.065	
6	宁　波	1.062	
7	绍　兴	1.062	
8	湖　州	1.051	第二梯队
9	金　华	1.049	
10	嘉　兴	1.047	
11	常　州	1.046	
12	安　庆	1.043	
13	镇　江	1.041	
14	扬　州	1.04	
15	台　州	1.04	
16	芜　湖	1.037	
17	池　州	1.036	
18	合　肥	1.035	第三梯队
19	泰　州	1.023	
20	南　通	1.013	
21	滁　州	1.01	
22	铜　陵	1.008	
23	马鞍山	1.004	

的 12 个城市划分为第三梯队,包括安庆、镇江、扬州、台州、芜湖、池州、合肥、泰州、南通、滁州、铜陵、马鞍山。

四、长三角城市群高铁沿线城市旅游业全要素生产率收敛分析

2006—2015 年间,长三角城市群高铁沿线城市的旅游产业全要素生产率虽呈现波动特征,但是发展态势良好。因此,本章将沿时间轴分析长三角城市群高铁沿线城市的旅游产业全要素生产率的收敛特征,探索全要素生产率增长的趋势。收敛性分析一般分为绝对收敛和条件收敛两类,绝对收敛指每个决策单元的全要素生产率指数都将会达到相同的增长速度和增长水平,包括 σ 收敛和绝对 β 收敛两种;条件收敛指每个决策单元都趋近于各自稳定状态,包括条件 β 收敛。

(一) σ 收敛

σ 收敛检验结果可通过各年份旅游产业全要素生产率标准差的演变趋势来判断,若标准差随着时间的推移呈现下降的趋势,那么长三角城市群旅游产业全要素生产率就存在 σ 收敛,反之不存在。根据表 3.35 调整后的各年份旅游产业全要素生产率值,测算 2006—2015 年间旅游产业全要素生产率标准差结果。

表 3.35　长三角城市群高铁沿线城市旅游产业 tfpch 标准差

年　份	2006—2007	2007—2008	2008—2009	2009—2010	2010—2011	2011—2012	2012—2013	2013—2014	2014—2015
标准差	0.054	0.057	0.043	0.051	0.051	0.035	0.031	0.039	0.032

根据表 3.35 及相应趋势图可见,虽然标准差在 2007—2008 年、2009—2010 年和 2013—2014 年三个时间点上出现了小幅上升的现象,但长三角城市群旅游产业全要素生产率指数的标准差随着时间的推移主要还是呈现不断下降的趋势,说明长三角城市群旅游产业全要素生产

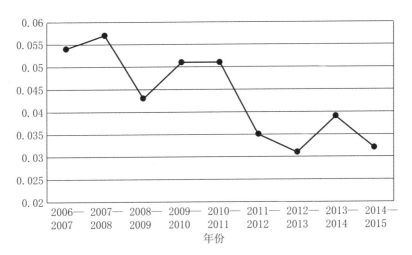

图 3.16 长三角城市群高铁沿线城市旅游产业 tfpch 指数标准差趋势图

率指数存在 σ 收敛，高铁沿线的 23 个城市全要素生产率差距逐渐缩小，并朝着同样的旅游发展水平不断趋近。这可能是由于高铁带来的同城化效应所造成的，高铁缩短了各城市之间的时间距离和经济距离，使得各城市的联系更加密切，旅游者出行交通方式的选择和旅游目的地范围的选取更广，也不再仅限于长假期间才会外出，因而过去由于交通闭塞等原因而落后的旅游城市得以发展，各地区旅游产业发展水平逐渐趋同。

（二）绝对 β 收敛

绝对 β 收敛是用来检验各城市的旅游产业全要素生产率指数是否会趋于相同的增长速度和增长水平。绝对 β 收敛通常用以下的公式进行分析：

$$\frac{1}{T}\ln(Y_{i,\,t+T}/Y_{i,\,0}) = \alpha_0 + \beta_0 \ln Y_{i,\,0} + \varepsilon_{i,\,t} \tag{13}$$

其中，α_0 是常数项，$i = 1, 2, \cdots, 23$ 代表 23 个高铁沿线城市，$\ln Y_{i,\,0}$ 是第 i 个城市初始年份旅游产业全要素生产率指数的对数值，

$\ln Y_{t,0}$ 是指第 t 时期第 i 个城市旅游产业全要素生产率数值的对数值，$\varepsilon_{i,t}$ 是误差项，T 是研究时期内的年份数。若该检验方程的结果 β_0 是负值，那么存在绝对 β 收敛，反之则发散。根据式(13)得到长三角城市群高铁沿线城市的旅游产业全要素生产率指数绝对 β 收敛的横截面数据估计结果。

表 3.36　长三角城市群旅游产业 tfpch 指数绝对 β 收敛检验结果

β 收敛系数	T 检验值	P 值	Adjusted R-squared	Prob(F-statistic)
−0.129	−8.15	0.000	0.748	0.000

从表 3.36 来看，长三角城市群旅游产业全要素生产率指数的 β 收敛系数为负，且 P 值＝0＜0.05，表明在 95% 的置信区间内显著，因此可以认为长三角城市群旅游产业的全要素生产率指数存在绝对 β 收敛，23 个高铁沿线城市旅游产业全要素生产率指数的差异可能会随着时间推移而慢慢消失，也就说明长三角城市群中旅游产业发展较落后的城市全要素生产率指数增长速度快于旅游产业较为发达地区的增长速度，存在明显的"追赶"效应。

（三）条件 β 收敛

与绝对 β 收敛不同的是，条件 β 收敛分析的是各个城市旅游产业全要素生产率指数不仅受到该地区初期水平的影响，也会受到区域差异的影响，最终能趋于各自的稳定状态。条件 β 收敛检验方程如下：

$$g_{i,t} = \ln X_{i,t} - \ln X_{i,t-1} = \alpha + \beta \ln X_{i,t-1} + \varepsilon_{i,t} \tag{14}$$

式中，$g_{i,t}$ 表示 $t-1$ 时期到 t 时期 i 城市 X 指标的增长率，$X_{i,t}$ 为在 t 时期内 i 城市 X 指标的值。若收敛系数 β 值小于 0，那么就存在条件 β 收敛，反之发散。根据式(14)得到长三角城市群高铁沿线城市的旅游产业全要素生产率指数条件 β 收敛的结果。

表 3.37 给出了长三角城市群旅游产业全要素生产率面板数据的固定效应(FE)和随机效应(RE)条件 β 收敛结果,并利用 Hausman 检验来确定应该选用固定效应还是随机效应模型。根据 Hausman 的检验结果显示,p 值小于 1% 的显著性水平,拒绝原假设,因而选用固定效应模型。固定效应模型能够避免解释变量的主观选择和遗漏问题,也不会出现解释变量过多导致的多重共线性问题。

表 3.37　长三角城市群旅游产业 tfpch 指数条件 β 收敛检验结果

β 收敛系数		Hausman 检验	P 值	R²	Prob(F-statistic)
FE	RE				
-1.051^{***} (-14.18)	-0.73^{***} (-10.76)	112.82	0.000	0.556 8	0.000

注: $*$ 、 $**$ 、 $***$ 分别表示 10%、5%、1% 的显著性水平;括号内为 t 统计量。

从表 3.37 可知,长三角城市群旅游产业全要素生产率指数固定效应模型的 β 收敛系数为负,且在 99% 的置信区间内显著,因此可以认为长三角城市群旅游产业的全要素生产率指数存在显著的条件 β 收敛现象,即 23 个高铁沿线城市旅游产业全要素生产率指数逐渐趋近于各自的稳定状态。

综上所述,长三角城市群高铁沿线城市的旅游产业全要素生产率同时存在 σ 收敛、绝对 β 收敛和条件 β 收敛,表明这一区域的旅游产业效率稳步提升,并逐渐趋向于同一发展水平。这可能是由于长三角城市群较好的经济水平为旅游发展奠定了基础,能够吸引更多的旅游投资和专业化人才,便利的高铁在各城市之间互相输送客源,推动了旅游产业的共同发展。

第四章
高铁影响下的旅游需求测度
及服务配给评价

  旅游行为是人地关系研究的重要分支之一。交通大格局的变化,将会大力驱动其所连接范围内旅游业产生新一轮资源整合与市场重构。高铁的出现大大缩短了旅游活动中的旅途时间,过去耗时耗力的异地游、长线游终于迎来了"快旅慢游"的时代。在这一时空压缩的驱动力之下,游客出游目的地选择、消费行为等必将发生变化。对旅游行为的研究强调旅游者所处环境中的认知与决策变量与空间行为的关系,旅游者的流动的强度大小、空间分布状况和结构差异等特征与规律,关系到区域旅游业发展、都市圈的集聚与扩散格局(朱付彪、陆林等,2012)、旅游生产力空间布局、旅游发展战略的制定与实施(刘法建、张捷、章锦河,2012),并影响旅游地的经济、社会和环境效益(David Ellis,2010)。

  然而,当前国内外关于高铁对区域旅游的影响研究大多集中于高铁将提升目的地的可进入性、降低旅游业的交易成本,推动集聚和扩散作用的互动,并改变旅游空间格局与区域旅游业竞争态势等方面(Carlos Martín,J. and G. Nombela,2007;王欣、邹统钎,2010);相较之下,既有研究中关于高铁影响旅游者出游行为的成果较为薄弱(殷平,2012;汪德根,2012)。既有研究虽然已注意到高铁开通后沿线区域旅游市场规模开始增大,出游频率也开始增加(Jameel Khadaroo et al.,2007;Givoni M.,2006;Reg Harman,2006 等),但是大多仍停留在旅游流量的描述性表征上(Xin Wang,Songshan Huang,2012),然而对于"高铁的贯通是否对旅游者的出游行为产生了驱动作用"这类问题尚缺乏验证性研究;对于"高铁开通后旅游者消费行为产生哪些新特征","在这一新特征背后又受到哪些影响因素的驱动",以及"当前的高铁旅游产品和服务市场满意度如何"等问题尚缺乏定性的分析与定量的测度。本章以此为切入点,引入 SEM(结构方程模型)作为剖析工具,旨在为这一问题的解构和测度提供一套定性的逻辑分析框架及相应的定量测度范式与实证步骤,并就上述问题展开深入调研、测度和分析。

第一节　高铁旅游者出游行为:概念模型与影响因素

一、高铁驱动下的出游行为机理 SEM 概念模型

根据交通行为理论,交通工具通过影响游客出游前的选择和出游过程中的质量及价值的感知来影响整个出游活动的满意度,从而改变游客的整体出游行为,形成交通工具驱动下的"感知—动机—行为"结构链条。高铁作为一种新兴的快捷交通工具,其建设运营提高了人们的出行频率、扩大了人们活动的空间范围,同时高铁网络提高了城市和地区间的联系度(Cascetta,Papola et.al.,2011),从而成功地缩短了游客的旅行时间、改善了服务质量并提高了旅游目的地之间的可达性(Accessibility)和乘客出行的机动性(Mobility)。因此,本章设定高铁的开通对游客出游的行为变化的影响程度为因变量(Y),设定高铁对游客在出游前和出游过程中的感知和行为变化的影响主要体现在"旅游出行的动

机""旅游出行的特征"以及"旅游过程中活动参与情况"三个维度,据此构建研究假设与概念分析框架。

(一) 研究假设

(1) 假设 H1:高铁的开通与游客出游动机之间存在相关关系。如果假设成立,则说明高铁的开通会激发游客的出游动机,有关方面应该特别重视出游高铁的便捷性与舒适性的逐步完善和相关宣传。

研究假设的提出是基于高铁的开通增加了游客出行的便捷性与舒适性,满足了游客对出行质量的要求。Pablo(2007)针对 Madrid-Seville 高铁段 De Rus and Inglada 做了"事后成本—收益分析",针对 Madrid-Barcelona-French Border route 高铁线路 Inglada and Coto-Millán 做了"事前成本—收益分析",以研究高铁的网络经济(Network Economics)效用。其结论显示:高铁的引进大大降低了铁路运输的时间成本,并大幅提升了乘坐舒适度。这种成本的降低,带来了较大的替代效应,即在没有高铁的时候有些行程根本不会发生;而高铁的引进,会带来各类交通方式的市场需求的变化;尤其是在长途旅行中,会胜过航空运输。同时,随着对服务要求的多元化,越来越多的旅客开始重视公共交通部门的信息,作为安排行程的依据,旅客对交通服务质量的感知影响着其对整个旅行服务的选择行为和满意度;而研究表明,在提高高铁本身安全性、快捷性的同时,建立与高铁运营相配套的门户网站有利于向消费者提供更便捷、快速的服务,信息服务质量对顾客满意度和忠诚度有重要的影响(Cheng,2011)。

(2) 假设 H2:高铁的开通与游客在旅游过程中参与旅游活动的情况之间存在着相关关系。如果假设成立,则高铁沿线旅游地之间要注重交通设施之外的基础设施和配套设施建设,确保高铁与旅游目的地各设施以及旅游活动间的通达性。

这一研究假设的设定是基于高铁的开通大大提升了客源地与目的地之间、目的地与目的地之间的要素流动的通达性。高速铁路对区域空间结构的重塑作用体现在三个方面：(1)加速了现代服务业要素的空间流通；(2)扩大了生产要素集散度的空间分异；(3)形成了不同形式的空间组织形式。以京沪高铁为例，京沪高速铁路加速了现代服务业的空间要素流通，扩大了生产要素集散度的空间分异，形成了不同形式的空间组织形式，这将会进一步夯实北京和上海铁路运输的中心地位，加强东部发展轴的快速形成；提升京津冀和长三角城市群的地位，拉动山东半岛城市群的对外辐射能力；加速长江三角洲城市群的地域整合，扩大京津冀都市圈的直接影响范围，形成诸多的次级经济增长极(区)(杨维凤，2010)。同时，高速铁路能够重构旅游产业上下游的分工体系，使运力资源得到有效整合，促进金融保险、国际贸易、研发设计、咨询评估、传媒创意等高端服务业向特大城市集中，并使中心城市的服务半径进一步扩大，总部经济效应得到进一步提升(郭万清，2010)；高铁网缩短了城市群与广大腹地之间的时空距离，人力、技术和资金流动更加顺畅，对突破行政区划壁垒、打破地方保护将产生重大影响，旅游"都市圈"和旅游"同城效应"进一步显现。

交通基础设施的公共投资对经济活动的聚集具有重要影响，对促进旅游目的地基础设施和配套设施的建设意义深远。Pereira(2005)就葡萄牙交通设施公共投资对区域范围影响的研究发现，交通基础设施的公共投资能显著提高里斯本地区经济活动的聚集，是推动长远增长的有力工具。而以法国和西班牙两国间高铁线路为例的研究(Masson and Petiot，2009)发现，高铁会增强空间竞争，尤其会强化发达地区旅游产业的集聚竞争，其效用是选择性的且以现有旅游资源为前提条件；旅游产品的异质性，可避免旅游活动在某地过于集中的现象。

（3）假设 H3：游客出行特征与选择高铁作为交通工具之间存在着相关关系。如果假设成立，则说明具备了一定特征的旅游者会成为高铁旅游的潜在以及固定受众群体，这为高铁旅游市场群体的界定，线路、产品和服务的设计、生产和宣传等提供参照和导向。

从客运专线来看，高铁运营中涉及的主要利益相关者有两个：一个是运营者；另一个是旅行者。安全高效的铁路调度是高铁运营的最重要任务（Chang，Yeh et.al.，2000），也是其经济效应的最基本体现，应同时考虑运营成本的最小化和乘客旅行时间最小化两个目标；通过构建单线型高铁运营的多目标服务优化目标模型，利用模糊数学规划（Fuzzy Mathematical Programming）可以发现，在既定的需求规模下，列车运行时刻、服务频率和营运规模可以在参数调节的作用下形成高铁优化运行方案，从而实现高铁运行安全、优质服务以及降低运营成本多重目标的同步达成。

运输方式的先进与高效大大提升了其服务效用与溢出效益（周瞳、帅斌，2010），同时有力地促进了区域旅游产业发展潜力的提升。以武广高速铁路为例，长沙市引入客运专线后，其旅游业发展潜力的经济测算模型较之前得到了很大程度的优化，客运专线的引入与高铁大幅提高了区域整体运输方式的综合服务效用，使区域旅游业整体进入良性循环的发展模式。

（二）构建概念模型

基于交通行为理论与上文的研究假设，本章设定高铁对游客出游行为的影响主要通过三个维度：旅游出行动机、旅游活动参与和旅游出行特征，三者依照顺序两两相关，即旅游出行动机（η_1）既能直接影响旅游出行特征（η_3），又能通过影响旅游者在旅游过程中参与活动的情况（η_2）间接影响旅游者的出行特征；同时，参与旅游活动的情况（η_2）对旅游出行特征(η_3)也产生直接的影响；由此构成高铁驱动下旅游者出行行为机理的"动机—参与—特征"链条，并运用结构方程模型对这三者关系进行模拟和分析。

结构方程模型(Structure Equation Model，SEM)是用于讨论观测变量与潜在变量关系以及潜在变量与潜在变量关系的多元统计分析方法。按照变量的特点不同，结构方程模型中的变量分为潜在变量和观测变量。观测变量是可以直接观测的、在研究中能够收集到数据的变量，而潜在变量是不能直接观测的、只能通过观测变量而间接度量的变量。根据潜在变量在模型中的地位，潜在变量分为外生潜变量和内生潜变量。外生潜变量是指在模型中一次也没有作为其他变量的结果的变量；内生潜变量是指其至少一次作为其他变量的结果，并由模型内部生成的变量。

就变量的关系而言，一个结构方程模型包括结构模型和测量模型。结构模型讨论了潜在变量之间的因果关系；测量模型则度量了潜在变量与其观测变量之间的因果关系。结构方程模型通常包括三个矩阵方程式：

$$\eta = \beta\eta + \Gamma\xi + \zeta \tag{1}$$

$$y = y\eta + \varepsilon \tag{2}$$

$$x = x\xi + \delta \tag{3}$$

(1) 结构模型。式(1)是结构模型部分，规定了假设的外生潜变量和内生潜变量之间的因果关系，这种关系以图形的形式表达出来就形成路径图，β 表示隐性内生变量对隐性内生变量的效应系数矩阵，即内生潜变量 Γ 的构成因素之间的互相影响；Γ 为结构系数矩阵，表示隐性外生潜变量 ξ 对隐性内生潜变量 η 的影响，ζ 为残差项构成的向量。

(2) 测量模型。式(2)和式(3)是测量模型部分,y 为内生显变量组成的向量;x 为外生显变量组成的向量,ξ 和 η 分别为外生和内生潜变量;x 为外生显变量在外生潜变量上的因子负荷矩阵,它表示外生潜变量 ξ_1 和其显变量 x 间的关系;y 为内生显变量在内生潜变量上的因子负荷矩阵,它表示内生潜变量 η 和其显变量 y 之间的关系;δ 和 ε 分别表示了显性变量 x 和 y 的残差矩阵。

构建结构方程模型,需要明确各个内生潜变量及其对应的外生潜变量,明确各变量之间的关系和作用方向,通常使用路径图描述其因果关系,并据此构建相应的线性方程。

按照结构方程模型路径图的符号规则,h 作为内生潜变量是无法直接观察的假设性概念,在实践测度中需要转化为外生潜变量 ξ 加以表述和测度。上文所构建的概念模型的三个维度即为测算对象"高铁对游客出游行为的影响程度"模型的内生潜变量(h),旨在综合分析和验证高铁开通后旅游行为的变化及其背后的行为动因和选择规律之间的因果关系及其相互影响程度。其中,旅游出行动机(h_1)由家庭属性 ξ_1、个人属性 ξ_2、感知属性 ξ_3 等外生潜变量表述;出行者活动参与(h_2)由出行者参与活动数量 ξ_1、活动之间的距离 ξ_2、活动本身消耗的时间 ξ_3 等外生潜变量表述;旅游出行特征(h_3)由出行人数 ξ_1、出行距离 ξ_2、出行时间 ξ_3、交通方式选择 ξ_4 等外生潜变量表述,得出模型关系路径图(见图 4.1),由此推出高铁驱动下游客出游行为的结构方程模型:

$$y_1 = \Lambda y_1 \eta_1 + \varepsilon_1, \quad y_2 = \Lambda y_2 \eta_2 + \varepsilon_2, \quad y_3 = \Lambda y_3 \eta_3 + \varepsilon_3$$

$$x_1 = \lambda_1 \xi_1 + \delta_1, \quad x_2 = \lambda_2 \xi_1 + \delta_2, \quad x_3 = \lambda_3 \xi_1 + \delta_3$$

$$\eta_1 = \lambda_1 \xi_1 + \zeta_1, \quad \eta_2 = \beta \eta_1 + \gamma_2 \xi_1 + \zeta_2, \quad \eta_3 = \beta \eta_2 + \gamma_3 \xi_2 + \zeta_3$$

其中,λ 表示观测变量对内生潜在变量的作用系数,γ 表示外生潜在变量对内生潜在变量的作用系数,β 表示内生潜在变量之间的作用系数。

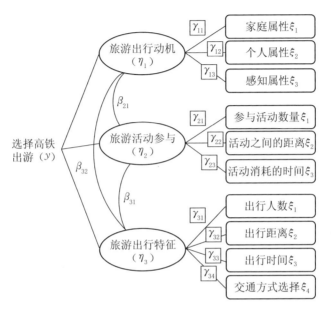

图 4.1　高铁驱动下的出游行为机理的结构方程模型

(三) 实证分析思路

在上文所构建的研究假设和 SEM 模型的基础上,本章将在后续研究中选取沪宁杭三市为案例地,针对各外生潜变量 ξ,即游客的出游动机、活动参与和出行特征展开问卷调研;针对 ξ 选取对应的观测变量 x (40—50 个因子),采用李克特五分量表(Likert Scale)(1 代表非常不同意,5 代表非常同意)形成问卷。在此过程中需要特别注意的是将居民与游客对高速铁路的认知与实际选择行为的差异及影响要素剥离,以确保调研数据的科学性、可靠性和准确的模型拟合度。同时,针对沪宁杭地区选取高铁出行的游客展开不少于 300 份的问卷调研,获得一手数据资料;在对数据进行基本的整理、检查分析的基础上,应用 LISREL 软件对样本数据库进行探索性因子分析(Exploratory Factor Analysis,

EFA),力求找出影响观测变量的因子个数以及各因子和各观测变量之间的相关程度,揭示一套相对比较大的变量的内在结构,并据此修正已构建的结构方程模型的变量关系结构。

(四) 模型求解与修正思路

(1) 模型求解。一个完整的结构方程包含 x、y、β、Γ、Θ_δ、Θ_ε、Φ 和 Ψ 8 个参数矩阵(周钱,2008),其中除已经在模型中出现过的,Φ 和 Ψ 为潜变量 ξ 的协方差矩阵,Ψ 为残差项 ζ 的协方差矩阵。

测量方程的条件:$E(\xi)=0$, $E(\eta)=0$, $E(\delta)=0$, $E(\varepsilon)=0$;ξ 与 δ 无关,η 与 ε 无关。

记 $\underset{(q \times q)}{E(\delta\delta')=\Theta_\delta}$, $\underset{(p \times p)}{E(\varepsilon\varepsilon')=\Theta_\varepsilon}$, Θ_δ 和 Θ_ε 分别是 δ 和 ε 的协方差矩阵。

结构方程模型的识别,是判定模型中每一个待估计参数(自由参数)是否能够由观测数据求出唯一的估计值。如果方程中的自由参数有一个不能由观测数据估计得到,则方程不可识别;如果都能得到,则可以识别。

通过上述参数,可推导出显变量 (y, x) 的协方差矩阵:

$$\Sigma = \begin{pmatrix} \Lambda_y A(\Gamma\Phi\Gamma' + \Psi)A'\Lambda_y' + \Theta_\varepsilon & \Lambda_y A\Gamma\Phi\Lambda_x' \\ \Lambda_x \Phi\Gamma'A'\Lambda_y' & \Lambda_x \Phi\Lambda_x' + \Theta_\delta \end{pmatrix}, 其中 A = (I-B)^{-1}$$

如果理论模型为真,则 $\Sigma(\theta)$ 等于总体的协方差矩阵 Σ,即 $\Sigma = \Sigma(\theta)$,θ 的元素可以表示为协方差 Σ 的函数,若 θ 的各个元素能够估计,即每一个方程的每一个参数都恰好可以由观测变量的协方差阵的一个或多个元素的函数来表示,则模型恰好识别,从而显变量的方差和协方差都是模型参数的函数。参数估计能够得到变量之间、模型未能解释部分、变量测量上误差等指定参数,其数值亦反映各关系的强弱。此外,也可检验研究者所提出的模型是否与样本数据吻合(即数据是否可用模型表示)。

(2) 模型拟合、评价与修正。当判定出模型可识别后,下一步工作就是根据可测变量的方差和协方差对参数进行估计,使得总体协方差矩阵 $S(q)$ 与样本协方差矩阵 S 尽可能接近。

拟合函数(fit function)F(S,$S(q)$):

(1)非负;(2)连续;(3)F(S,$S(q)$)=0 当且仅当 $S(q)=S$。

找出 θ 使得拟合函数取得最小值,做出参数估计,并通过拟合指数,对模型进行整体评价;一般的模型只能给出单个方程的结果评价,结构方程模型的优点之一就在于能够得到反映整个模型拟合好坏的统计量——拟合指数。

最后,在整个模型拟合良好的前提下,对单个参数进行检验,即检验所有参数的估计值是否有意义。在结构方程模型的输出结果中,会有 t 统计量的值,当用于检验"参数等于零"的假设时,如果检验结果是参数显著不等于零,认为让该参数自由估计是合理的,并根据实际结果对模型进行修正。

根据上述模型求解和修正的结果验证研究假设,获知高铁在未来对游客的出游行为机理及其演变规律和趋势所产生的影响作用及其程度,即得出:(1)游客的出游动机是否以及多大程度上受到高速铁路的驱动;(2)游客出游过程中所参与活动的数量与时间安排是否以及多大程度上因为高铁的开通发生变化和调整;(3)游客的出行特征是否以及多大程度上与高铁自身的特征和优势相契合,从而进一步得出针对高铁旅游的一系列市场供给和需求要素的补给与优化配置模式,并针对相关的配套服务和政策提出实践举措与发展建议。

二、高铁旅游者出游决策影响因素测度分析

(一)调研概述

本研究课题组在上海虹桥高铁站与上海站两地采用了问卷调查方式对旅客选择高铁出行的影响因素进行了调查。调查问卷包括高铁旅客的基本情况、高铁要素的重要性、旅客乘坐的满意度等内容。调查共发放问卷600份,剔除基本资料不符合本研究定义与问卷不完整的无效问卷,总计有效问卷483份,有效率达80.50%。问卷收回后经过反复的检查和核实后,进行编码并录入电脑,运用SPSS19.0统计软件进行数据统计和分析。

调查问卷中有关高铁旅客个人特征的信息包括性别、年龄、职业、收入状况。本次调查所获得的样本具有以下特征(详见表4.1)。

表 4.1　样本特征表

样本特征	各项指标	样本人数(人)	所占比例(%)
性别	男性	232	48.03
	女性	251	51.97
年龄	25 岁及以下	128	26.50
	26—35 岁	154	31.88
	36—45 岁	118	24.43
	46—55 岁	59	12.22
	56 岁及以上	24	4.97
职业	国家公务员/干部/事业单位职员	55	11.39
	公司企业一般职员	162	33.54
	公司企业高级管理人员	52	10.77
	专业人士(医生、律师、教师、技术人员等)	62	12.84
	私营业主或自由职业者	37	7.66
	其他从业人员	115	23.81

续　表

样本特征	各项指标	样本人数（人）	所占比例（%）
月收入	3 000 元及以下	169	34.99
	3 000—5 000 元	146	30.23
	5 000—10 000 元	95	19.67
	10 000—15 000 元	45	9.32
	15 000—20 000 元	13	2.69
	20 000 元及以上	15	3.11
出行方式	飞机	483	17
	高铁		71
	长途大巴		6
	自驾车		6
是否熟悉高铁旅游	熟悉	483	51
	不熟悉		49
信息获取渠道	网络/广播/电视	483	56
	报纸杂志		7
	家人或朋友介绍		13
	铁路售票部门或铁路网站		21
	其他		3
高铁主要优势	价格相对便宜	483	26
	更加安全		14
	更加守时/省时		20
	更加舒适		14
	更加便利		26
	其他		0

　　由表 4.1 可见,在出行交通方式的选择上,71% 的旅客选择高铁或者动车出行,居于其次的为 16% 的旅客选择飞机出行。在样本中,超过半数的受访者表示对高铁旅游串联各个高铁节点城市组成的旅游线路

更为熟悉。

选择高铁旅游的游客中,56％是通过网络、广播或者电视了解到的,21％是在铁路售票部门或者铁路网站上知道的,家人或朋友的推广占到13％。进一步可得知,价格便宜程度和便利程度是他们选择高铁出行的首要原因各占 26％,高铁的准时和省时屈居其二占比为 19％,并列第三为舒适度及安全性占比为 14％。

(二) 影响因素实证测度

1. 旅客选择乘坐高铁旅游的影响因素

在调研进行之前,通过阅读参考文献征求相关专家意见,课题组在预调研的基础上选取了 20 多项可能影响旅客乘坐高铁旅游的影响因素,通过试调查之后,最终确定了 20 项可能对旅客出行选择高铁这一交通方式产生影响的因素构建问卷(见表 4.2),即"媒体报道中高铁的形象和声誉""高铁是否让人觉得干净整洁""高铁的座位设置是否比一般列车更舒适""高铁硬件设施(充电、饮水、座椅、厕所)是否完善""高铁的运行时间是否合理、选择性大""高铁车站与您的出发地点之间是否便利、通达""高铁是否具有较高的安全性""高铁是否更快捷、更省时""高铁的价格是否合理、物有所值""高铁上员工的服务态度是否友好、具有亲和力""高铁上的员工是否具备专业技能""高铁上的员工是否具有主动服务的意识""高铁上的员工是否能了解并解决您的特殊需求""高铁上的员工的服务是否及时""高铁服务是否以乘客的利益优先""您获取高铁运行时间等信息是否便利""您获取高铁沿线的旅游信息是否便利""高铁是否更便于您带小孩和家人出行""高铁站点与旅游景区、景点之间交通是否便利""高铁站与餐饮、娱乐购物、住宿之间交通是否便利"。

表 4.2 乘坐高铁旅游所涉及的各要素调查表

选择高铁出游的决策影响要素	均值	最小值	最大值
V1. 媒体报道中高铁的形象和声誉	3.43	1	5
V2. 高铁是否让人觉得干净整洁	4.05	1	5
V3. 高铁的座位设置是否比一般列车更舒适	4.05	1	5
V4. 高铁硬件设施(充电、饮水、座椅、厕所)是否完善	4.04	1	5
V5. 高铁的运行时间是否合理、选择性大	3.83	1	5
V6. 高铁车站与您的出发地点之间是否便利、通达	3.81	1	5
V7. 高铁是否具有较高的安全性	3.82	1	5
V8. 高铁是否更快捷、更省时	4.12	1	5
V9. 高铁的价格是否合理、物有所值	3.61	1	5
V10. 高铁上员工的服务态度是否友好、具有亲和力	3.67	1	5
V11. 高铁上的员工是否具备专业技能	3.58	1	5
V12. 高铁上的员工是否具有主动服务的意识	3.47	1	5
V13. 高铁上的员工是否能了解并解决您的特殊需求	3.35	1	5
V14. 高铁上的员工的服务是否及时	3.56	1	5
V15. 高铁服务是否以乘客的利益优先	3.58	1	5
V16. 您获取高铁运行时间等信息是否便利	3.80	1	5
V17. 您获取高铁沿线的旅游信息是否便利	3.62	1	5
V18. 高铁是否更便于您带小孩和家人出行	3.70	1	5
V19. 高铁站点与旅游景区、景点之间交通是否便利	3.53	1	5
V20. 高铁站与餐饮、娱乐购物、住宿之间交通是否便利	3.60	1	5

2. 因子分析

为了便于比较研究,本研究通过 SPSS19.0 统计分析软件对样本进行因子分析,测得 KMO 值为 0.931>0.9,说明调查问卷信度甚佳,因子 20 项变量的可靠值,即(Cronbach's Alpha)为 0.931,样本适合进行因子分析。

旋转后各因子负荷、特征值以及对总体方差贡献率如表 4.3 所示。

表 4.3　KMO 和巴特利特球度检验

KMO 检验值		0.931
巴特利特球度检验	检验值	5 461.323
	自由度	190
	显著性水平	0.000

研究采用主成分分析法提取和综合因子,设定特征值为"大于 0.8"时抽取因子。表 4.4 为总方差解释表,从该表中可以看出,特征值大于 0.8 的因子共有 5 个,从方差贡献率来看,这 5 个因子的累积方差贡献率为 69%,表明提取 5 个因子保留了足够的原始信息,能比较全面地反映所有信息。通过描绘提取主因子的碎石图 4.2,也得出了和表 4.4 基本吻合的结论。可见,提取 5 个因子是合理的。

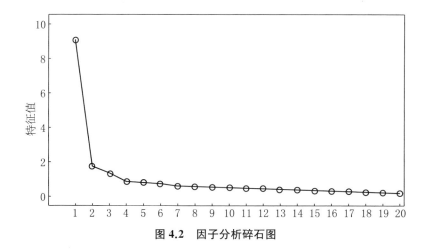

图 4.2　因子分析碎石图

表 4.4　总方差解释表

因子序号	初始因子特征值			提取因子的特征值			旋转处理后的因子特征值		
	特征根	方差解释率%	累计%	特征根	方差解释率%	累计%	特征根	方差解释率%	累计%
1	9.090	45.451	45.451	9.090	45.451	45.451	8.108	40.538	40.538
2	1.720	8.601	54.052	1.720	8.601	54.052	2.497	12.484	53.021
3	1.309	6.543	60.595	1.309	6.543	60.595	1.202	6.008	59.029
4	0.863	4.313	64.907	0.863	4.313	64.907	1.101	5.504	64.532
5	0.819	4.096	69.004	0.819	4.096	69.004	0.894	4.471	69.004
6	0.719	3.597	72.600						
7	0.605	3.026	75.626						
8	0.569	2.845	78.471						
9	0.541	2.704	81.175						
10	0.494	2.472	83.647						
11	0.453	2.267	85.914						
12	0.453	2.266	88.180						
13	0.391	1.954	90.133						
14	0.349	1.747	91.880						
15	0.331	1.654	93.534						
16	0.308	1.538	95.072						
17	0.279	1.394	96.466						
18	0.270	1.351	97.817						
19	0.228	1.138	98.955						
20	0.209	1.045	100.000						

注:提取方法为主成分分析法。

　　然后采用主成分分析法提取了 5 个因子的因子负荷矩阵。为了得到最佳的诠释,通过方差最大法(Varimax)进行正交旋转处理,结果见表 4.5,发现各种因素对乘坐高铁旅游所涉及的各个要素的选择的贡献是不一样的。

表 4.5 旋转后的因子负荷矩阵

	因子负荷				
	1	2	3	4	5
V1	−0.003	0.221	0.183	0.042	0.887
V2	0.192	0.168	0.795	0.160	0.116
V3	0.304	0.159	0.685	0.210	0.213
V4	0.136	0.144	0.640	0.462	0.135
V5	0.546	0.139	0.274	0.327	0.434
V6	0.702	0.070	0.207	0.385	0.051
V7	0.248	0.261	0.565	0.322	0.118
V8	0.579	0.147	0.367	0.426	−0.027
V9	0.181	0.286	0.187	0.754	0.030
V10	0.101	0.530	0.451	0.193	0.207
V11	0.264	0.608	0.451	−0.069	0.089
V12	0.183	0.683	0.169	0.153	0.013
V13	0.220	0.723	0.030	0.151	0.193
V14	0.162	0.785	0.158	0.207	0.038
V15	0.378	0.811	0.065	0.238	0.254
V16	0.308	0.230	0.242	0.339	0.540
V17	0.324	0.272	0.172	0.168	0.631
V18	0.694	0.217	0.289	0.135	−0.033
V19	0.813	0.237	0.219	0.169	−0.015
V20	0.810	0.224	0.117	0.250	0.050

注:提取方法为主成分分析法。旋转方法为方差最大旋转法,经过 7 次迭代收敛。

根据旋转后的因子负荷矩阵可以将调查问卷中的 20 项因素归为 5 个因子,本章对各因子命名如表 4.6 所示。

表 4.6　因子分析表

因子包含的变量	因子负荷	排序	旋转后特征值	方差贡献率(%)
因子 F1 可达性与便利程度因素				
V5. 高铁的运行时间是否合理、选择性大	0.546	6		
V6. 高铁车站与您的出发地点之间是否便利、通达	0.702	3		
V8. 高铁是否更快捷、更省时	0.579	5	8.108	40.538
V18. 高铁是否更便于您带小孩和家人出行	0.694	4		
V19. 高铁站点与旅游景区、景点之间交通是否便利	0.813	1		
V20. 高铁站与餐饮、娱乐购物、住宿之间交通是否便利	0.810	2		
因子 F2 服务质量因素				
V10. 高铁上员工的服务态度是否友好、具有亲和力	0.530	6		
V11. 高铁上的员工是否具备专业技能	0.608	3		
V12. 高铁上的员工是否具有主动服务的意识	0.683	5	2.497	12.484
V13. 高铁上的员工是否能了解并解决您的特殊需求	0.723	4		
V14. 高铁上的员工的服务是否及时	0.785	2		
V15. 高铁服务是否以乘客的利益优先	0.811	1		
因子 F3 设施环境因素				
V2. 高铁是否让人觉得干净整洁	0.795	1		
V3. 高铁的座位设置是否比一般列车更舒适	0.685	2		
V4. 高铁硬件设施(充电、饮水、座椅、厕所)是否完善	0.640	3	1.202	6.008
V7. 高铁是否具有较高的安全性	0.565	4		

续　表

因子包含的变量	因子负荷	排序	旋转后特征值	方差贡献率(%)
因子 F4 消费价格因素				
V9. 高铁的价格是否合理、物有所值	0.754		1.101	5.504
因子 F5 信息支持因素				
V1. 媒体报道中高铁的形象和声誉	0.887	1	0.894	4.471
V16. 您获取高铁运行时间等信息是否便利	0.540	3		
V17. 您获取高铁沿线的旅游信息是否便利	0.631	2		
累计方差贡献率				69.004
因子 F1 可达性与便利程度因素				
V5. 高铁的运行时间是否合理、选择性大	0.546	6	8.108	40.538
V6. 高铁车站与您的出发地点之间是否便利、通达	0.702	3		
V8. 高铁是否更快捷、更省时	0.579	5		
V18. 高铁是否更便于您带小孩和家人出行	0.694	4		
V19. 高铁站点与旅游景区、景点之间交通是否便利	0.813	1		
V20. 高铁站与餐饮、娱乐购物、住宿之间交通是否便利	0.810	2		
因子 F2 服务质量因素				
V10. 高铁上员工的服务态度是否友好、具有亲和力	0.530	6	2.497	12.484
V11. 高铁上的员工是否具备专业技能	0.608	3		
V12. 高铁上的员工是否具有主动服务的意识	0.683	5		
V13. 高铁上的员工是否能了解并解决您的特殊需求	0.723	4		
V14. 高铁上的员工的服务是否及时	0.785	2		
V15. 高铁服务是否以乘客的利益优先	0.811	1		

续　表

因子包含的变量	因子负荷	排序	旋转后特征值	方差贡献率(%)
因子 F3 设施环境因素				
V2. 高铁是否让人觉得干净整洁	0.795	1		
V3. 高铁的座位设置是否比一般列车更舒适	0.685	2	1.202	6.008
V4. 高铁硬件设施(充电、饮水、座椅、厕所)是否完善	0.640	3		
V7. 高铁是否具有较高的安全性	0.565	4		
因子 F4 消费价格因素				
V9. 高铁的价格是否合理、物有所值	0.754		1.101	5.504
因子 F5 信息支持因素				
V1. 媒体报道中高铁的形象和声誉	0.887	1		
V16. 您获取高铁运行时间等信息是否便利	0.540	3	0.894	4.471
V17. 您获取高铁沿线的旅游信息是否便利	0.631	2		
累计方差贡献率				69.004

(三)影响因素研究结论

1. F1 可达性与便利程度因素

第一,由表 4.6 可知,"F1 可达性与便利程度因素"是影响高铁旅客出游决策的主要因素,这个因子的方差贡献率居五大因子之首,为40.538。"高铁站点与旅游景区、景点之间的交通是否便利""高铁站与餐饮、娱乐购物、住宿之间交通是否便利"的因子负荷分别为 0.813 与0.810,说明高铁旅客对于旅游目的地高铁站点与娱乐休闲和住宿餐饮地之间的可达性、便利性,即对站点空间换乘的便捷度非常看重,这也印证了游客对"吃住行游购娱"旅游六大基本要素的需求,与现行的研究结论一致。"高铁车站与您的出发地点之间是否便利、通达"因子负荷达到了 0.702,可见,即便是在旅游客源地,城市交通对旅客抵达高铁客运站的可达性的影响也直接作用于旅客出行方式的选择。"高铁是否更便于您带小孩和家人出行"的因子负荷为0.694,可见,高铁的可达性也是亲子游出行交通方式选择的影响因素。"高铁是否更快捷、更省时""运行时间是否合理、选择性大"的因子负荷分别达到0.579和0.546,可见,旅客对于时间价值判定的高低对出行决策也产生一定影响。

2. F2 服务质量因素

影响高铁旅客出行决策的第二重要因素是"F2 服务质量因素",而"高铁上的员工的服务是否及时""高铁服务是否以乘客的利益优先"又是各变量因素中因子负荷最高的,为0.785与0.811,说明高铁服务中能够将乘客的利益放在第一位是高铁旅客出行决策的重要影响因素。其次,"高铁上的员工是否能了解并解决您的特殊需求"是影响出行决策的第三重要的因素,再者是"员工是否具备专业技能",可见游客对于高铁服务的需求不仅体现在能够第一时间使自己的需求得到满足,还体现于员工是否具备一定的职业技能。而"高铁上员工的服务态度是否友好、具有亲和力""高铁上的员工是否具有主动服务的意识"的因子负荷分别达到0.530与0.683,虽在该公因子中的排名为最后两位,但在总体影响因素中所占重要性并不低,可以说员工的服务态度也是影响旅客出行方式决策的关键因素。

3. F3 设施环境因素

"F3 设施环境因素"是影响高铁旅客出行决策的第三重要因素,"高铁是否让人觉得干净整洁""座位设置是否比一般列车更舒适""高铁硬件设施(充电、饮水、座椅、厕所)是否完善"是高铁设施的重要组成部分,这三项因素的因子负荷分别为0.795、0.685、0.640。高铁所提供的环境、设施、安全性的高低及其相关支持要素的总和是构成旅客选择出行方式的重要因素,环境设施的好坏直接影响旅客对于高铁的印象。

4. F4 消费价格因素

"消费价格因素"这一因子的贡献率达到了 5.504,相比因子贡献率为 40.538 的"可达性与便利程度因素"相去甚远。"高铁的价格是否合理、物有所值"这一因素的因子负荷为 0.754。不同的收入水平会直接决定旅客不同的消费水准,因而对于同一高铁票价,旅客对价格做出的反应也会不同,合理制定高铁的票价对于高铁旅客出游决策起到十分重要的作用。

5. F5 信息支持因素

"信息支持因素",该因素包括"媒体报道中高铁的形象和声誉""您获取高铁运行时间等信息是否便利""您获取高铁沿线的旅游信息是否便利"这三个变量,它们的因子负荷分别为 0.887、0.540、0.631。这三者在一定程度上反映了信息因素对于高铁旅游出游决策的影响。在五个因子中,信息支持因素的方差贡献率最小,为 4.471。信息支持因素包括媒体对高铁形象的正面报道,高铁沿线城市对旅游资讯的推广与宣传,高铁本身提供的信息获取渠道的广泛性等。

由以上分析可知,影响上海出发旅客选择乘坐高铁旅游影响因素总共有 5 项,即可达性与便利程度因素、服务质量因素、设施环境因素、消费价格因素、信息支持因素。其中,因子的方差贡献率最大的是可达性与便利程度因素,高达 40.538％。其次是服务质量因素,为 12.484％。设施环境因素、消费价格因素、信息支持因素的方差贡献率依次为 6.008％、5.504％、4.471％。由此可见,可达性与便利程度因素及服务质量因素对旅客选择高铁出行的影响最大。而在各项影响因素所包含的变量中,又以"高铁站点与旅游景区、景点之间交通是否便利""高铁站与餐饮、娱乐购物、住宿之间交通是否便利""高铁上的员工的服务是否及时""高铁服务是否以乘客的利益优先""高铁是否让人觉得干净整洁"

"高铁的价格是否合理、物有所值"以及"媒体报道中高铁的形象和声誉"等的因子负荷较高,说明上海乘高铁出行的旅客决策时受这些变量的影响较大。

第二节 基于 IPA 的高铁旅游服务满意度测度评价

一、调研概述

为深入了解当前高铁旅游发展过程中的服务水平,本研究首先从游客需求角度入手,以高铁站点的出游游客为调研对象,展开了实地问卷调查。调查于 2015 年 10 月 24 日至 11 月 14 日在上海虹桥火车站、上海火车站开展,调查内容主要包括乘客基本信息、高铁认知情况、高铁站点公共服务活动影响因素及高铁站点公共服务满意度四个方面的内容,采用 5 级量表请被调查者对不同因素对高铁站点公共服务的影响程度进行李克特量表 1—5 分的评分,由被调查者根据自身实际情况作出评判。共发放问卷 750 份,回收 626 份,回收率为 83.33%。排除部分填写不符合要求和信息不完整的无效问卷,最终获得有效问卷 434 份,有效率达 69.32%。调研样本的基本情况见表 4.7 和表 4.8。

表 4.7 高铁站点受访游客的人口统计学特征

项 目	内 容	样本人数(人)	比例(%)
性 别	男	198	45.6
	女	236	54.4
年 龄	20 岁及以下	33	7.6
	21—30 岁	212	48.8
	31—40 岁	79	18.2

续　表

项　目	内　容	样本人数（人）	比例（%）
年　龄	41—50 岁	61	14.1
	51—60 岁	30	6.9
	61 岁以上	19	4.4
最高教育程度	小学及以下	3	0.7
	初　中	39	9.0
	高中/中专/技校	94	21.7
	大学专科	98	22.6
	大学本科	194	44.7
	硕士及以上	6	1.4
家庭月总收入	2 000 元及以下	16	3.7
	2 001—5 000 元	112	25.8
	5 001—10 000 元	169	38.9
	10 001—15 000 元	59	13.6
	15 001—20 000 元	42	9.7
	20 001 元及以上	36	8.3
行　业	国家公务员	16	3.7
	IT 行业	20	4.6
	金融、证券	47	10.8
	教　育	36	8.3
	学　生	83	19.1
	房地产业	31	7.1
	广告与公关	25	5.8
	艺术与文化传播	11	2.5
	医　疗	24	5.5
	退　休	32	7.4
	其　他	109	25.1

表 4.8　高铁站点游客特性

项　目	内　容	样本人数（人）	比例（%）
出游目的	旅　游	177	40.8
	出差或公务活动	89	20.5
	探亲访友	106	24.4
	其　他	62	14.3
主要交通方式	高　铁	241	55.5
	飞　机	97	22.4
	自　驾	36	8.3
	大　巴	34	7.8
	其　他	26	6.0
高铁主要优势	高铁更舒适	76	17.5
	高铁更安全	41	9.4
	高铁价格相对便宜	63	14.5
	高铁更便利	109	25.1
	高铁更守时/省时	141	32.5
	其　他	4	0.9

从样本统计结果可知,被调查对象的性别比近1∶1,女性所占比例仅略高于男性。年龄分布以20—40岁的青年最多,共占67%,说明搭乘高铁出游以青年人群为主。样本的最高教育程度以大学本科最多,说明被调查的游客都具有一定的文化素质。家庭月收入较多集中在2 001—10 000元之间,占到64.7%,说明游客大多属于一般收入的家庭,并不富裕也不贫穷,同时这也与高铁价格定位相符。在行业调查中,选择"其他"项的较多,占到25.1%;依次是学生,占19.1%。在出游目的调查中,旅游为目的的占多数,达到40.8%。主要交通方式调查中,超过半数的人选择了高铁为主要交通方式,说明高铁渐渐成为主流交通运输方式。此次调查中,57.6%的人群认为相比其他的交通方式,高铁出行

的优势在于更便利以及守时。而性别和从事行业方面无明显差异。

二、满意度 IPA 测度分析

(一) 信度和效度分析

在对收集到的数据进行分析之前,首先要对数据进行信度分析,即测试所得数据的可靠程度。因此本章运用了最常用的克伦巴赫信度检验法(Cronbach's Reliability Alpha)对问卷回收回来的调研数据进行了信度分析,结果如表 4.9 所示。一般认为,如果量表的信度系数大于0.8,则说明该量表的信度较好,可靠性高。从表 4.9 可知本次问卷测量数据的 Cronbach's Alpha 系数为 0.919,这说明本问卷信度方面的检验很好,资料所呈现的数据可靠性较高。

表 4.9　信度分析

Cronbach's Alpha	N of Items
0.919	54

效度,即有效性。效度分析主要考察问卷的内容效度与结构效度。为了进一步检验本问卷设计的合理性,本章通过运用因子分析中的 Kaiser-Meyer-Olkin(KMO)统计来分析所得样本的充分性,Bartlett 球形检验来分析各个变量之间的相关性。运用 SPSS19.0,对满意度总量进行效度检测结果显示,KMO＝0.896＞0.8,球形 Bartlett 检验所得 P 值为 0.000＜0.05,说明问卷收集的数据样本很充分,各个变量间在 0.01 显著性水平下显著相关,数据的结构效度非常好。

在分析了高铁站点旅游服务需求影响因素的基础上,本章再通过统计软件 SPSS20.0 对已回收的有效问卷进行 IPA 分析,计算得出上海高铁站点旅游公共服务要素的重要性和表现性的平均值以及总的平均值和标准差,见表 4.10。

表 4.10 上海高铁站点旅游公共服务要素重要性与表现性统计表

变量	影响因素	重要性		排序	表现性		排序
		平均值	标准差		平均值	标准差	
V1	站点信息获取的方便程度	4.24	0.816	4	3.95	0.820	2
V2	站点信息自助查询的便利程度	4.06	0.921	12	3.73	0.892	7
V3	站点导引标识系统的情况	4.20	0.886	5	3.91	0.908	3
V4	站点旅游咨询服务中心的便利程度	4.03	0.958	13	3.70	0.974	8
V5	站点的旅游咨询服务中心的信息是否全面	3.89	0.983	19	3.43	0.922	16
V6	站点周边"一日游"等旅游广告的诚信和质量	3.11	1.245	27	2.63	1.114	27
V7	站点 WIFI 的覆盖情况	3.90	1.195	17	2.79	1.155	26
V8	站点餐饮服务的便利情况	3.90	0.991	18	3.54	1.010	12
V9	站点餐饮服务的性价比	3.75	1.157	22	2.88	1.018	24
V10	站点附近的住宿服务情况	3.46	1.143	25	2.94	1.029	23
V11	候车期间休息服务设施和质量	4.03	0.921	14	3.37	1.029	18
V12	在站点购买商品的便利程度	3.92	0.943	15	3.56	1.018	11
V13	在站点购买商品的性价比	3.62	1.138	24	2.81	1.061	25
V14	厕所等卫生服务设施完善程度	4.18	0.887	7	3.48	1.015	13
V15	站点票务服务的便捷程度	4.17	0.889	8	3.69	0.946	9
V16	站点服务人员的态度和服务质量	4.16	0.819	9	3.37	1.082	17
V17	休闲娱乐服务设施的便利程度	3.35	1.087	26	3.03	1.013	22
V18	站点衔接城市公共交通(公交、地铁)的便利程度	4.35	0.897	1	4.09	0.882	1
V19	站点搭乘出租车的便利程度	4.19	0.854	6	3.84	0.947	4
V20	站点自驾车停车的便利程度	3.72	1.100	23	3.29	0.985	19
V21	站点与旅游景点衔接的便利程度	3.86	0.979	21	3.44	0.928	15

续　表

变量	影响因素	重要性		排序	表现性		排序
		平均值	标准差		平均值	标准差	
V22	站点人身安全、财产安全的保障	4.27	0.893	2	3.74	0.962	6
V23	站点突发事件的处理能力	4.14	0.940	11	3.59	0.916	10
V24	站点治安秩序的良好程度	4.26	0.854	3	3.76	0.926	5
V25	站点的整体卫生状况	4.16	0.960	10	3.44	1.014	14
V26	站点投诉的便利程度	3.90	0.941	16	3.17	1.018	20
V27	站点投诉的处理质量	3.87	1.007	20	3.08	1.042	21
总平均值		3.95			3.42		

（二）游客对站点旅游服务影响因素的重要性评价

由表4.10可知,27个因素的标准差最大值为1.245,各个因素的均值分布在3.11—4.35之间。其中,游客认为最重要的前三项高铁站点旅游公共服务为V18站点衔接城市公共交通(公交、地铁)的便利程度,V22站点人身安全、财产安全的保障,V24站点治安秩序的良好程度。这三项服务因素的标准差都小于0.9,说明游客对这些服务因素重要性的评价是趋于一致的。可以说,受调查的游客普遍认为换乘公共交通的便利性,人身和财产安全的保障以及良好的治安秩序对于高铁站点旅游公共服务而言是非常重要的。对个人而言,这些服务因素也是游客便捷安全出行的重要保障。

重要性最高的为站点衔接城市公共交通(公交、地铁)的便利程度。高铁站点作为一个交通枢纽,它与城市其他公共交通衔接的便利性毫无疑问是极其重要的。高铁虽然使得城际和跨区域之间的空间转换时间缩短了,但是如果高铁站点配套的公共交通设施建设没有跟上的话,游客们总体耗费在交通上的时间并没有减少。因此,在高铁站点能否快速便捷地换乘城市公共交通是极其重要的。

排在第二位、第三位的是站点人身安全、财产安全的保障和站点治安秩序的良好程度,从中可以看出游客对自身和财产安全以及社会治安秩序的重视性正在逐渐提高。众所周知,诸如高铁站点,火车站等人流量大与密集的区域,往往鱼龙混杂,扒窃抢劫等犯罪事件时有发生。高铁站点应时刻将保护游客生命和财产安全放在首位,让游客搭乘高铁外出时放心满意。

从数据来看,V6 站点周边"一日游"等旅游广告的诚信和质量,V17休闲娱乐服务设施的便利程度和 V10 站点附近的住宿服务情况是被调查游客认为最不重要的三个高铁站点旅游公共服务因素。这三项服务因素的重要性均值均小于总平均值 3.95 且标准差均大于 1,说明游客对这三项服务因素重要性的评价差异较大。笔者认为,这主要是由于被调查的游客在观念上存在差别。部分人群认为高铁站点作为交通枢纽,只是他们旅途中短暂停留的休息站,因此不太关注站点及其周边的住宿休闲娱乐等服务并且对此类服务的需求也较低。另一部分游客则具有这方面的需求,希望在站点也能享受到多样化和高品质的服务,所以存在差异。

游客普遍认为站点周边"一日游"等旅游广告的诚信和质量不太重要,重要性得分为最低的 3.11。由于大部分计划出游的游客都会事先做好出游计划与准备,所以站点周边"一日游"等旅游广告往往无人问津。新闻媒体也曾多次披露该类广告存在欺诈行为。因此,大部分游客往往不会太关心此类旅游广告。

(三) 游客对站点旅游服务影响因素的表现性评价

表现性平均得分在 2.63—4.09 之间,标准差最大值为 1.155,与重要性平均得分相比较低,这反映了游客在高铁站点实际体验旅游公共服务过程中的满意度低于游客们的期望值。被调查游客认为在实际体验过程中表现较好的前三名服务因素是 V18 站点衔接城市公共交通(公交、地铁)的便利程度,V1 站点信息获取的方便程度和 V3 站点导引标识系统的情况。这三项服务因素标准差都小于 0.9,说明被调查游客对这些服务因素表现性的评价较为一致。

站点衔接城市公共交通(公交、地铁)的便利程度表现性得分为4.09,排名第一。从上述分析中可见,这也是游客最为看重的服务因素,而人们对此满意度也普遍较高。这说明在高铁站点换乘城市公共交通的便利性达到了游客的期望值。其次,站点信息获取的方便程度表现性为 3.95,排名第二。之后是得分为 3.91 的站点导引标识系统的情况。笔者在实地发放问卷和考察时,也认为高铁站点在这两方面做得不错。站点内每一层的显著位置都会设置咨询台,解决游客们疑问。不仅如此,各个候车厅的显示屏都在不断滚动车次实时信息,游客能够很方便地获取站点信息。而站厅内地板上以及各个分岔口显著位置都贴有或标有所在楼层与候车室信息,游客们大都能够快速地通过这些标志的指引到达目的地。这些服务都能快捷地解决游客们的疑问,从而提高游客满意度。

同时,表 4.10 数据还显示出受调查游客实际体验最差的前三项服务为 V6 站点周边"一日游"等旅游广告的诚信和质量,V7 站点 WIFI 的覆盖情况和 V13 在站点购买商品的性价比。这三项服务因素的平均分都低于表现性总平均值 3.42,说明这些服务因素在实际体验过程中的表现远远没有满足被调查的游客。

表现性最差的为站点周边"一日游"等旅游广告的诚信和质量,表现性为 2.63,标准差为 1.114,说明游客对该项旅游公共服务的评价存在差异。笔者认为造成这种差异的原因是站点周边的此类广告良莠不齐,鱼龙混杂。虽然游客对于站点周边此类广告并没有过多的期待,然而该服务因素的表现还是不尽如人意。这与该类广告普遍标注价格低廉，后续存在欺骗消费者的情况有一定联系。有关部门应该介入其中，严厉打击虚假广告，提高此类旅游广告的质量，推广正规优秀的旅游产品从而提升游客的满意度。

进一步厘清表 4.10 中各个服务因素的重要性和表现性之间是否存在显著差异，本章对调研所得数据进行了均值差异的配对样本 t 检验（见表 4.11）。

表 4.11　高铁站点旅游公共服务重要性与表现性成对样本 t 检验

变量	影响因素	重要性 (I)	表现性 (P)	I-P	IPAI	t 值	p 值
V1	站点信息获取的方便程度	4.24	3.95	0.29	6.84	6.380	0.000
V2	站点信息自助查询的便利程度	4.06	3.73	0.33	8.13	6.735	0.000
V3	站点导引标识系统的情况	4.2	3.91	0.29	6.90	6.207	0.000
V4	站点旅游咨询服务中心的便利程度	4.03	3.70	0.33	8.19	6.384	0.000
V5	站点的旅游咨询服务中心的信息是否全面	3.89	3.43	0.46	11.83	8.357	0.000
V6	站点周边"一日游"等旅游广告的诚信和质量	3.11	2.63	0.48	15.43	8.061	0.000
V7	站点 WIFI 的覆盖情况	3.9	2.79	1.11	28.46	15.174	0.000
V8	站点餐饮服务的便利情况	3.9	3.54	0.36	9.23	6.538	0.000
V9	站点餐饮服务的性价比	3.75	2.88	0.87	23.20	14.182	0.000
V10	站点附近的住宿服务情况	3.46	2.94	0.52	15.03	8.907	0.000
V11	候车期间休息服务设施和质量	4.03	3.37	0.66	16.38	11.049	0.000
V12	在站点购买商品的便利程度	3.92	3.56	0.36	9.18	6.814	0.000
V13	在站点购买商品的性价比	3.62	2.81	0.81	22.38	13.197	0.000
V14	厕所等卫生服务设施完善程度	4.18	3.48	0.7	16.75	11.815	0.000
V15	站点票务服务的便捷程度	4.17	3.69	0.48	11.51	9.856	0.000

续　表

变量	影响因素	重要性 (I)	表现性 (P)	I-P	IPAI	t 值	p 值
V16	站点服务人员的态度和服务质量	4.16	3.37	0.79	18.99	13.197	0.000
V17	休闲娱乐服务设施的便利程度	3.35	3.03	0.32	9.55	5.538	0.000
V18	站点衔接城市公共交通(公交、地铁)的便利程度	4.35	4.09	0.26	5.98	5.309	0.000
V19	站点搭乘出租车的便利程度	4.19	3.84	0.35	8.35	7.059	0.000
V20	站点自驾车停车的便利程度	3.72	3.29	0.43	11.56	7.354	0.000
V21	站点与旅游景点衔接的便利程度	3.86	3.44	0.42	10.88	7.949	0.000
V22	站点人身安全、财产安全的保障	4.27	3.74	0.53	12.41	9.762	0.000
V23	站点突发事件的处理能力	4.14	3.59	0.55	13.29	10.504	0.000
V24	站点治安秩序的良好程度	4.26	3.76	0.5	11.74	9.508	0.000
V25	站点的整体卫生状况	4.16	3.44	0.72	17.31	13.102	0.000
V26	站点投诉的便利程度	3.9	3.17	0.73	18.72	12.805	0.000
V27	站点投诉的处理质量	3.87	3.08	0.79	20.41	13.672	0.000
	总平均值	3.95	3.42	0.53	13.65		

以上数据通过表现性成对样本 t 检验结果如上表所示,就重要性(I)与表现性(P),所得差(I－P)的差值而言,高铁站点 WIFI 的覆盖情况的重要性与表现性之差最大,达到了 1.11,这说明上海高铁站点的 WIFI 覆盖情况完全没有让游客满意,实际情况距离游客们的期望有很大的差距。在实地考察的过程中笔者也发现,虽然在高铁站点候车厅内的电子显示屏上会显示站点提供 WIFI 的连接方式,但是在发放问卷的过程中大部分游客表示站点 WIFI 无法顺利连接或者成功连接后并不能实际使用。游客普遍反映站点 WIFI 的使用感较差。

从表 4.11 中可看出,所有服务因素的(I－P)值都为正数。这说明游客对于高铁站点旅游公共服务的期望与实际感知基本相符。经由检验可得知,由于所有高铁站点旅游公共服务因素的 p 值均小于 0.05,所以说明这些因素的重要性与表现性都有着非常显著的差异。为了更进一步地看出游客对各个站点旅游公共服务的满意度程度,所以构建了IPAI指数,通过测量公式:

$$IPAI = (I-P)/I \times 100$$

IPAI 为重要性－表现性分析指数;I 为重要性;P 为表现性。

将得分分为五类,即≤5.00 为很满意、5.01—10.00 为比较满意、10.01—20.00 为还行、20.01—30.00 为不满意、≥30.01 为很不满意。

表 4.11 显示 IPAI 值在 5.98—28.46 之间,说明游客对高铁站点旅游公共服务基本满意,但仍然存在不足之处。其中比较满意 10 项,基本满意 13 项,不满意的 4 项,分别为站点 WIFI 的覆盖情况、站点餐饮服务的性价比、在站点购买商品的性价比和站点投诉的处理质量。数据显示游客对于站点衔接城市公共交通(公交、地铁)的便利程度最为满意,对于站点 WIFI 的覆盖情况最为不满意。

三、满意度 IPA 分析结论

运用 SPSS 20.0 软件进一步测度数据,以重要性总平均值 3.95 和表现性总平均值 3.42 为原点(3.95，3.42),以重要性总平均值为横轴,表现性总平均值为纵轴建立四象限坐标图,见图 4.3 和图 4.4。

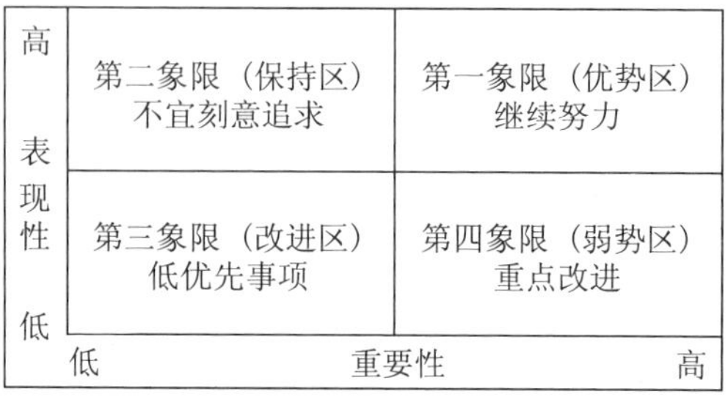

高 表 现 性 低	第二象限（保持区） 不宜刻意追求	第一象限（优势区） 继续努力
	第三象限（改进区） 低优先事项	第四象限（弱势区） 重点改进
	低　　　　重要性　　　　高	

图 4.3　重要性与表现性分析图

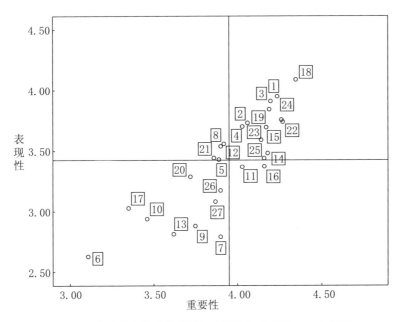

图 4.4　高铁站点旅游公共服务重要性与表现性 IPA 坐标图

注:1—27 分别对应表 4.11 中的变量。

(一) 优势区(第一象限)

此象限的分布要素为:V1 站点信息获取的方便程度;V2 站点信息自助查询的便利程度;V3 站点导引标识系统的情况;V4 站点旅游咨询服务中心的便利程度;V14 厕所等卫生服务设施完善程度;V15 站点票务服务的便捷程度;V18 站点衔接城市公共交通(公交、地铁)的便利程度;V19 站点搭乘出租车的便利程度;V22 站点人身安全、财产安全的保障;V23 站点突发事件的处理能力;V24 站点治安秩序的良好程度;V25 站点的整体卫生状况。

由 IPA 坐标图分析可知,这 12 个因素的重要性与表现性都较高,说明游客对以上这几项高铁站点旅游公共服务因素的满意度高。从配对样本 t 检验的结果来看,这几项因素重要性及表现性均存在很大差异但均值都大于重要性及表现性总均值,由此可见,被调查游客对这部分站点旅游公共服务的期望值较高、满意度也高。目前来看,受调查的游客普遍对上海高铁站点的信息服务、卫生设施、票务服务、站点交通换乘和站点治安持较满意的态度。

(二) 保持区(第二象限)

此象限分布的因素为:V5 站点的旅游咨询服务中心的信息是否全面;V8 站点餐饮服务的便利情况;V12 在站点购买商品的便利程度;V21 站点与旅游景点衔接的便利程度。

这些服务因素的重要性平均得分均小于总均值 3.95,但是表现性均值却大于总均值 3.42。这说明这几项因素对游客来说影响并不是很大,不是很重要,可是表现值却很高,大大超出了游客们原有的期望值。所以,此类公共服务属于"锦上添花"类型,在基本公共服务建设完善的基础上,可酌情增加附加值。

(三) 改进区(第三象限)

此象限分布因素为:V6 站点周边"一日游"等旅游广告的诚信和质量;V7 站点 WIFI 的覆盖情况;V9 站点餐饮服务的性价比;V10 站点附近的住宿服务情况;V13 在站点购买商品的性价比;V17 休闲娱乐服务设施的便利程度;V20 站点自驾车停车的便利程度;V26 站点投诉的便利程度;V27 站点投诉的处理质量。

由图 4.4 可知,这些服务因素重要性不高,游客的感知水平也相对偏低,也就是说,对于大部分的游客而言这些高铁旅游公共服务并不重要,同时上述这些服务因素也没有对游客留下深刻印象。从配对样本 t 检验的结果来看,p 值都小于 0.05,这说明这几项服务因素的重要性与表现性还是存在显著差异的。由此可见,游客对于高铁站点 WIFI 覆盖、"一日游"广告、娱乐设施和投诉处理的速度与质量等服务的期待与实际体验还存在着不小的差距。因此,并不能对这些因素置之不理,而应该在条件允许的情况下尝试着提高这几项因素的表现性,使其能够转化到第二象限之中。

(四) 弱势区(第四象限)

此象限有两个因素,分别为:V11 候车期间休息服务设施和质量;V16 站点服务人员的态度和服务质量。

这两项旅游公共服务因素表现性的感知显著低于重要性,这也就反映了这两项服务因素对于游客来说很重要,但是游客们的实际感知却很不好。这也揭示了高铁站点实际存在休息服务设施质量不高,服务人员态度不好的问题。而往往游客在高铁站点接触最多的就是站点的服务人员,他们的态度和服务质量直接影响了游客对于站点的第一印象。候车期间的休息服务设施和质量也是如此,在安检进入高铁站厅后,游客们停留时间最长的地方便是候车厅了。候车厅内的各种软硬件都与游客满意度息息相关。所以要对这两个因素加以重视,将其列为重点改进对象,促进其不断提升到第一象限内。

第三节　高铁枢纽站点旅游公共服务水平比较评价

一、公共服务与高铁旅游公共服务

旅游公共服务是指在旅游目的地范围内及周边区域,由政府或其他组织(企业、非营利组织等)等服务主体为旅游者提供的,具有明显公共性的,满足旅游者共同需要的公共产品和服务的总称。旅游公共服务供给的内容可分为基础设施类服务、信息类服务、行业指导类服务和安全监测类服务,其中旅游基础设施类服务包括旅游交通服务设施和旅游游憩服务设施,旅游公共信息类服务包括旅游网络信息服务、旅游信息咨询服务和旅游解说系统服务,旅游行业指导类服务包括旅游政策与法规、旅游公益福利服务和旅游规划开发与管理,旅游安全监测类服务包括旅游公共安全服务和旅游监测保障服务。根据我国旅游公共服务十二五专项规划,政府将旅游公共服务分为旅游信息服务体系、旅游安全保障体系、旅游交通便携服务体系、旅游惠民便民服务体系和旅游行政服务体系。

高速铁路作为重大基础设施,与旅游公共服务类似,是由政府行为或政府主导下的市场行为完成供给的公共产品。随着高铁网络的建设完善和高铁旅游的蓬勃发展,高铁沿线枢纽城市及整个沿线区域将通过对旅游公共服务体系建设和完善,进一步发挥高速铁路对区域旅游产业带动和提升作用。

目前高铁公共服务的文献主要分成两类,一类关注高铁服务过程中的缺点,认为我国高速铁路的还处于"重客流、轻服务"的阶段,并为改进服务质量建言献策(谢泗薪、杨明娜,2010;许国平,2012;胡秋生,2014);另一类开始尝试建立模型,量化评价高铁服务质量(曹灿明、陈建军,2012;张秀敏、姚建明,2005;刘奇,2014)。而关于高铁旅游公共服务的研究并不多见。Ozlem Alpu(2015)运用因子分析法研究了高铁服务满意度的决定性因素,并且针对各个因子的分析结果建立了一套数理模型来评价广告信息服务、食品服务、高铁员工的服务态度与服务行为等影响旅客整体满意度的因素。Hitoshi Ieda, Aoki Kanayama, Masafumiota(2001)研究了影响东京铁路服务质量的先决条件和政策。

二、调研概述

长三角地区是我国重要的旅游目的地和客源地,也是高铁网络最为发达的地区之一。2016 年 1 月,长三角高铁旅游联盟在浙江丽水正式成立。上海、南京、杭州作为长三角高铁网络的核心城市,同时也是国家级高速铁路网络的流通节点城市,上海虹桥站、杭州东站、南京南站自投入运营以来每年都有巨大的旅客客运量。

本研究对高铁站点旅游公共服务调研采用问卷调查法和观察法,选取上海虹桥站、杭州东站、南京南站为例进行横向比较。调查于 2016 年 1 月至 2 月期间进行,各高铁站发放 200 份问卷,共计发放 600 份,排除不完整的无效问卷,总计有效问卷 235 份,有效率达 78.3%。采用 SPSS19.0 的可靠性分析来测量高铁站点旅游公共服务供给评价问卷的信度与效度,结果显示 Cronbach's Alpha 系数为 0.915>0.65,说明问卷具有良好的信度;KMO 值为 0.903>0.7,水平较高,问卷的结构效度较好。

三、构建评价体系

(一) 选取指标

基于旅游公共服务体系的基本框架,本研究选择 24 个变量作为初始因子(表 4.12)。为了确定评价体系指标设置的合理度,本研究采用问卷调查法和李克特量表,并采用层次分析法对指标进行赋权,最终确定评价体系。

利用探索性因子分析,删除在各个因素上的负荷都小于 0.3 的因子:紧急医疗救助服务因子、站点预防突发事件的能力。在此基础上,通过方差最大的旋转处理,经过 7 次收敛迭代,将 22 个初始因子归为五大因子作为二级指标,分别是信息服务(U1)、便民服务(U2)、交通服务(U3)、安全服务(U4)和行政服务(U5),这五个因子累积方差贡献率为 68.872%,可见这五个因子承载了丰富的原始信息,能够解释大部分变量,且各因子互相独立,不会导致信息重复,见表 4.13。

表 4.12　高铁站点旅游公共服务评价初始因子

序号	初始因子	序号	初始因子
1	站点治安秩序	13	紧急医疗救助服务
2	站点旅游咨询服务中心	14	站点周边"一日游"等旅游广告
3	站点自驾车停车场服务	15	站点搭乘出租车服务
4	站点 WIFI 全覆盖	16	站点购物服务
5	站点票务服务	17	站点与旅游景点的交通衔接
6	站点投诉服务	18	站点人身安全、财产安全有保障
7	候车期间休息服务设施和质量	19	站点处理突发事件的能力
8	站点衔接城市公共交通	20	站点导引信息标志
9	厕所等卫生服务	21	站点的整体卫生状况
10	站点餐饮服务	22	站点附近的住宿服务
11	站点服务人员的态度和服务质量	23	休闲娱乐服务
12	站点监管服务质量	24	站点预防突发事件的能力

表 4.13　高铁站点旅游公共服务供给评价指标体系

一级指标	二级指标	三级指标
高铁站点服务 供给体系 （U）	信息服务（U1）	站点导引信息标志（V1）
		站点旅游咨询服务中心（V2）
		站点周边"一日游"等旅游广告（V3）
		站点 WIFI 全覆盖（V4）
	便民服务（U2）	站点餐饮服务（V5）
		站点附近的住宿服务（V6）
		候车期间休息服务设施和质量（V7）
		站点购物服务（V8）
		厕所等卫生服务（V9）
		站点票务服务（V10）
		站点服务人员的态度和服务质量（V11）
		休闲娱乐服务（V12）

一级指标	二级指标	三级指标
高铁站点服务 供给体系 （U）	交通服务（U3）	站点衔接城市公共交通（V13）
		站点搭乘出租车服务（V14）
		站点自驾车停车场服务（V15）
		站点与旅游景点的交通衔接（V16）
	安全服务（U4）	站点人身安全、财产安全有保障（V17）
		站点处理突发事件的能力（V18）
		站点治安秩序（V19）
		站点的整体卫生状况（V20）
	行政服务（U5）	站点投诉服务（V21）
		站点监管服务质量（V22）

（二）指标赋权

层次分析法，即 Analytic Hierarchy Process，是指将一个复杂的多目标决策问题，分解为若干个准则或方案，通过两两比较的方法构造判断矩阵，算出层次单排序权重和总排序权重，从而得出最佳方案的系统方法。为了准确地量化 U1—U5，V1—V22 各个指标的权重，本章采用 Saaty 9 级标度法，邀请了从事旅游公共服务与高铁旅游研究的 15 名专家和业界人士对各个指标两两比较进行打分，综合各位专家的意见，排除未通过一致性测试的无效数据，再对有效数据取均值得出表 4.15—4.20 六个判断矩阵。

根据专家给出的判断矩阵，计算与上一层某元素有联系的本层次元素重要性排序的权值，即进行层次单排序。层次单排序计算问题可以视为计算判断矩阵的最大特征根和特征向量，本章根据线性代数的特征向量法 $A_i W = \lambda_{\max} W$ 求得各分量的权值，其中 $\lambda_{\max}$ 即为 A_i 的最大特征根，W 是对应 $\lambda_{\max}$ 的特征向量，W 的分量 W_i 就是对应元素单排序的权值。

为了验证数据的可靠性，要进行一致性检验。计算一致性指标：$CI = \dfrac{\lambda_{\max} - n}{n-1}$，当 $CI = 0$ 时，有完全一致性；当 CI 越大时，一致性越差。当判断矩阵的维数越大时，其一致性越差，故引入平均随机一致性指标 RI，将其与 CI 作比较，根据公式 $CR = \dfrac{CI}{RI}$ 计算随机一致性比值，当 $CR < 0.1$ 时，具有一致性。RI 值见表 4.14。

表 4.14　平均随机一致性指标 RI 表

阶数	1	2	3	4	5	6	7	8	9
RI	0	0	0.58	0.9	1.12	1.24	1.32	1.41	1.45

表 4.15　二级指标判断矩阵及权重

U	U1	U2	U3	U4	U5	W
U1	1	3	1	1/3	5	0.214
U2	1/3	1	1/3	1/3	5	0.119
U3	1	3	1	1/3	3	0.196
U4	3	3	3	1	5	0.419
U5	1/5	1/5	1/3	1/5	1	0.049

注：其中 $\lambda_{\max} = 5.382$，$CI = 0.095$，$CR = 0.085 < 0.1$。

表 4.16　信息服务指标判断矩阵及权重

U1	V1	V2	V3	V4	W
V1	1	3	9	3	0.525
V2	1/3	1	7	3	0.283
V3	1/9	1/7	1	1/5	0.040
V4	1/3	1/3	5	1	0.149

注：其中 $\lambda_{\max 1} = 4.176$，$CI_1 = 0.059$，$CR_1 = 0.065 < 0.1$。

表4.17 便民服务指标判断矩阵及权重

U2	V5	V6	V7	V8	V9	V10	V11	V12	W
V5	1	3	1/3	5	1/3	1/3	1	5	0.112
V6	1/3	1	1/3	3	1/5	1/3	1/3	1	0.052
V7	3	3	1	3	1	1	2	3	0.188
V8	1/5	1/3	1/3	1	1/5	1/5	1/5	1	0.033
V9	3	5	1	5	1	3	3	7	0.279
V10	3	3	1	5	1/3	1	1	5	0.167
V11	1	3	1/2	5	1/3	1	1	5	0.129
V12	1/5	1	1/3	1	1/7	1/5	1/5	1	0.036

注:其中 $\lambda_{max2}=8.509$,$CI_2=0.072$,$CR_2=0.051<0.1$。

表4.18 交通服务指标判断矩阵及权重

U3	V13	V14	V15	V16	W
V13	1	2	3	1/2	0.301
V14	1/2	1	3	1	0.248
V15	1/3	1/3	1	1/3	0.094
V16	2	1	3	1	0.356

注:其中 $\lambda_{max3}=4.185$,$CI_3=0.062$,$CR_3=0.069<0.1$。

表4.19 安全服务指标判断矩阵及权重

U4	V17	V18	V19	V20	W
V17	1	1	2	3	0.371
V18	1	1	1	1	0.241
V19	1/2	1	1	2	0.233
V20	1/3	1	1/2	1	0.153

注:其中 $\lambda_{max4}=4.143$,$CI_4=0.048$,$CR_4=0.053<0.1$。

表 4.20　行政服务指标判断矩阵及权重

U5	V21	V22	W
V21	1	1/3	0.25
V22	3	1	0.75

注:其中,$\lambda_{\max5}=2.0$,$CI_5=0$,$CR_5=0<0.1$。

最后,对各个评价指标进行层次总排序,即确定某层次所有元素对总目标的重要性权重排序。若 A 层 m 个元素对总目标 Z 的权重值排序为 a_1,a_2,a_3,…,a_m,B 层 n 个元素对于上层 A 中元素 A_j 的层次单排序权重值为 b_{1j},b_{2j},b_{3j},…,$b_{nj}(j=1,2,…,m)$,则 B 层总排序的权重值,即 B 层第 i 个元素对总目标的权值为 $b_i=\sum_{j=1}^{m}a_jb_{ij}$。 同样,经过检测随机一致性指标 $CR=\dfrac{CI}{RI}=\dfrac{\sum_{j=1}^{m}a_jCI_j}{\sum_{j=1}^{m}a_jRI_j}=0.044<0.1$,即层次总排序通过一致性检验,表中的指标权重具有一定的合理性,可作为研究数据。

表 4.21　高铁站点旅游公共服务供给指标体系

一级指标	二级指标	权重	三级指标	权重
高铁站点服务供给体系	U1	0.214	V1	0.112
			V2	0.061
			V3	0.008
	U2	0.119	V4	0.032
			V5	0.013
			V6	0.006
			V7	0.022
			V8	0.040
			V9	0.033

续　表

一级指标	二级指标	权重	三级指标	权重
高铁站点服务供给体系	U2	0.119	V10	0.020
			V11	0.015
			V12	0.043
	U3	0.196	V13	0.059
			V14	0.048
			V15	0.018
			V16	0.070
	U4	0.419	V17	0.156
			V18	0.101
			V19	0.098
			V20	0.064
	U5	0.049	V21	0.012
			V22	0.037

从表 4.21 可知,高铁站点旅游公共服务供给评价体系的二级指标重要性依次为安全服务(U4)、信息服务(U1)、交通服务(U3)、便民服务(U2)、行政服务(U5)。三级指标中,重要性排在前三位的分别是站点人身安全、财产安全有保障(V17)、站点导引信息标志(V1)、站点处理突发事件的能力(V18),表明安全和信息导引标志是高铁站点需要给予高度重视的因素;重要性最低的三位分别是站点附近的住宿服务(V6)、站点周边"一日游"等旅游广告(V3)、站点投诉服务(V21),表明高铁旅游者出游前几乎都规划过行程,对站点周边酒店和"一日游"广告不关心。

四、测度分析及结论

(一) 测度分析

根据层次分析法所计算出的各指标权重,结合问卷中高铁站各项服务的得分,计算出各站旅游公共服务的综合得分。

表 4.22　各高铁站旅游公共服务评价

指标	虹桥站		杭州东站		南京南站	
	得分	平均分	得分	平均分	得分	平均分
V1	4.28		3.82		4.01	
V2	3.55	3.93	3.88	3.80	3.24	3.76
V3	3.48		4.18		3.06	
V4	3.67		3.60		4.16	
V5	3.80		3.32		3.89	
V6	3.94		3.83		4.00	
V7	4.36		3.08		4.25	
V8	3.81	4.02	3.72	3.57	3.75	3.98
V9	4.07		3.45		4.15	
V10	4.40		4.28		4.08	
V11	4.09		3.96		3.60	
V12	3.16		3.22		3.12	
V13	4.14		4.13		4.21	
V14	4.11	3.84	3.65	3.79	4.00	3.98
V15	4.01		4.09		4.12	
V16	3.32		3.55		3.84	
V17	4.10		4.24		3.94	
V18	4.07	4.12	4.25	4.15	4.17	4.10
V19	4.17		4.13		4.17	
V20	4.22		3.86		4.34	
V21	3.94	3.98	4.01	4.01	3.96	3.87
V22	4.00		4.02		3.85	
总分	4.02		3.94		3.99	

综合比较表 4.22 的数据,总分最高的虹桥站与总分最低的杭州东站仅有 0.08 分的微弱差距,这表明三座现代化的高铁枢纽站在旅游公共服务供给情况上平分秋色。通过比较表 4.22 中的平均分,发现三座高铁站在旅游公共服务的各个方面是各具特色。虹桥站在信息服务和便民服务上更胜一筹,杭州东站在安全服务和行政服务上更让旅客安心

踏实,南京南站在交通服务上深得民心。

　　根据表 4.22 数据,虹桥站最完善的是站点导引信息标志(V1),说明虹桥站的信息引导标志服务供给已能满足旅客的需求,尤其是虹桥站引进了触摸屏设计的"指路机",为旅客提供有关交通工具和到达目的地路线的信息,极大地方便了旅客;杭州东站最完善的是站点票务服务(V10),全站共设有八处票务服务点,人工窗口与自助售票机一应俱全;南京南站最完善的是候车期间休息服务设施与质量(V7),恰巧杭州东站考虑最欠妥当的也是 V7,经过笔者的观察发现杭州东站候车厅座位太少,客流高峰期间有近半成的旅客没有座位,而南京南站已充分考虑到这一点。游客对虹桥站旅游公共服务最不满意的是休闲娱乐服务(V12),目前站内仅有一家休闲足浴按摩中心可供旅客休闲娱乐,娱乐项目单一,休闲供给不足;南京南站周边"一日游"旅游广告(V3)拉低了站点旅游公共服务的整体水平,主要是春秋旅行社推出的"一日游"产品类型单一且质量低,试图在一天内游遍南京的八个传统景点,这种走马观花的观光旅游不符合当下休闲旅游、深度旅游趋势。

　　为了更直观地对比三个高铁枢纽站点旅游公共服务水平,由表 4.22形成图 4.5。

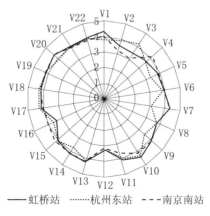

图 4.5　虹桥站、杭州东站与南京南站旅游公共服务情况雷达图

旅游信息是旅游者产生旅游动机并实现旅游活动的基础,信息的不完善会引发投诉等一系列问题。根据图4.5所示,三者在站点导引信息标志(V1)、站点WIFI全覆盖(V4)要素上得分差距不明显,服务都比较完善,但是在站点旅游咨询服务中心(V2)、站点周边"一日游"等旅游广告(V3)要素上服务差异明显。杭州东站存在着由于信息标志超前于设备服务的供给,常常误导旅客的情况;虹桥站的旅游广告灯箱基本为周边省份的景点介绍,宣传上海旅游的目的不突出;相比之下,杭州东站很重视高铁站的旅游营销机会,站内的灯箱广告、柱子无不是本省的旅游景点介绍,并且广告上还注明了到达景点的交通方式,如宋城千古情的广告上注明了可在东站东大巴车区乘坐免费班车。此外,杭州东站旅游咨询服务中心功能齐全,除了虹桥站、南京南站提供的传统的代订酒店、机票等功能,杭州东站还引入了神州租车服务,为喜爱自驾游的外地游客提供便利。

便民服务是提升游客满意度的重要因素,虹桥站与南京南站的便民服务水平都较高,差异不明显,但是杭州东站的服务情况不甚理想。除了提供基本便民服务,虹桥站和南京南站还配置了一些个性化服务,如母婴室、吸烟室、雷锋服务站、红帽子行李搬运、医疗救助等,并且南京南站将服务台设置在了候车厅最显眼的位置,充分体现了为旅客服务的精神。与其他高铁站隐蔽的VIP候车室不同,南京南站的贵宾候车厅设置在了3F夹层最显眼的位置,体现了贵宾尊贵的身份,也满足了部分贵宾追求身份地位的需求。除了前文提及的候车厅座位不够的情况,杭州东站候车期间休息服务设施和质量(V7)差的另一个原因是缺乏吸烟室,为了保证候车室内的良好环境,广大烟民只能在楼道内吸烟,导致楼道内烟雾缭绕几乎让路人窒息。

交通的便利性是游客规划行程时考虑的首要因素,三座高铁枢纽站点所提供的服务差异不大,都实现了地铁、公交、长途汽车、出租车、机场大巴的无缝换乘。虹桥站的优势在于与虹桥机场相邻,换乘方便。虹桥站搭乘出租车服务(V14)供给完善是由于出租车等候区的电子显示屏会预示等待出租车的时间,方便旅客计划行程。虽然杭州东站没有虹桥站得天独厚的优势,但是在到达层设置了萧山机场的航站楼,可以办理简单的行李托运、办理登机牌、航空售票等手续。

安全服务是游客顺利完成旅游活动的前提条件,三座高铁站警力数量多、质量高,对人身财产安全有保障(V17)、处理突发事件能力(V18)、治安秩序(V19)三项服务供给完善。虹桥站偶尔有警犬巡逻;杭州东站的安全服务最为出色,站点保安身穿制服、头戴安全帽、手持盾牌,笔直地站在各个安全要道。此外,杭州东站的安全防范联勤办公室门口放了六块展览牌,展示了安全员们应急培训、应急训练、应急演练等照片,无疑给对治安存在疑虑的游客打了一剂强心针。

行政服务是游客完成旅游活动的保障,杭州东站在站点投诉服务(V21)、站点监管服务质量(V22)方面都优于虹桥站和南京南站,服务人员工作热情高,质量好。但是,杭州东站和南京南站的共同点是服务台人员数量不够,导致工作效率低,旅客需要排队等待咨询。

(二) 测度结论

本研究在构建高铁站点旅游公共服务供给评价体系的基础上,结合因子分析法和层次分析法,对长三角沪宁杭三大高铁站点的旅游公共服务展开评价,得出结论如下:

一是高铁站旅游公共服务体系的五个维度:信息服务(U1)、便民服务(U2)、交通服务(U3)、安全服务(U4)和行政服务(U5),其权重值由大到小依次为 U4>U1>U3>U2>U5。

二是三大站点的横向比较分析可知,虹桥站、杭州东站、南京南站的旅游公共服务质量良好,基本能满足高铁旅游者的需求。其中,虹桥站在信息服务(U1)和便民服务(U2)方面供给完善;杭州东站在安全服务(U4)和行政服务(U5)方面供给完善,在便民服务(U2)上有进一步发展的空间;南京南站的交通服务(U3)供给完善,在信息服务(U1)有提升空间。

三是结合各站点的实际情况,本研究发现当前三大高铁枢纽站点的旅游公共服务亟待以下三个方面的改进与提升:首先,适当增加休闲娱乐设施。高铁站点在追求便民服务人性化时,也要适当考虑增加休闲娱乐设施,为高铁旅游者的行程增添乐趣。其次,提升服务热情,完善行政服务。高铁站的行政服务人员是旅游目的地或客源地旅游形象的组成部分之一,完善行政服务有助于提高旅游满意度,给游客留下美好的回忆。最后,拓展旅游咨询服务中心业务范围。在传统代订酒店、机票、兜售旅游线路等服务的基础上,增加当地美食介绍、电子导览器租赁、神州租车、纠纷处理等服务。

第五章
研究结论与对策建议

第一节 主要研究结论

本书将高速铁路这一重大基础设施作为区域与产业发展的引擎与驱动力，从供给和需求两大视角来测度分析高铁时代区域旅游产业的新变化与新发展，主要得出以下研究结论。

一、关于高速铁路与旅游产业供给层面的研究结论

本书分别选取长江三角洲（以沪宁杭城际铁路网为主要案例区域）作为区域型案例地，从区域层面和节点层面分别对高铁开通后对旅游产业产生的影响和效应展开了测度。

第一，高速铁路沿线区域旅游产业要素的加速流动，出现"虹吸现象"。一是加速沿线城市旅游产业要素的流动，其中旅游资源、旅游资本、旅游企业、旅游就业是流动的主导要素。沿线城市由于区位和发展的梯度差异，在要素流动中会形成增长极效应、过滤与断点效应、新兴与转型效应三种主要效应。二是促进沿线高铁旅游经济带的形成和"虹吸现象"。旅游产业要素流动会受到市场及政策的双重作用，沿线城市间

的人才、资金、信息等旅游产业要素倾向于向旅游产业更发达、要素配置程度更高的区域中心城市单方向转移。从案例区域来看,高铁开通后,上海的区域旅游吸引力及其经济辐射作用更为强劲,而南京、杭州作为沪宁杭"黄金三角"的支柱作用尚显不足,沿线旅游经济带已初步形成,且正显现出以上海为核心的增长极效应,"虹吸现象"明显。三是需处理好区域旅游的梯度发展与系统效益问题,推动沿线区域旅游经济的协调发展。针对高铁时代沪宁杭区域旅游产业要素极化效应明显而扩散效应不足,以及宁杭两市旅游经济辐射力与区域定位不匹配的问题,研究提出了加强政策引导促进区域旅游产业要素的"扩散"与"回流",如施行人才吸引政策、线路与产品联动、差异化定位等措施。

第二,高速铁路沿线枢纽城市出现旅游业"极化效应",需要谨防"马太效应"。本研究以西安为案例城市,通过灰色关联度和引力模型测度分析,发现高铁的贯通与城市旅游产业的发展之间存在较强的相关关系。高速铁路营业里程和客运量的增长对枢纽城市旅游接待人次和旅游收入的增长具有明显的促进作用;高铁驱动下的枢纽城市旅游吸引物、旅游接待与服务设施、旅游投资、旅游人力资源和旅游环境等产业供给要素从配给规模和品质上通过"虹吸效应"获得快速提升,其旅游产业吸引力和经济辐射力也将显著增强。而随着区域内"虹吸现象"的加剧,高铁沿线旅游产业要素向"枢纽"城市加速集聚,形成区域"增长极"的"极化效应"。沿线小城市则继续沦为"过路城市",难以留住旅游流和过夜消费,不可避免地出现"穷者越穷、富者越富"的"马太效应"。要缓解这一问题,需要加快建立并深化区域高铁旅游合作联盟的作用与功能。借鉴国际区域旅游联盟的组织和运营经验,本研究提出围绕高铁沿线城市需求,推进区域协作、部门合作、市场联动和保障共建四大机制的落地与实施。

第三，从案例比较来看，本研究结合全国重要的高铁枢纽城市和旅游城市如西安、武汉、南京等，通过灰色关联度的计算和分析，发现高速铁路的建设和城市旅游产业的发展之间存在较强的相关关系。高速铁路营业里程和客运量的增长对城市旅游接待人次和旅游收入的增长具有明显的促进作用，且这一促进作用在国内旅游市场上的表现更为明显。在构建高速铁路影响下的枢纽城市旅游产业供给水平的评价指标体系的基础上，本研究选择了与西安市在交通区位特征、城市等级和旅游业发展规模上类似的武汉市、南京市作为参照对象，量化分析了在高速铁路影响下西安市旅游产业供给水平和各供给要素的时序变化特点。从评价结果上看，在高速铁路影响下，西安市的旅游产业供给总体呈现增长态势，其中旅游吸引物和旅游接待与服务设施的增长最为明显，但餐饮、购物等环节还需要进一步加强，并大力提高自身的旅游吸引力和旅游接待能力，积极优化高铁运送与旅游组织的有机配合，提升高铁贯通下的休闲游、体验游、深度游品质，加强特色化、主题化、多样化产品体系建设。

二、关于高速铁路与旅游需求层面的研究结论

在实现区域同城化效应的过程中，包括高铁在内的基础设施互联互通发展迅速，长三角已成为全国高速铁路（包括城际铁路）最为密集的区域。高铁时代的旅游需求不断多样化、深度化，周末和短途游需求井喷，并不断催生新的旅游形式和旅游目的地。游客是否选择乘坐高铁出游主要受到五大因素的影响，即可达性与便利程度、服务质量、设施环境、消费价格和信息支持，其中，人们对可达性与便利程度的关注高达40.5%，同时高铁旅游的专门性和针对性服务也越发受到重视。

第一，高铁旅游需求呈现三大基本特点，亟待释放市场潜能，加强舆

论引导。本研究以长三角为案例,通过历年供求数据分析和大样本的调研发现,一是从偏好上看,客源互动频繁,出游呈散客化、自助化;二是从时空分布上看,四小时以内高铁车程的线路成为周末游、短途游热点,不断催生新兴目的地和新线路;三是从产品内容上看,休闲游、体验游、深度游比例增大。而目前,高铁旅游产品单一、区域内线路同质化问题突出,高铁专列市场仍偏重于商务、自助群体,受众偏窄。因此,研究提出当前高铁旅游需要加大有效供给,促进产品"提质增效",包括扩容运力,多样化的票务监管,灵活调度促进市场共享,提高专列收客自营比例和同业分销提升企业积极性,加强常规高铁旅游产品的特色化、主题化,加大季节和游客群体覆盖面,扩大市场份额等举措。

第二,从高铁旅游服务的满意度测评来看,受访者对上海高铁站点的信息服务、卫生设施、票务服务、站点交通换乘和站点治安持较满意的态度。而对站点候车期间休息服务设施和质量以及站点服务人员的态度和服务质量的满意度最低,需要加大提升力度。同时,在站点购买商品的性价比、站点休闲娱乐服务设施的便利程度、站点自驾车停车的便利程度以及站点投诉的便利程度与处理质量也有改进的空间。

第三,从高铁旅游公共服务体系的构建来看,长三角目的地城市需要提升高铁旅游公共服务品质,促进高铁沿线区域旅游一体化协同发展。旅游公共服务涵盖信息、交通、便民、安全和行政五大方面,重要性依次为安全服务>信息服务>交通服务>便民服务>行政服务。从长三角区域内以沪宁杭三大枢纽站点为代表的高铁旅游公共服务质量比较和满意度测评来看,沪宁杭三站服务总体水平较好,基本都能满足高铁旅游者的需求;其中,虹桥站的信息服务和便民服务优势突出,杭州东站的安全服务、行政服务以及南京南站的交通服务也评价较好。就不足而言,高铁站点服务质量受制于其所属地域,水平参差不齐,相形之下杭州站的便民服务,南京南站的信息服务有待改进。本研究认为,要提升公共服务的品质,需要切实推进长三角区域旅游一体化进程,包括区域无障碍体系、一体化接驳服务、区域安全合作等,打通跨区域、跨部门的障碍,为旅游公共服务和设施的配给提供一致性的制度支撑和环境保障。

第二节　高铁驱动下的区域旅游产业发展问题分析

一、现存主要问题

（一）从产品品质上,团体活动多方受限,过程体验不佳

长三角已经日渐网络化的高铁和城际列车为游客灵活的游程安排和扩大出游半径提供了诸多便利,也更为受到商务旅游、定制化、个性化旅游市场的青睐。但目前而言,高铁旅游形式在有组织的团体旅游活动中常常会遇到一些瓶颈。

一是票务预订受限。高铁当前尚不接受旅行社等代理商预订团队票,同时,网络预留票也使得高铁订票难免零散化,为群体出行定制"连号连坐"或者"同车厢"的团队票存在困难;即使首站解决此问题,游程下一个站点再次乘坐高铁时仍面临此问题,难以像普通列车一样通过提前预定团队票顺利衔接游程。

二是停车时间矛盾。为确保高速运行,高铁在各站点的停车时间往往只有1—3分钟,但对团队旅游者来说,这大大提高了迅速搬运行李、及时上下车的难度,也加大了团队组织的难度。

三是行李放置困难。目前,高铁车厢座位设计较为紧凑,车厢前后的空地面积较少,没有为旅游者预留大型行李的放置空间,而行李架也大多适用类似于登机箱体积的中小型行李,对于长途旅游者十分不便。

除了上述各种客观限制,高速铁路的票价相对较高,且旅途短游程长,这势必要求在旅游线路设计时进一步增加景点、活动和相关接驳服务,以提升产品质量,迎合旅游者的消费预期,这对旅行社组织高铁旅游提出了更高的要求,也大大限制了旅行社的利润空间和积极性。因此,高铁旅游目前仍主要停留在游客自助、自发状态,亟待突破团体活动的瓶颈与障碍。

(二) 从开发水平上,行业资源统筹不足,营销力度不够

一是从铁路部门对线路资源和服务资源的整合能力来看,高铁旅游产品的研发、销售、过程控制仍依靠传统手段,网络交互平台和移动服务终端的建设(例如 12306 平台)都刚刚起步,产品线上销售在在线支付的占比较小。同时,铁路部门所辖的旅游经营资源仍未得到充分的市场化利用,旅游上下游关联产业未能形成协同经营的态势,资源整合性和规模效应未能显现。

二是营销宣传不力。高铁旅游产品宣传、形象设计、品牌包装力度不足。当前品牌建设水平距市场化企业和产品仍存在差距,系统化、标准化建设不足,铁路旅游产品和企业的市场知名度和美誉度不高,核心产品研发能力和市场竞争力有待改善。

(三) 从运营监管上,供求双方对接不畅,信息仍不对称

一是高铁旅游专列运营分销仍存在瓶颈。调研发现,旅游企业对代理、分包、分销铁路旅游产品具有极大的热情和积极性;但从旅行社组团选择铁路作为出行方式的现状来看,旅行社在订票渠道上并无优先权;铁路部门并不开放专门的旅行社"团队"出票通道,尤其是在春运、黄金周期间,团队游也只能以散客形式分散购买,给旅游团队的组织带来诸多不便。

二是站点仍存在"一日游"监管问题。目前,各铁路站点依然可见

"一日游""两日游"等临时拉客、散客组团现象,拉客主体大多为"散、小、弱、差"甚至临时性、资质不全的旅行社,不仅产品和线路的质量、安全、服务等无法保证,而且相互之间会因价格战、抢客等问题出现恶性竞争和冲突,长久以来被视为"车站的牛皮癣"。此类混乱拉客现象的存在,一方面损害了铁路旅游的有效组织,导致现有的铁路旅游碎片化、零散化,信息不对称,地位尴尬;另一方面大大降低了乘坐铁路的游客选择旅游活动的信任度,也破坏了铁路旅游的形象和品牌。对此类问题,相关部门尚缺乏有效的监管和解决方式,甚至没有明确管理的权属,导致出现"铁路部门怕麻烦、不愿管;旅游等其他部门无权管、管不了"的矛盾现象。

(四) 从软件服务上,旅游需求未受重视,人力资源匮乏

一是高铁旅游服务方面,当前内容主要停留在对一般"旅客"的传统服务层面,以运输服务为主。首先,从票务服务上看,如从出发站铁路售票窗口直接购买目的地的返程票存在一定困难,虽然现在异地售票比例已经提高到20%—30%,但相对于一次性购买往返票的市场需求而言仍是极为不便;如从12306购票网站上购票,则存在系统不够成熟,夜间系统停运,售票高峰期系统易瘫痪等问题。从信息服务上看,无论是当前在各高铁站点设置的旅游咨询服务中心(由旅游局设置)和旅游服务中心(由铁路局设置),还是手机多媒体平台和APP微平台,都存在信息不够完善,旅游各相关要素信息不及时、不完备的弊端,相应的旅游信息查询、旅游集散等服务平台等信息服务亟待改善。其次,从旅游过程服务来看,铁路旅游普遍对游客的"个性化"需求关注不足;另一方面,铁路行程与旅游目的地各旅游要素的衔接以及服务品质不高,对于站点服务、接送服务等中高端游客的其他个性化需求、定制化需求和临时性需求重视不足,相关服务缺失。

二是人力资源方面,受铁路部门历史遗留问题及用人、用工政策的

限制,铁路旅游企业结构性缺员、老龄化现象严重,专业型人才缺乏及人才梯队配置不合理等问题也较为突出,特别是支撑旅游企业创新转型发展继续的旅游管理、软件开发、市场营销等专业人才极为匮乏。

(五)从硬件配套上,高铁站点发展不均,接驳质量不一

一是站点不平衡现象加剧。由于依托城市的能级不同,各高铁配套站点的发展阶段不平衡,导致旅游资金、就业和市场要素流动愈发向枢纽型、门户型城市聚集;而在过路型站点城市的逗留时间进一步缩短,要素聚集度减低,出现马太效应。

二是高铁站点投入与旅游产出不符。高铁节点城市普遍对高铁的市场拉动效应预期过高、过于急迫;一方面对高铁站点和周边新城建设投入大,另一方面大配套、小配套却不够完善,忽视了高铁融入旅游是一个渐进的过程,造成部分中小城市高铁站点的闲置、同质化、盲目建设以及与旅游特色脱节的问题较为突出。

三是站点接驳不畅。高铁站点普遍与中心城区或旅游景区、景点存在一定的距离,由于部分站点与旅游资源的接驳不畅,旅游集散功能和旅游信息服务功能或缺失或不规范,导致高铁旅游体验不佳,整体产品质量降低。

二、深层原因剖析

(一)主观观念:铁路部门重旅轻游,管理存在围栏效应

一是"重旅轻游"的路径依赖。由于受到传统观念的限制,铁路的直接管理和运营部门——铁路总公司对铁路线路功能的认知一定程度上仍侧重于传统的"旅客运输"层面,一方面,忽视铁路的旅游载体功能和对"游客"的主动服务意识;另一方面,考虑到安全和责任的权属问题,铁路部门并不积极提倡旅游产品的功能与服务。因此,长久以来,旅游者

和铁路旅游产品在铁路部门的观念中处于"可有可无"的位置,产品和市场开发严重不足,铁路资源在这一领域尚未得到充分的利用。

二是铁路管理的围栏效应。从管理权限上看,铁路部门对车辆调度、线路组织、车底使用、车上服务、站点管理以及票务等诸多环节有着绝对的管辖和控制权力,因此,对铁路旅游的管理形成围栏效应,旅游和其他相关部门难以介入;从而导致旅游专列的车辆更新、高铁团体票的预订、铁路旅游产品的开发、铁路旅游车上服务和站点配套服务的开展等环节都层层受限。旅游部门和旅游企业对铁路旅游产品的宣传、组织、推广、管理工作难以开展,城市和目的地的旅游宣传市场促进工作也难以通过铁路这一载体实现拓展和增值。

(二)客观限制:铁路运输功能与旅游活动特征存在矛盾

一是长三角的运力释放与专列扩容的冲突。高速铁路的大规模建设解放了部分传统铁路线的客运压力,但由于长三角密集的客流量和货运量,各铁路线路仍较为繁忙,而且部分传统线路上闲置下来的普通列车面临淘汰和更新,在现有资源条件下,实际可用于铁路旅游产品的线路和列车仍十分有限。

二是高铁的快捷与旅游活动特性的冲突。高铁票务预订和运行过程中的网络化、便利化、快捷化凸显了其时空压缩优势。但同时,高铁所对应的订票随机化、站点停靠时间短、乘客行李轻便化等特征与旅游活动都需要提前预定票务、车票车厢相连、上下车时间长、长途行李体积大等特征存在天然冲突。

三是列车调度与旅游需求的冲突。高铁的运行时间一般在白天,且安全检修频繁、标准严格,在夜间作为旅游专列投入运行的可行性不大。而白天时段,在运力繁忙的长三角区域内,为保证正常的高铁、城际铁路、普通客运和货运列车的正常运行,需要对各个线路的各种车辆进行周密的安排与控制,在此前提下,每增加一趟任何类型的旅游专列都需要复杂的审批与调度过程,以免频繁地相互让车,并确保安全。

(三)营商环境:存在企业进入壁垒,市场化程度仍较低

一是旅游专列存在垄断。目前,旅游专列主要是由全国18个铁路局所辖的铁路旅行社来组织和运营,长三角铁路旅游专列的组织、报批和运营权限同样也是集中于上海铁路局下属的上海铁路国旅,主营的线路基本都是从上海始发;上海铁路局辖区内其他省市如杭州、南京等铁路段尚无组织旅游专列的权限,这大大制约了市场的互动、线路的开发与一体化合作。因此,专列的组织和经营权仍垄断在国企手中,其他旅游企业和社会资本只能承包个别车厢的经营,而线路产品和服务本身的设计与更新则无法介入。

二是铁路旅游分销市场化程度低。调研发现,旅游企业对代理、分包、分销铁路旅游产品具有极大的热情和积极性;但从旅行社组团选择铁路作为出行方式的现状来看,旅行社在订票渠道上并无优先权;铁路部门并不开放专门的旅行社"团队"出票通道,尤其是在春运、黄金周期间,团队游也只能以散客形式分散购买,给旅游团队的组织带来诸多不便。从根本上讲,这仍是"旅客至上,游客可以忽略不计"的传统观念在发挥作用,缺乏"旅游者也是消费者"的认知,也一定程度上损害了企业的积极性。政府与铁路部门缺乏运营商/代理商/分销商的概念(Agency),致使市场化的分销平台与产品推广难以实施,这也是导致服务质量难以提升的重要原因。

(四)舆论导向:媒体引导不足,受众对高铁旅游了解不够

一是媒介对铁路旅游的关注不足。一方面,长久以来,媒体对铁路的报道侧重于对其运输功能的关注,对"旅客"诉求的关注远远大于对"游客"的诉求的认知,更忽视了铁路的旅游功能和服务游客的功能,人

们通过媒体对铁路旅游及其产品的了解极少；另一方面，近年来，随着出行方式的多样化与个性化发展，媒体和消费者都较多地侧重于对自驾游的鼓励与宣传，同时却对团队形式的旅游产品和活动有诸多诟病与挑剔，大大忽视了其便捷性强、性价比高和绿色环保以及适合大众健康休闲活动的优势与民生功能，导致消费者对铁路旅游产品的关注度和正面认知度较低。

二是媒介对铁路旅游的正向引导不够。随着交通工具的多样化、人们生活水平的提高和生活理念的转变，铁路在承接重要的运输功能的同时，其在春运期间所呈现出的"拥挤""混乱"等传统形象也会有极大的改善，这就需要舆情同样也与时俱进、正确宣导，并应充分注意到当前铁路运输在大众旅游日益旺盛的情况下呈现出的"春运全年常态化"的现实趋势。旅游市场的蓬勃发展已经使黄金周和暑期的铁路出游客流量超过春运，借鉴高速公路免费的做法，铁路部门也应当转变观念，重视铁路旅游者庞大的数量级、正向的市场影响力和内需拉动力。

第三节 高铁驱动下的区域旅游发展国内外借鉴

一、欧洲高铁旅游的特色运营模式

一是采用欧洲通票模式（Europe Railpasses），类别多样。欧洲的高速铁路运营时间较长，其票价制度也较为灵活、细致，值得借鉴。使用欧洲通票可以无限次乘坐高速列车和地区列车，在 24 个欧洲国家自由自在行走，根据行程安排还有最高 60% 的折扣。首先，铁路通票按照使用时间分为连续票（规定使用天数，需要连续使用，如 15 天 17 国通票）和选择票/活期票（一定期限内有规定天数，可以选择分段使用，如 1 个月内可任意使用 5 天的德国通票)两种。简单而言,如果旅行时间比较有限,则选择前者;如果旅行时间充裕则尽可能选择后者。其次,铁路通票按照使用地区有一国、多国之分。一国的比较简单,只是建议在一些铁路旅行比较便宜的国家(如东欧和希腊),不一定需要选择铁路通票;多国的比较复杂,建议仔细分析你要去的城市之后再来判断。除此之外,还有一些区域性通票,如德奥通票、丹德通票、法意通票等等。再者,铁路通票按照使用人数和年龄区分有青年票、老年票以及多人票的不同优惠,例如,26 岁以下买青年票可享受很大程度的优惠,56 岁以上买老年票,也可享受一定程度的优惠;而对于年龄居于中间的乘客则有其他一些优惠政策可以自由选择和组合。

二是多家公司、多重优惠组合。欧洲通票在多家公司都可使用,如 TGV 高速列车、欧洲之星列车(Eurostar)、大力士列车(Thalys)、西班牙高速列车(AVE)、泰尔戈 200(Talgo 200)、泰尔戈日间车(Talgo Day)、西班牙日间车和夜车、日内瓦—地中海高速列车(Genève Med)、Lyria 法国—瑞士高速列车、布鲁塞尔—法国高速列车、法国—意大利高速列车、X2000、城市夜线(City Night Line)、卢西塔尼亚(Lusitania)、西班牙—法国酒店式夜间车(Elipsos)等。除国有铁路之外,在欧洲各地的一些私人经营的火车或登山铁路、缆车,如瑞士的铁力士山、少女峰等,持通票不可免费乘坐,但可享受一定的优惠。

三是注重高铁旅游细致服务与功能延伸。首先,提供旅游咨询丰富的运营时刻表。德国的 ICE 高铁上为每位乘客提供一张信息丰富的列车时刻表,上面标明这班列车每个站点的到站发车时间,各节车厢的配置(如餐车位置,无烟车厢序号等);标明列车在每个站点精确的衔接信息,方便游客准确换乘;标明该线路沿途城市近期的重大活动,方便游客选择。其次,提供多样化的餐车与车厢服务。在便利餐车方面,欧洲高铁上普遍都设有一节精致的餐车,布置类似于西餐厅,晚上 8 点后改为小酒吧;餐车上也可以提供下午茶餐点,价格较为合理。在特色车厢方面,欧洲高铁普遍设有插座,并能够接受良好的手机信号,用铁路系统的账户享受 WIFI 上网。同时,根据旅客的偏好,欧洲高铁已开始增设开辟收不到手机信号的免打扰安静车厢,增设专门的家庭车厢以优先满足举家出游的乘客;日本新干线也推出了女性车厢和专列,提倡安全舒适的服务与体验。

二、国内区域高铁旅游合作模式

一是高速铁路沿线旅游经济圈的形成。高铁的开通运营将沿线景点紧密连接,使得沿线旅游流来往频繁,从而推动沿线城市 1—4 小时旅游经济圈的形成。目前,武广高铁运营催生了沿线不同层次的跨区域旅游圈,其中包括以武汉、长沙、南昌为中心的武汉"1+8"一小时旅游经济圈;以长沙、株洲、湘潭为中心的长株潭一小时旅游经济圈和泛鄱阳湖一小时旅游经济圈;龙厦高铁的运营则推动了厦门、漳州、龙岩三地的旅游互动,形成了"厦漳龙一小时旅游圈"的形成。

此外,湖北、湖南、江西三省于 2012 年 2 月签署了《长江中游城市集群旅游业合作协议》,提出将在总体旅游发展规划编制、旅游产品编排、旅游客源互动与旅游市场开发、旅游企业重组与发展、旅游标准化与旅游统一市场、出入境旅游通道六大领域加强合作;京沪高铁的开通促成山东泰安市"大泰山"旅游圈的形成,推动南京都市圈的发展,也促使京沪大旅游圈得以实现;而对长三角而言,以上海、南京、杭州、合肥、徐州等中心城市为核心的区域 1—2 个小时快速交通圈已经形成。

二是高铁旅游联盟的发展与协作不断深入。国内高铁沿线城市旅游协作组织发端于 2011 年山东省境内成立的"高铁旅游城市联盟"。该

组织成立于京沪高铁即将开行之际,目的是希望通过城市间的合作避免
山东成为高铁"过境地"从而分享京沪高铁带来的旅游经济效益。此后,
京沪高铁沿线又成立了包括京津沪等 7 个城市在内的"京沪高铁城市旅
游联盟"。2012 年,京港澳高铁沿线(7＋31)旅游市场推广联盟宣告成
立。京港澳高铁连接京津冀、环渤海地区、中原城市群、武汉城市群等八
大经济文化核心区域,该联盟的区域旅游合作具有宽领域、大范围和多
层次的特点。长三角旅游一体化合作探索由来已久,基础较好。随着长
三角高铁旅游经济带的形成和长三角城市群高铁快速交通圈的构建,长
三角高铁旅游合作联盟呼之欲出。

表 5.1　国内主要的高铁旅游协作组织简表

合作组织	成立时间	参与城市	联盟宣言或主旨
山东高铁旅游城市联盟	2011 年 3 月	济南、青岛、淄博、枣庄、济宁、潍坊、泰安、德州	在京沪高铁沿线"抱团"发展山东高铁旅游
京沪高铁城市旅游联盟	2011 年 6 月	上海、北京、天津、南京、济南、沧州、蚌埠	《泉城宣言》:按照"资源共享、互利共赢"原则,依托京沪高铁推进城市旅游合作,共同打造"交通旅游"的合作典范
京港澳高铁(7＋31)旅游市场推广联盟	2012 年 12 月	京津冀豫鄂湘粤七省 31 座城市	《石家庄宣言》:旨在打造国内一流、国际知名的"京港澳高铁旅游休闲产业带"
长三角地区旅游合作第四次工作会议	2014 年 7 月	皖苏浙沪三省一市	《长三角地区率先实现旅游一体化行动纲领》:长三角率先构建旅游合作协调机制,推进"高铁＋"
中国(长三角)高铁旅游联盟	2016 年 1 月	皖苏浙沪三省一市	促进沪苏浙皖"合作共赢,创新发展",凸显高铁对长三角旅游一体化发展的服务、助推和整合功能

第四节　高铁驱动下的长三角区域
旅游产业协调发展机制

依托长三角旅游一体化的发展基础,依托长三角世界级城群和长江黄金水道的建设契机,依托苏浙皖沪通达的高铁网络和站点,以上海为龙头,积极推进长三角多核心的高铁旅游网络格局建设,加速高铁站点旅游咨询、集散和服务设施布点,提升长江经济带高铁区域旅游服务和区域高铁旅游线路的品质。打通长江水路、高速铁路、高速公路三大交通路网,发挥长江、高铁、公路的辐射效应,形成便捷、高效、安全的旅游集散网和综合立体的旅游交通走廊;旨在建设更加丰富的高铁旅游产品体系和更加便捷的多元旅游交通服务体系,以更好地满足民众日益提高的多样化、优质化旅游需求。

一、更新发展理念,树立长三角高铁旅游发展新目标

突破铁路运输的传统观念和路径依赖,传承并挖掘铁路旅游的市场基础和潜力,秉承"让旅客变游客"的理念,以铁路旅游线路和产品分类设计为抓手,以充分发挥铁路的载体优势、盘活运力、激发活力为宗旨,树立品牌、率先示范、不断创新,以实现"三新三化"为目标,促进铁路、旅游和站点资源的匹配与融合,突出长三角铁路网络的优势,发挥上海的枢纽和辐射功能,加快铁路旅游转型升级,提升铁路旅游产品和服务的供给品质,以旅游一体化为突破口,有效加速长三角一体化。

一是高铁旅游新产品的特色化、体验化、互补化。为充分体现长三角的多元交通优势和线路的特色性、体验性,旅游专列可将铁路与水上交通(包括邮轮、游船)和公路(包括大巴、自驾车、房车)等多种交通方式

相结合,可来回交替,也可分段运营。

二是高铁旅游新服务的个性化、延伸化、标准化。充分重视"游客"需求,在不同类型、不同档次的铁路旅游产品中,针对不同群体提供不同的硬件和软件服务,并将服务从车上延伸到站点和整个游程。同时,推进高铁旅游公共服务在长三角范围内的一体化、标准化、均等化与品质化。

三是高铁旅游新运营的市场化、集约化、协同化。结合长三角区域高速铁路和普通铁路线路与车底的实际状况,盘活运力、突出优势,力求铁路资源和旅游资源的集约化配置,吸纳社会资本,尝试运营主体的多元化与票价等运营模式的市场化,提升旅游资源和站点主动匹配和融合的积极性。在铁路旅游线路的设置上,尤其是终端,注重联结长三角区外的高铁和其他铁路线路,促进全国的游客通过铁路走进长三角、走进上海。

二、区域协作机制,全面发挥长三角高铁旅游联盟的功能

长三角要创造联动发展新模式,构建以铁路、高速公路和长江黄金水道为主通道的综合交通运输体系,促进信息、能源、水利等基础设施互联互通。在经过了要素合作阶段之后,随着交通网络的进一步完备,长三角城市群的合作进入到了制度合作阶段。自 2016 年初长三角高铁联盟在丽水成立后,联盟的具体组织和运营亟待进一步落实,建议围绕高铁城市需求,在以下多个领域谋求发展:一是深度挖掘沿线旅游资源,研发并销售不同主题和类型的旅游产品,并积极与携程、阿里旅行、95306、来吧旅行等 OTA 平台,以及旅游服务商,切实推进产品的分销直销;二是利用高铁站点、客运列车、数据资源,为旅游目的地提供高铁旅游传播服务,展示高铁城市旅游形象;三是在长三角地区的重点高铁站点,依托 1 200 多个销售网点,打造高铁旅游服务中心,完善高铁旅游要素集中采购、旅游咨询、购买服务、落地自助游等各项服务功能;四是串联长三角

地区的乡村游、民宿资源,策划长三角高铁旅游区域联动的推广活动;五是筹建中国高铁旅游研究院,开展理论研究、业务培训、报告发布、高铁旅游景气指数编制等工作,促进成员单位合作交流;六是积极拓展国际高铁旅游合作空间,为长三角地区的旅游海外推广搭建平台;七是积极更新理念,对旅游服务提出更高的标准。长三角高铁联盟通过高铁与其他交通方式的合作,推出完善的高铁落地自助游服务体系,落实"微公交"合作备忘录,并逐步结合分时租赁,研发"车+景+酒店"类自助游产品,构建高铁旅游无缝对接的高效运营体系,带给游客更加便捷、舒适的旅行服务。

另外,促进高铁旅游区域内部协调化发展。在长三角区域内部旅游业发展中存在较大的差异性,东部沿沪宁与沪杭甬通道两侧的城市发展水平相对领先,长江以北的苏北和皖北地区明显滞后,西部片区的城市发展水平介于东部与北部之间。城市的发展水平决定了其旅游业发展的质量和需求市场的大小。从区域综合排名来看,长三角上海、杭州、南京和宁波在城市休闲化水平发展名列前五,六安、亳州、阜阳、滁州、淮北居于后五位。进入排行榜前五位的城市,在城市休闲化结构的协调性方面较为明显,因而能够成为长三角城市休闲化发展的领先城市。而位居综合排名后五位的城市在城市休闲化发展的各个方面还存在比较明显的不足。城市休闲化水平发展的基础是城市的综合水平,因此也体现出其旅游业的发展状况和旅游市场需求状况。因此可以看出,各个城市之间要因地制宜加强政策引领和保障,才能解决长三角城市发展不均衡的问题。

为了解决这一问题,在2019年10月15日长三角城市经济协调会第十九次会议中,通过了关于吸纳黄山、蚌埠、六安、淮北、宿州、亳州、阜阳7个城市加入城市经济协调会的相关提案,至此,苏浙沪皖一市三省41个地级以上城市全部加入长三角城市经济协调会。

三、部门合作机制,铁路部门与旅游部门协同共推高铁旅游

开展铁路旅游相关部门横向合作,铁路(交通)部门与旅游等部门共同商议相关设施与服务的配套与建设推进;长三角区域内的旅游论坛与高层会议由分管市长协调交通部门/铁路部门共同参加。

例如,针对铁路站点的"一日游牛皮癣"治理问题,铁路部门与旅游部门可携手或尝试通过划分权属展开监管;针对站点旅游集散信息服务和平台建设问题,铁路部门可将此项工作交由旅游部门,引入旅游咨询中心的信息平台,同时尝试将旅游集散接驳服务外包给相关旅游部门、第三方组织或企业,共同盘活市场资源,补给当前铁路旅游服务的缺失。

四、市场联动机制,开展区域性产品的建设与市场营销推广

在长三角高铁旅游区域协作联盟的框架下,建立"政策互惠、客源互送、信息互通、资源共享、品牌互铸"的长三角沿线铁路旅游一体化合作模式。

一是区域产品共建,涉及资源及线路的整合开发、多类别及主题化线路的设计、旅游品牌的统一及铁路旅游市场产品供给一体化,即区域内旅行社合作体进行集团采购资源和共同策划包装,合作推进铁路旅游的区域主题线路整合。

二是区域联合营销,在铁路旅游产品的交易与展示方面,区域联盟对内开展互为客源地和目的地的城际互动推广,对外实行联合营销。联合营销主要指联合策划、开发统一的网络平台,在铁路站点设立专门的旅游咨询服务中心集中发布旅游产品,编写统一的旅游丛书和统一的铁路旅游地图、旅游产品手册进行投放等。

三是区域票价联动,借鉴欧洲通票模式,在长三角区域内实行高铁＋酒店、高铁＋景点等不同产品类型不同消费群体的优惠制度。

五、共建保障机制，为铁路旅游推动区域一体化提供配套

一是统一规划标准，对长三角铁路旅游（尤其是旅游专列、高铁旅游产品）和旅游公共服务（包括站点服务、平台构建）分类制定区域性规划和相关服务标准，协作推进、统一监督。

二是旅游衔接服务，长三角旅游专列开通后，各地的接站和地接要做好相互之间的衔接工作与配套服务，共享市场，实现双赢。

三是无障碍旅游建设，促进站点与城市交通的接驳，即要实现高铁与城市交通（公交、客运、出租车及轻轨的）站内衔接"零换乘"，增强城市的可达性。

四是标准化旅游集散服务平台，统一设立铁路站点旅游集散服务中心/点，并统一服务标准、统一标识，便于识别和监管，并利于树立品牌，增加诚信。

五是旅游安全合作，主要的合作内容为：其一，建立联盟旅游质监协作体，实施游客跨城市投诉联合处置制度，及时受理旅游投诉；其二，健全旅游市场突发事件应急处理机制，及时妥善处置旅游公共突发事故。

第五节　相关对策建议

一、更新观念，加强媒体引导，重视铁路旅游的旺盛需求

随着交通选择多样化和游客需求个性化特征的不断增强，高铁在确保基本的客运功能的同时，应当给予旅游者、高铁旅游市场以充分的重视，为旅行社提供团队订票服务，并积极参与区域通票、高铁与景区景点

联票制度的改革。

媒体在舆论导向上应给予铁路旅游以正面的宣传和引导,切实落实"把旅客变游客"的理念,重视游客需求,重视散客旅游者在高铁乘客中的重要比例以及高铁运输的旅游承载功能,突出高铁旅游自身的安全、舒适、绿色、环保优势,及其作为大众健康休闲的重要民生功能。

二、政策引导,促进区域旅游产业要素的扩散与回流

针对目前沪宁杭城际高铁沿线旅游产业要素扩散效应不足的问题,要着重从旅游资本、旅游企业、旅游就业等要素进行逐一分析,分别制定相应引导措施。此外,要充分发挥上海服务区域旅游发展的扩散效应。目前,上海作为首位城市,服务区域发展正处于一系列转变之中,即:一是在服务定位上从要素空间配置向要素配置平台构建转变;二是在服务层次上从要素合作向制度合作转变;三是在服务主体上从政府为主向企业为主转变;四是在服务内容上从有形产品输出为主向无形资源溢出为主转变;五是在服务方式上从单纯的产品流动向资本流动转变。

在执行过程中就要求区域内旅游经济水平相对较低的城市更多地以政策作为拉动力和吸引力,以实现产业要素流动在增长极效应下的扩散。其中,对旅游资本、旅游企业的引导主要是要从财税金融等方面给予更多支持,并制定相关制度鼓励民间资本进入到旅游投资领域;对旅游就业的引导主要是营造良好的就业环境和提升生活质量,并制定相应的人才引进政策、人才培训计划等。此外,政府要引导建设包括旅游信息平台、旅游资金管理平台、旅游人才培养与交流等在内的多个细分领域合作与交流渠道。具体而言,即是要实现旅游信息的交流、沟通与共享,构建区域旅游信息服务体系;加速旅游资本的流动与优化配置,建立契合市场需要的交易平台;加强旅游人才的交流,旅游从业人员的培训

和活跃区域旅游人才市场的交易。

三、扩容运力,促进区域高铁旅游潜能释放与产品更新

近几年长三角高速铁路,包括城际铁路在内的铁路网建设,大大释放了旧有的普通列车运力,在这部分释放出的铁路线路和列车资源中,除满足当前长三角繁忙的货运任务和部分传统铁路线客运业务之外,确有一部分线路和列车资源闲置下来,理论上可用于铁路旅游线路和产品的设计与开发。但同时,从现实情况来看,一方面,运力释放下的铁路线路和列车资源多数面临返修、淘汰和更新;另一方面,在高速铁路与普通客运、货运专线依旧繁忙的长三角区域增开铁路旅游线路,尤其是在白天的时段,需要协调各种不同等级线路和时间段的冲突。因此,面对长三角铁路旅游运力扩容的需求,需加强对旅游客流的专项统计和分析,并根据规律调整运力的配置,以更好地同时满足商务旅客和游客的出行需要。同时,铁路局要加强与各部门的协同,及时掌握大型活动、节假日数据预测并形成预案,及时调整运力的安排。

在产品和体验的优化方面,一是统一高铁旅游服务最低标准,提高游客高铁旅游体验。旅游服务直接作用于游客的旅游体验,也是旅游活动发生的重要介质。长三角地区推动高铁旅游发展时应当侧重于服务标准的提高以及高铁旅游服务设施的完善。三省一市之间存在经济社会差异,鉴于高铁旅游本质为跨区域旅行产品,长三角地区应当统一最低高铁旅游服务标准,降低游客出行所感受到的旅行服务落差。二是推动区域内资源共享,提高高铁旅游服务水平。长三角地区经济发达,交通、通信、食宿、厕所等基础设施投资量大,更新换代快,为高铁旅游发展提供了设施保障。但是,长三角区域内部差异仍然存在,三省一市旅游资源各有侧重,其服务标准也因此各异。而高铁网能够缩短城市群与广

大腹地之间的时空距离,人力、技术和资金流动更加顺畅,对突破行政区划壁垒、打破地方保护将产生重大影响,旅游"都市圈"和旅游"同城效应"将进一步显现。长三角地区应当借助高铁网络实现跨省市的经济和人才流动,互相补充,共同进步,形成能够代表长三角高铁旅游的服务水平。

四、完善监管,提供旅游团体票预订服务和调度安排

解决各旅行社团体票的预订和规范化监管问题,是实现高铁旅游市场化运营和维持企业积极性的关键。而在放开旅游团队团体票分散订购的初期,为杜绝倒票现象,解决市场化运作的招徕集结期限与团体票预订截止日期的时间差异大、兑现率不高的矛盾,可尝试对当前已经开通的团体票订票热线和方式进行调整。

调研发现,当前各地的火车票代售点归属于铁路国旅,可尝试在此基础上,以各地的铁路国旅为主体,以上铁旅游集团作为试点,在制定严格的服务标准和监督机制前提下,对接旅游企业的票务服务,具体包括:一是铁路局对接各地的大型节事活动,在运力和包车服务上提供支持和保障;二是对组织完善的系列化大型团体,在局管内解决高铁往返站(包括中间站)的票源支持;三是由于团体票涉及沟通问题,为确保兑现率,提供更好的服务,将统一由上铁国旅各地团体票专窗受理;四是为扩大覆盖面,将逐渐扩大至县城以上城市都开设专窗受理团体票,指定代售点,加强公告和统一监管。

五、扶持企业,发挥市场主体的积极性与主动性

《中长期铁路网规划》提出,随着规划铁路与经济社会发展的融合更加深入,应积极鼓励社会资本投资建设铁路。我国现有的铁路都向社会资本开放,在土地综合开发方面也享受相同的政策,积极鼓励民营资本、

外商投资参与到铁路建设中来。

为切实促进高铁旅游的发展,落实供给侧结构新改革的思想,需要打破铁路对高铁旅游发展的垄断,充分发挥市场的作用与主动权:一是吸收社会力量和旅游企业主体作为铁路旅游专列的产品开发和运营主体,尤其是针对长三角豪华旗舰之旅的产品开发与市场运营,积极鼓励和扶持社会资本投资参与其中。二是对于既有的铁路旅游专列和高铁旅游产品,应进一步放开票务政策,并从铁路运力安排、媒体宣传引导等方面上给予配合、协调与支持。三是对于线上线下运营相结合、信誉高的旅游企业,可尝试吸纳其参与高铁站点的集散、租车、"一日游"等服务项目的外包,提高监管和服务品质。

六、提供支撑,加强人才培训与信息技术支持

一是加强人才培训:对高铁旅游线路的工作人员,旅游产品的宣传、组织和站点旅游服务人员进行培训和标准化规范管理。二是注重信息服务与技术支持:充分结合互联网新兴业态、移动社交媒体和智慧旅游区域体系的建设,加速高铁旅游产品网络平台、延伸服务的信息平台、高铁旅游的智慧平台、站点的旅游咨询、咨询和自助服务平台建设,并实现与线上旅游企业对接与信息共享,提高高铁产品查询、预订服务的便捷性,提高站点接驳和集散服务的质量与效率。

第六节　研究展望

本书探讨了高速铁路影响下区域旅游产业的供需要素的配置及其优化问题,由于研究的视角较新,而高速铁路的建设仍在进行之中,对旅

游产业的影响效应一定程度上尚未充分显现,资料及数据的收集难度较大。同时,囿于自身的知识储备和理论视野之限,研究尚存不足,有待在后续研究中不断深化和完善。

第一,旅游产业供给是一个复杂的系统,其发展变化可能受到各种因素的影响,具有很强的动态性和不确定性,高速铁路的影响是其中一个重要的方面,但对其影响程度的测度还需要更为深入、准确的定性和定量分析研究。为进一步把握高速铁路对区域旅游产业的多重影响及影响程度,进一步归纳旅游产业要素流动中产生的效应及流动的模式,切实把握规律性问题,后续研究在跨学科的理论与思路借鉴以及方法选择上将有待拓展。

第二,从研究的广度上讲,在构建高速铁路影响下枢纽城市旅游产业供给水平的评价指标体系时,由于高铁开通年限较短,专门性的统计体系尚不完善,本书所设定的指标层次、数量和具体指标选择都一定程度上受限于数据的可得性。从研究的普适性和应用价值角度,评价体系还需要进一步修正、改进和扩容。随着高速铁路开通年限的加长,会有更多的数据资料可供参考,后续研究在本书构建的评价体系基础上将进一步全面、细化、深化,并在案例对象上尝试选取不同等级的枢纽/节点城市,测度并比较旅游业供给水平在高速铁路影响下的变化。

第三,本书着眼于旅游产业供给和需求两大系统,在供给分析中,需梳理和界定产业结构和要素,在需求分析中,需对调研对象中的普通乘客和旅游者进行剥离,涉及面广、工作量较大,因此历时较长;尤其是供给部分研究的数据年份和测度工作开展较早,因此相对于近几年来高速铁路网建设的日新月异,所得结论或存在一定的时效性。对此,后续研究将持续关注这一领域,把握最新动态,确保研究思路与研究结论不断更新和拓展。

参考文献

班文婧、朱美光:《基于引力模型的区域旅游合作探索——以河南重点旅游区与西安目标市场为例》,《创新论坛》2010 年第 5 期,第 18—19 页。

保继刚:《旅游开发研究:原理·方法·实践》,科学出版社 1996 年版。

卞显红:《城市旅游空间结构研究》,《地理与地理信息科学》2003 年第 1 期,第 105—108 页。

卞显红:《基于旅游产业集群视角的城市旅游增长极形成机制分析》,《商业研究》2008 年第 1 期,第 203—206 页。

卞显红、苏洁:《江三角洲城市旅游空间一体化分析及其联合发展战略》,经济科学出版社 2006 年版。

蔡卫民、熊翠:《高铁发展对湖南省温泉旅游格局的影响研究》,《热带地理》2011 年第 3 期,第 328—333 页。

曹灿明、陈建军:《高速铁路客运服务质量、旅客满意度与忠诚度分析》,《铁道学报》2012 年第 1 期,第 1—6 页。

车雄平、于晓辉、童露:《高铁背景下的入滇旅游可进入性分析》,《四川烹饪高等专科学校学报》2012 年第 2 期,第 36—41 页。

陈晓红、赵振斌:《入境旅游者购物满意度的影响因素研究——以西安市入境旅游者为例》,《资源开发与市场》2011 年第 5 期,第 478—480 页。

陈彦光、刘继生:《基于引力模型的城市空间互相关和功率谱分析——引力模型的理论证明、函数推广及应用实例》,《地理研究》2002 年第 6 期,第 742—751 页。

程道品、肖婷婷、程瑾鹤:《旅游公共服务体系与旅游目的地满意度的结构关系研究——以桂林国家旅游综合改革试验区为例》,《人文地理》2011 年第 5 期,第 111—116 页。

崔乔:《"高铁时代"下山东省旅游目的地发展浅析》,《旅游管理研究》2011 年第 5 期,第 27—29 页。

邓春玉:《珠三角与环珠三角城市群空间经济联系优化研究》,《城市问题》2009 年第 7 期,第 19—27 页。

丁金学、金凤君、王姣娥、刘东:《高铁与民航的竞争博弈及其空间效应——以京沪高铁为例》,《经济地理》2013 年第 5 期,第 104—110 页。

丁玲玲:《基于空铁联运模式的城际铁路衔接规划》,《交通与运输》2017 年第 5 期,第 47—50 页。

丁艳席:《西安城市旅游集散中心选址模式与规划策略研究》,西安建筑科技大学,2010 年。

窦璐:《高铁的发展对我国三大旅游企业的影响》,《全国商情(理论研究)》2010 年第 19 期,第 70—71 页。

窦庭筠:《高铁让南京抢得"地利"》,《华东旅游报》2011 年 6 月 21 日。

杜伟强、于春玲、赵平:《参照群体类型与自我—品牌联系》,《心理学报》2009 年第 2 期,第 156—166 页。

段进:《国家大型基础设施建设与城市空间发展应对——以高铁与

城际综合交通枢纽为例》,《城市规划学刊》2009 年第 1 期,第 33—37 页。

方敦礼:《高铁背景下长三角地区发展慢旅游的思考——基于旅游者行为模式的视角》,《经济研究导刊》2013 年第 16 期,第 271—273 页。

方文全:《沪港双城记:基于引力模型的实证分析》,《上海经济研究》2011 年第 11 期,第 80—86 页。

冯学钢、王琼英、于秋阳:《需求和供给视角下旅游产业潜力影响因素研究》,《商业经济与管理》2009 年第 6 期,第 66—73 页。

冯英杰、吴小根、刘泽华:《高速铁路对城市居民出游行为的影响研究——以南京市为例》,《地域研究与开发》2014 年第 4 期,第 121—125 页。

高舜礼:《高铁对旅游业走势与格局的影响》,《中国旅游报》2011 年 8 月 24 日。

《高铁旅游有了"武汉好去处",国内首个高铁游权威读本发布》,《湖北日报》2010 年 7 月 7 日。

郭强、尹寿兵:《长三角旅游一体化的发展历程及路径探索》,《上海城市规划》2020 年第 4 期,第 20—25 页。

郭万清:《高铁时代的泛长三角区域城市协调发展》,《江淮论坛》2011 年第 1 期,第 13—17 页。

郭为:《入境旅游:基于引力模型的实证研究》,《旅游学刊》2007 年第 3 期,第 30—34 页。

国家旅游局:《中国旅游公共服务"十二五"专项规划》,2010 年。

国家旅游局:《中国旅游统计年鉴(副本)》,中国旅游出版社 2008—2019 年版。

过云松:《期待有更多"高铁＋"旅游产品》,《经济日报》2020 年 9 月

1 日。

韩晨:《高速铁路对沿线城市旅游产业要素配置的影响研究》,《华东师范大学学报》,2013 年。

韩增林、杨荫凯、张文尝等:《交通经济带的基础理论及其生命周期模式研究》,《地理科学》2000 年第 4 期,第 295—300 页。

杭州市统计局、国家统计局杭州调查队:《杭州市国民经济和社会发展统计公报》,2008—2019 年。

杭州市统计局:《杭州统计年鉴》,中国统计出版社 2012—2019 年版。

何白女:《武广高铁对郴州经济的效应及对策》,《现代经济信息》2010 年第 15 期,第 212—216 页。

何池康:《旅游公共服务体系建设研究》,中央民族大学管理学院,2011 年。

何艳:《高速铁路对沿线旅游发展的影响研究——以郑西高铁河南段为例》,河南大学,2011 年。

贺剑锋:《关于中国高速铁路可达性的研究:以长三角为例》,《国际城市规划》2011 年第 6 期,第 55—62 页。

侯杰泰等:《结构方程模型及其应用》,教育科学出版社 2004 年版。

胡秋生:《蚌埠市高铁客运站服务评价体系研究与应用》,《现代城市》2014 年第 3 期,第 40—42 页。

胡天军、申金生:《京沪高速铁路对沿线经济发展的影响分析》《经济地理》1999 年第 5 期,第 101—104 页。

环球舆情调查中心:《中国高铁发展网民态度调查报告》,[EB/OL].http://poll.huanqiu.com/dc/2011-08/1873959.html,2011/08/03。

黄爱莲:《高速铁路对区域旅游发展的影响研究——以武广高铁为

例》，《华东经济管理》2011年第10期，第47—49页。

黄敬跃、吴开：《长江三角洲城市群经济联系的测度分析》，《企业经济》2010年第11期，第127—129页。

黄岚、张敏、周清：《京沪高速铁路·沪宁城际铁路与镇江城市发展》，《安徽农业科技》2011年第7期，第4386—4389页。

江德根、陆林：《基于点—轴理论的旅游地系统空间结构演变研究——以呼伦贝尔·阿尔山旅游区为例》，《经济地理》2005年第6期，第904—906页。

姜海宁、陆玉麒、吕国庆：《江浙沪主要中心城市对外经济联系的测度分析》，《地理科学进展》2008年第6期，第82—88页。

蒋海兵、刘建国、蒋金亮：《高速铁路影响下的全国旅游景点可达性研究》，《旅游学刊》2014年第7期，第58—67页。

蒋海兵、徐建刚、祁毅：《京沪高铁对区域中心城市陆路可达性影响》，《地理学报》2010年第10期，第1287—1298页。

蒋丽芹：《关于高铁背景下泛长三角区域旅游合作体系的构建》，《生态经济》2011年第9期，第150—152页。

蒋秀兰、刘金方、朱桃杏：《高速铁路对京津冀城市群的影响》，《铁道运输与经济》2008年第1期，第1—4页。

金元欢：《长三角城市群内部经济关系的实证分析》，浙江大学，2009年。

康晓利：《高铁背景下游客旅游目的地选择行为的影响机制研究》，福建师范大学，2011年。

李炳义、梅亮：《城市旅游公共服务体系的构建》，《城市发展研究》2013年第1期，第98—102页。

李红锦、李胜会：《基于引力模型的城市群经济空间联系研究——珠三角城市群的实证研究》,《华南理工大学学报(社会科学版)》2011年第1期,第19—24页。

李建东:《高速铁路对沿线区域经济产业的影响》,《合作经济与科技》2012年第5期,第9—10页。

李琳、张家榕等:《武广高铁对湖南沿线城市可达性的影响研究》,《经济研究导刊》2011年第12期,第144—148页。

李娜:《哈大高铁项目建设对大连市旅游业的影响研究》,辽宁师范大学,2011年。

李山、王铮、钟章奇:《旅游空间相互作用的引力模型及其应用》,《地理学报》2012年第4期,第526—544页。

李山、钟章奇:《旅游空间相互作用的引力模型及其应用》,《地理学报》2012年第4期,第96—114页。

李爽、甘巧林、刘望保:《旅游公共服务体系:一个理论框架的构建》,《北京第二外国语学院报》2010年第5期,第8—15页。

李爽:《旅游公共服务供给机制研究》,厦门大学,2008年。

李松柏:《"高铁时代"长三角旅游发展策略研究》,《江苏商论》2011年第10期,第86—88页。

李文陆、张正河、王英辉:《交通与区域经济发展关系的理论评述》,《理论与现代化》2007年第2期,第11—16页。

李诣:《空铁联运模式下城市对运力分析》,《科技创新与应用》2017年第31期,第19—20页。

李瑛、李树民:《旅游目的地区域空间结构演变机理研究——以西安地区为例》,《第十四届全国区域旅游开发学术研讨会暨第二届海南国际旅游岛大论坛论文集》,2009年,第70—77页。

厉新建、崔莉、万文平等:《高铁乘客的旅游特征与消费偏好分析》,

《北京第二外国语学院学报》2013 年第 11 期,第 63—71 页。

廉晓利:《高铁背景下游客旅游目的地选择行为的影响机制研究》,福建师范大学,2011 年。

梁成柱:《高速铁路对京津冀经济圈要素流动的影响》,《河北学刊》2009 年第 4 期,第 228—230 页。

梁雪松、王河江、邱虹:《旅游空间区位优势转换发展机遇的再探讨——基于"武广高铁"与"郑西高铁"视阈》,《西安财经学院学报》2010 年第 3 期,第 26—31 页。

林辰辉:《我国高铁枢纽站区开发的影响因素研究》,《国际城市规划》2011 年第 6 期,第 72—77 页。

林南枝、陶汉军:《旅游经济学》,南开大学出版社 1998 年版。

林上、冯雷:《日本高速铁路建设及其社会经济影响》,《城市与区域规划研究》2011 年第 3 期,第 132—156 页。

林上:《日本高速铁路建设及其社会经济影响》,《城市与规划研究》2011 年第 3 期,第 132—156 页。

林晓言、陈小君、白云峰、韩信美:《京津城际高速铁路对区域经济影响定量分析》,《铁道经济研究》2010 年第 5 期,第 5—11 页。

刘春济:《信任危机背景下公众乘坐高铁旅行的意向研究:经历熟悉的调节作用》,《中国软科学》2013 年第 2 期,第 43—54 页。

刘伏英:《"快旅"时代旅游消费需求变化研究——武广高铁鄂湘粤地区为例》,《学术论坛》2010 年第 2 期,第 38—43 页。

刘建华、周翠翠、王东晨:《基于信任和转移障碍的顾客保留——案例研究》,《管理世界》2010 年第 4 期,第 131—144 页。

刘丽莉:《高铁时代下的湖北省乡村旅游游客管理》,《武汉职业技术学院学报》2010 年第 3 期,第 100—102 页。

刘奇:《基于联系数的预评模型在高铁客运站服务质量评价中的应用》,《数学的实践与认识》2014年第23期,第73—80页。

刘思峰、党耀国、方志耕:《灰色系统理论及其应用》,科学出版社2004年版。

刘镇意、雷磊:《基于断裂点理论的辽宁省城市经济辐射力研究》,《区域经济》2012年第3期,第24—28页。

卢璐、张毓:《西安市旅游业成长与客源结构变化分析》,《江西农业学报》2010年第6期,第194 196页。

鲁海燕:《高速铁路对城市区域发展的影响探讨》,《中外建筑》2011年第1期,第83—84页。

陆大道:《区位论及区域研究方法》,科学出版社1988年版。

路东姣:《武广高铁对武汉市旅游空间结构的影响研究》,华中师范大学,2012年。

罗鹏飞、徐逸伦、张楠楠:《高速铁路对区域可达性的影响研究——以沪宁地区为例》,《经济地理》2004年第3期,第407—411页。

罗旭东:《西安北站综合交通枢纽规划方案》,《铁道运输与经济》2011年第6期,第41—45页。

马晓龙:《区域旅游系统空间结构:要素分析及其优化——以西安地区为例》,西北大学,2004年。

迈克尔·波特:《国家竞争优势》,华夏出版社2002年版。

冒宇晨、王腊春:《长三角城市群旅游经济结构的分散化和均质化趋势》,《地理科学》2009年第5期,第641—645页。

梅柏林:《长三角高铁旅游联盟成立》,《中国旅游报》2016年1月25日。

孟德友、陆玉麒:《高速铁路对河南沿线城市可达性及经济联系的影响》,《地理科学》2011 年第 5 期,第 537—543 页。

南京市统计局、国家统计局南京调查队:《南京市国民经济和社会发展统计公报》,2008—2019 年。

南京市统计局、国家统计局南京调查队:《南京统计年鉴》,凤凰出版社 2011—2019 年版。

《您"自由行"了吗? ——聚焦我国旅游散客化趋势》,[EB/OL].[2013-2-13]. http://news. xinhuanet. com/fortune/2013-01/30/c_114551687_2.htm。

宁坚:《高铁沿线城市旅游产业链共建研究》,《经济体制改革》2012年第 2 期,第 177—180 页。

潘煜、张星、高丽:《网络零售中影响消费者购买意愿因素研究——基于信任与感知风险的分析》,《中国工业经济》2010 年第 7 期,第 115—124 页。

任筱楠:《交通旅游带的形成机理分析》,北京交通大学,2012 年。

上海旅游年鉴编辑委员会:《上海旅游年鉴》,上海辞书出版社2011—2019 年版。

上海市统计局、国家统计局上海调查总队:《上海市国民经济和社会发展统计公报》,2008—2019 年。

《省委省政府出台省市共建大西安若干意见 5 年直投 120 亿建设大西安》,[EB/OL]. [2012-12-03]. http://www.sxhall.gov.cn/newshow.asp?id=45716。

苏州市统计局、国家统计局苏州调查队:《苏州市国民经济和社会发展统计公报》,2008—2019 年。

苏州市统计局:《苏州统计年鉴》,中国统计出版社 2011—2019年版。

孙苗:《城市型旅游目的地空间结构研究——以温州为例》,浙江大学,2008 年。

孙瑞娟、任黎秀、王焕、魏宗财:《区域旅游贸易引力模型的构建及实证分析——以南京市国内客源市场为例》,《世界科技研究与发展》2007 年第 6 期,第 61—64 页。

孙婷:《高速铁路对城市发展的影响》,《现代城市研究》2008 年第 7 期,第 82—87 页。

汤鹏飞、向京京、罗静、陈国磊:《基于改进潜能模型的县域小学空间可达性研究——以湖北省仙桃市为例》,《地理科学进展》2017 年第 6 期,第 697—708 页。

铁道部:《中长期铁路网规划(2008 年调整)》,2008-10-31。

汪德根、陈田、陆林等:《区域旅游流空间结构的高铁效应及机理——以中国京沪高铁为例》,《地理学报》2015 年第 2 期,第 214—233 页。

汪德根:《旅游地国内客源市场空间结构的高铁效应》,《地理科学》2013 年第 7 期,第 797—805 页。

汪德根:《武广高速铁路对湖北省区域旅游空间格局的影响》,《地理研究》2013 年第 8 期,第 1555—1564 页。

汪旭晖、徐健:《基于转换成本调节作用的网上顾客忠诚研究》,《中国工业经济》2008 年第 12 期,第 113—123 期。

王海江、苗长虹:《基于 O-D 网络的全国中心城市铁路客运联系及其分布规律》,《经济地理》2014 年第 5 期,第 83—91 页。

王昊、龙慧:《试论高速铁路网建设对城镇群空间结构的影响》,《城市规划》2009 年第 4 期,第 41—44 页。

王缉宪、林辰辉:《高速铁路对城市空间演变的影响:基于中国特征的分析思路》,《国际城市规划》2011 年第 26 期,第 16—23 页。

王姣娥、胡浩:《中国高铁与民航的空间服务市场竞合分析与模拟》,《地理学报》2013 年第 2 期,第 175—185 页。

王敏:《高铁对江苏淮安旅游业的影响及对策研究》,《经济研究导刊》2020 年第 10 期,第 150—170 页。

王欣、吴殿廷、王红强:《城市间经济联系的定量计算》,《城市与区域》2006 年第 3 期,第 55—59 页。

王欣、邹统钎:《高速铁路网对我国区域旅游产业发展与布局的影响》,《经济地理》2010 年第 7 期,第 1189—1194 页。

王新平、秦玉霞:《高速铁路与旅游业融合发展研究》,《山东交通科技》2020 年第 4 期,第 90—93 页。

王雪标:《城市综合交通枢纽的分类与布局》,《综合运输》2008 年第 5 期,第 24—26 页。

王炎灿:《高速铁路对沿线地区旅游产业集群的影响研究》,西南交通大学,2010 年。

王衍用、李鹏学:《高铁沿线旅游城市的旅游发展对策研究》,《中国旅游报》2011 年 7 月 20 日。

王玉洁:《武广高铁时代武汉旅游发展的五个转变》,《中国旅游报》2010 年 4 月 7 日。

王玉芹、张凯、汪宇明:《城市旅游集散中心的发展与布局》,《旅游论坛》2008 年第 10 期,第 288—294 页。

王振海:《关于西安旅游业三十年发展的回顾与思考》,《中外社科论丛》2010 年第 4 期,第 34—37 页。

魏小安:《旅游产业结构的优化》,[EB/OL]. [2012-6-20]. http://blog.163.com/wei_xiaoan/blog/static/18335333420090229531o581/。

无锡市统计局、国家统计局无锡调查队:《无锡市国民经济和社会发展统计公报》,2008—2019 年。

伍业春:《武广高速铁路对沿线城市体系发展的影响研究》,西南交通大学,2009 年。

武科名:《高铁客运需求市场细分及差异化产品设计》,北京交通大学,2011 年。

《西安北站商圈:现代服务业集聚区》,《西安日报》2012 年 2 月 24 日。

《西安高铁游好戏连台》,《人民铁道》2013 年 1 月 17 日。

《西安市旅游服务质量提升纲要》,(2009—2015)[EB/OL]. [2013-2-13]. http://www.xian-tourism.com/article/?type=detail&id=13252。

西安市旅游局:《西安市旅游局 2011 年旅游工作报告》,[EB/OL]. [2012-10-11]. http://www.xian-tourism.com/article/?type=detail&id=17197。

西安市统计信息网:《旅游产业快速发展城市名片效应显著——改革开放以来西安经济社会发展成就系列统计报告之八》,[EB/OL]. [2012-10-11]. http://www.xatj.gov.cn/tjfx/sort08/3024.html。

《西洽会西安开发区组团唱重头戏曲江揽金 460 亿元》,[EB/OL]. (2013-02-11)[2013-03-19]. http://news.hsw.cn/system/2013/03/19/051628538.shtml。

谢春山、李诚固:《旅游业发展的新思路——基于产业特征的视角》,《开发研究》2005 年第 4 期,第 115—118 页。

谢泗薪、杨明娜:《高铁服务创新模式与策略研究》,《铁路采购与物流》2010 年第 3 期,第 43—44 页。

刑晓玉:《西安旅游购物满意度研究》,西北大学,2008 年。

徐凤、朱金福、苗建军、杨文东:《空铁联运网络的模型构建与算法设计》,《数学的实践与认知》2016 年第 19 期,第 117—124 页。

许国平:《高铁服务质量"提速"的思考》,《江苏商论》2012 年第 2 期,第 107—109 页。

许林、鲍宏礼:《武汉市休闲旅游客源市场细分及规模分析》,《商业时代》2007 年第 11 期,第 105—106 页。

许晓俊:《不充分竞争市场环境下我国高铁旅游产业发展初探》,《安阳师范学院学报》2020 年第 2 期,第 80—83 页。

艳席:《西安城市旅游集散中心选址模式与规划策略研究》,西安建筑科技大学,2010 年。

杨公朴、夏大慰、龚仰军:《产业经济学教程(第三版)》,上海财经大学出版社 2008 年版。

杨思涵:《高速铁路影响下节点城市的旅游产业供给研究——以西安为例》,华东师范大学,2013 年。

杨维凤:《京沪高速铁路对我国区域空间结构的影响分析》,《北京社会科学》2010 年第 6 期,第 38—43 页。

殷平:《高速铁路与区域旅游新格局构建——以郑西高铁为例》,《旅游学刊》2012 年第 12 期,第 47—53 页。

尤飞、韩增林:《高速公路产业经济带形成演化研究》,《区域与经济》2000 年第 5 期,第 99—103 页。

于秋阳:《长三角高铁旅游特征与区域合作联盟构建》,《上海经济》2015 年第 7 期,第 53—54 页。

于秋阳:《基于 SEM 的高铁时代出游行为机理测度模型研究》,《华东师范大学学报(哲学社会科学版)》2012 年第 3 期,第 76—82 页。

于秋阳:《铁路旅游潜能释放与产品创新》,《旅游学刊》2015 年第 1

期,第 15—18 页。

于秋阳、杨斯涵:《高速铁路对节点城市旅游业发展的影响研究——以西安市为例》,《人文地理》2014 年第 5 期,第 142—148 页。

于秋阳、杨斯涵:《高铁枢纽城市旅游产业供给水平评价研究——以西安市为例》,《人文地理》2017 年第 1 期,第 145—151 页。

曾忠禄、张冬梅:《我国发展旅游购物的模式研究》,《商业研究》2007 年第 8 期,第 143—147 页。

张凡、薛惠锋:《西安城市旅游空间结构初探》,《西北工业大学学报(社会科学版)》2004 年第 3 期,第 9—12 页。

张金霞:《论"高铁时代"对武汉旅游业的影响》,《企业导报》2010 年第 6 期,第 150—151 页。

张丽娟、廖珍杰:《武广高铁对沿线旅游经济的影响分析》,《乐山师范学院学报》2011 年第 5 期,第 67—69 页。

张凌云:《旅游地引力模型研究的回顾与前瞻》,《地理研究》1992 年第 6 期,第 21—23 页。

张楠楠、徐逸伦:《高速铁路对沿线区域发展的影响研究》,《地域研究与开发》2005 年第 3 期,第 32—36 页。

张千红、周耀进:《以武汉为中心打造"4 小时高铁旅游圈"的可行性研究》,《企业导报》2012 年第 20 期,第 145—146 页。

张文新、刘欣欣、杨春志等:《城际高速铁路对城市旅游客流的影响——以南京市为例》,《经济地理》2013 年第 7 期,第 163—168 页。

张莹、薛东前:《郑西高铁开通后旅游整合联动发展的 SWOT 分析》,《经济师》2010 年第 4 期,第 210—212 页。

张友兰、周爱民、王新学:《旅游预测模型及应用》,《河北省科学学报》2002 年第 2 期,第 85—88 页。

张忠彬、孙庆云、郭金玉:《层次分析法的研究与应用》,《中国安全科学学报》2008 年第 5 期,第 148—153 页。

章晳妮:《旅游公共服务供给体系研究》,上海师范大学旅游学院,2011 年。

赵丹、张京祥:《高速铁路影响下的长三角城市群可达性空间格局演变》,《长江流域资源与环境》2012 年第 4 期,第 391—397 页。

赵现红、吴丽霞、马耀峰:《西安市旅游资源空间结构研究》,《陕西师范大学学报(自然科学版)》2005 年第 3 期,第 115—119 页。

郑德高、杜宝东:《寻求节点交通价值与城市功能价值的平衡——探讨国内外高铁车站与机场等交通枢纽地区发展的理论与实践》,《国际城市规划》2007 年第 22 期,第 72—76 页。

郑良海、邓晓兰、候英:《基于引力模型的关中城市间联系测度分析》,《人文地理》2011 年第 2 期,第 80—84 页。

《中国超级工程:西安火车北站》,[EB/OL]. [2012-12-13]. http://www.17u.net/news/newsinfo_64758.html。

钟业喜、黄洁、文玉钊:《高铁对中国城市可达性格局的影响分析》,《地理科学》2015 年第 4 期,第 387—395 页。

周浩、郑筱婷:《交通基础设施质量与经济增长:来自中国铁路提速的证据》,《世界经济》2012 年第 1 期,第 78—97 页。

周洪涛:《高速铁路对长三角地区空间结构的影响研究》,华东师范大学,2011 年。

周仁亮:《以高速交通建设为契机的旅游地效应与升级对策——武广高铁以及沿线旅游地实证分析》,《旅游管理研究》2011 年第 8 期,第 50—51 页。

周涛、鲁耀斌、张金隆:《基于感知价值与信任的移动商务用户接受行为研究》,《管理学报》2009 年第 6 期,第 1407—1412 页。

周瞳、帅斌:《基于服务效用的客运专线对区域旅游业发展的影响分析》,《铁道运输与经济》2010 年第 11 期,第 77—80 页。

周孝文:《高速铁路对区域经济协调发展的促进作用》,《铁道经济研究》2010 年第 6 期,第 19—22 页。

朱道才、陆林、晋秀龙、蔡善柱:《基于引力模型的安徽城市空间格局研究》,《地理科学》2011 年第 5 期,第 551—556 页。

朱道才、吴信国、郑杰:《经济研究中引力模型的应用综述》,《云南财经大学学报》2008 年第 5 期,第 19—24 页。

Abeyratne R. I. R., 1993, "Air Transport Tax and its Consequences on Tourism," *Annals of Tourism Research*, 20(3), pp.450—460.

Adler and N. E. Pels, 2010, "High-speed Rail and Air Transport Competition: Game Engineering as Tool for Ccost-benefit Analysis," *Transportation Research Part B: Methodological*, 44(7).

Akbulut G. and Artvinli E., 2011, "Effects of Turkish Railway Museums on Cultural Tourism," *Procedia-Social and Behavioral Sciences*, 19, pp.131—138.

Alba J. W. and Hutchinson J. W., 1987, "Dimensions of Consumer Expertise," *Journal of Consumer Search*, 13(4), pp.411—454.

Albalate D. and Bel G., 2010, "Tourism and Urban Public Transport: Holding Demand Pressure under Supply Constraints," *Tourism Management*, 31(3), pp.425—433.

Albalate D. and Fageda X., 2016, "High Speed Rail and Tourism:

Empirical Evidence from Spain," *Transportation Research Part A*, 85, pp.174—185.

Albalate D., Bel G. and Fageda X., 2015, "Competition and Cooperation between High-speed Rail and Air Transportation Services in Europe," *Journal of Transport Geography*, 42, pp.166—174.

Allrad R. F. and Moura F. E., 2014, "Optimizing High-Speed Rail and Air Transport Intermodal Passenger Network Design," *Transportation Research Record Journal of the Transportation research board*, 2448, pp.11—20.

Alpu O., 2015, "A Methodology for Evaluating Satisfaction with High-speed Train Services: A Case Study in Turkey," *Transport Policy*, 44, pp.151—157.

Andrew Ryder, 2012, "HighSpeed Rail," *Journal of Transport Geography*, 22, pp.303—305.

Arduin J.P. and Ni, J., 2005, "French TGV Network Development," *Japan Railway & Transport Review*, 40(3), pp.22—28.

Ashworth G. J., 2015, "Railway Heritage and Tourism: A Global Perspective," *Tourism Management*, pp.47—240.

Baloglu S., 2001, "Image Variatins of Turkey by Familiarity Index: Informational and Experiential Dimensions," *Tourism Management*, 22(2), pp.127—133.

Banister D. and Berechman Y., 2001, "Transport Investment and the Promotion of Economic Growth," *Journal of Transport Geography*, 9(3), pp.209—218.

B. J. Turton, and C. Mutambirwa, 1996, "Air Transport Services and the Expansion of International Tourism in Zimbabwe," *Tourism Management*, 17(6), pp.453—462.

Blum U., Haynes K. E. and Karlsson C. K., "Introduction to the Special Issue: the Regional and Urban Effects of High-speed Trains," *Annals of Regional Science*, 31(1), pp.1—20.

Bonnafous, A., 1987, "The Regional Impact of the TGV", *Transportation*, 14.

Bussey, K., 1987, "Leisure + Shopping =?" *Leisure Management*, 7(9), pp.22—24.

Byung-Wook Wie and Dexter J. L. Choy, "Traffic Impact Analysis of Tourism Development," *Annals of Tourism Research*, 20, pp. 505—518.

Campos J. and Rus G. D., "Some Stylized Facts about High-speed Rail: A Review of HSR Experiences around the World," *Transport Policy*, 16(1), pp.19—28.

Carlos Martín, J. and G.Nombela, 2007, "Microeconomic Impacts of Investments in High Speed Trains in Spain," *The Annals of Regional Science*, 41(3).

Casalo, Flavian and Guinaliu, 2010, "Determinants of the Intention to Participate in Firm-Hosted Online Travel Communities and Effects on Consumer Behavioral Intentions," *Tourism Management*, 31(6), pp.898—911.

Chan R. Y. K., Lau L. B. Y., 2001, "Explainng Green Purchasing Behavior: a Cross Cultural Study on American and Chinese Consumers," *Journal of International Consumer Marketing*, 14(2/3), pp.9—40.

Chang, J. and J.-H. Lee, 2007, "Accessibility Analysis of Korean High-speed Rail: A Case Study of the Seoul Metropolitan Area," *Transport Reviews*, 28(1).

Chen C. and Hall P., 2011, "The Impacts of High-speed Trains on British Economic Geography: A Study of the UK's Inter City 125/225 and its Effects," *Journal of Transport Geography*, 19(4), pp.689—704.

Chen C. F., 2008, "Investigating Structural Relationships between Service Quality, Perceived Value, Satisfaction, and Behavioral Intentions for Air Passengers: Evidence from Taiwan," *Transportation Research Part*, 42(4), pp.709—717.

Chen C. F. and Chen F. S., 2010, "Experience Quality, Perceived Value, Stisfaction and Behavioral Intentions for Heritage Tourists," *Tourism Management*, 31(1), pp.29—35.

Cheng Y.H., 2010, "High-speed Rail in Taiwan: New Experience and Issues for Future Development," *Transport Policy*, 17(2), pp.51—63.

Chen Wei Chao S. O. F. C., 2012, "High Speed Rail Tourism and the Generation Y Market: Any Possibilities?" *International Journal of Science in Society*, 4(3), pp.71.

Chew J., 1987, "Transport and Tourism in the Year 2000," *Tourism Management*, 8(2), pp.83—85.

Chun-Hua Hsiao and Chyan Yang, 2010, "Predicting the Travel Intention to Take High Speed Rail among College Students," *Transportation Research*, (13), pp.277—287.

Corritore C. L., Kracher B. and Weenbeck S., 2003, "On-Line Trust: Concepts, Evolving Themes, a Model," *International Journal of Human-computer Studies*, 58(6), pp.73—758.

Cronin J. J., Brady M. K. and Hult G. T. M., 2000, "Assessing the Effects of Qualit, Value, and Customer Satisfaction on Consumer Behavioral Intentions in Service Environments," *Journal of Retailing*, 76(2), pp.193—218.

Daniel Albalate and Germa Bel, 2010, "Tourism and urban public transport: Holding Demand Pressure under Supply Constraints," *Tourism Management*, 31, pp.425—433.

David Frost and Jim Steer, 2009, "HighSpeeds, High Time the Business Case for High Speed Rail," *London: British Chambers of Commerce*, 11, pp.1—25.

Delaplace M., Pagliara F., Perrin J. and Mermet S., 2014, "Can High Speed Rail foster the Choice of Destination for Tourism Purpose?" *Procedia-Social and Behavioral Sciences*, 111, pp.166—175.

Derek R. Hall, 1999, "Conceptualising Tourism Transport: Inequality and Externality Issues," *Journal of Transport Geography*, 7, pp.181—188.

Desmon A. Gillmor, 1996, "Evolving Air-charter Tourism Patterns: Change in Out-bound Traffic from the Republic of Ireland," *Tourism Management*, 17, pp.9—16.

Dodds W., Monroe K. B. and Grewal D., 1991, "Effects of Price, Brand, and Store Information on Buyers' Product Evaluations," *Jour-*

nal of Marketing Research, 28(3), pp.307—319.

Douglas G. Pearce, 1999, "Tourism in Paris Studies at the Micro-scale," *Analysis of Tourism Research*, 26(1), p.79.

Edward J. Mayoa, Lance P. Jarvis and James A. Xander, 1988, "Beyond the Gravity Model," *Journal of the Academy of Marketing Science*, 9, pp.23—29.

Escalas J. E. and Bettman J. R., 2003, "You are What They Eat: The Influence of Reference Groups on Consumers' Connections to Brands," *Journal of Consumer Psychology*, 13(3), pp.339—348.

Ford A. C., Barr S. L. and Dawson R. J., 2015, "Transport Accessibility Analysis Using GIS: Assessing Sustainable Transport in London," *ISPRS International Journal of Geo-Information*, 4(1), pp.124—149.

Frederic Dobruszkes, 2011, "High-speed Rail and Air Transport Competition in Western Europe: A Supply-oriented Perspective," *Transport Policy*, 18, pp.870—879.

Froidh O., 2005, "Market Effects of Regional High-speed Trains on the Svealand Line," *Journal of Transport Geography*, 13(4), pp.352—361.

Froidh O., 2008, "Perspectives for a Future High-speed Train in the Swedish Domestic Travel Market," *Journal of Transport Geography*, 16(4), pp.268—277.

Fujita and Takayoshi, 2007, "Comparative Culture Study—High Speed Railway Systems in Japan and South Korea," *Japan Railway & Transport Review*, 48, pp.36—39.

Fujita T., 2007, "Comparative culture study-high speed railway systems in Japan and South Korea," *Japan Railway & Transport Review*, 48(4), pp.36—39.

Gallarzaa M. G. and Saurab I. G., 2006, "Value Dimensions, Perceived Value, Satisfaction and Loyalty: An Investigation of University Students' Travel Behavior," *Tourism Management*, 27(3), pp.437—452.

Geetika N. S., 2010, "Determinants of Customer Satisfaction on Service Quality: A Study of Railway Platforms in India," *Journal of Public Transportation*, 1(13), pp.79—113.

Gefen D., Karahanna E., et al, 2003, "Trust and TM in Online Shopping: An Integrated Model," *MIS Quarterly*, 27(1), pp.51—90.

Gilbert E. W., 1939, "The Growth of Inland and Seaside Health Resorts in England," *The Scottish graphical Magazine*, 55(1), pp.16—35.

Givoni M., 2006, "Development and Impact of the Modern High-speed Train: A Review," *Transport Reviews*, 26, pp.593—611.

Givoni M. and Chen X., 2017, "Airline and Railway Disintegration in China: the Case of Shanghai Hongqiao Integrated Transport Hub," *Transportation Letters*, 9(4), pp.202—214.

Ha J. and Jag S., 2010, "Perceived Values, Satisfaction, and Behavioral Intentions: The Role of Familiarity in Korean Restaurants," *International Journal of Hospitality Management*, 29(1), pp.2—13.

Hall D. R., 1999, "Conceptualizing Tourism Transport: Inequality and Externality Issues," *Journal of Transport Geography*, 7(3), pp.181—

188.

Henderson J., 2011, "Railways as Heritage Attractions: Singapore's Tanjong Pagar Station," *Journal of Heritage Tourism*, 1(6), pp.73—79.

Hew J., 1987, "Transport and Tourism in the Year 2000," *Tourism Management*, 8(2), pp.83—85.

HitoshiIeda A. K. M., 2001, "How Can the Quality of Rail Services in Tokyo be Further Improved?" *Transport Policy*, 2(8), pp.79—106.

I. B. F. Kormos, 1989, "Future Developments in North-West European Tourism: Impact of Transport Trends," *Tourism Management*, 10(4), pp.301—309.

Jameel Khadaroo and Boopen Seetanah, 2001, "Transport Infrastructure and Tourism Development", *Annals of Tourism Research*, 34(8).

Jameel Khadaroo and Boopen Seetanah, 2008, "The Role of Transport Infrastructure in International Tourism Development: A Gravity Model Approach," *Tourism Management*, 29, pp.831—840.

Javier Campos and Gines de Rus, 2009, "Some Stylized Facts about High-speed Rail: A Review of HSR Experiences around the World," *Transport Policy*, 16, pp.19—28.

Javier Gutierrez, 2001, "Location, Economic Potential and Daily Accessibility: An Analysis of the Accessibility Impact of the High-speed Line Madrid-Barcelona-French Border," *Journal of Transport Geography*, 9, pp.229—242.

Javier Gutierrez, Rafael Gonzalez, et al., 1996, "The European High-speed Train Network, Predicted Effects on Accessibility Patterns," *Journal of Transport Geography*, 4, pp.227—238.

Jian LIU N. Z., 2010, "Empirical Research of Intercity High-speed Rail Passengers' Travel Behavior Based on Fuzzy Clustering Model," *Journal of Transportation Systems Engineering and Information Technology*, 12, pp.100—105.

John H. Niediercorn and Nabil S. Ammari, 1987, "New Evidence on the Specification and Performance of Neoclassical Gravity Models in the Study of Urban Transportation," *The Annals of Regional Science*, 21(3), pp.56—64.

Johnson E. J. and Russo J. E., 1984, "Product Familiarity and Learning New Information," *Journal of Consumer Research*, 11(1), pp.542—550.

Joreskog K. G., 1971, "Simultaneous Factor Analysis in Several Populations," *Psychometrika*, 36(12), pp.409—426.

José M. Urena, Philippe Menerault, et al., 2009, "The High-speed Rail Challenge for Big Intermediate Cities: A National, Regional and Local Perspective," *Cities*, 26, pp.266—279.

J. Turton, and C. C. Mutambirwa, 1996, "Air Transport Services and the Expansion of International Tourism Zimbabwe," *Tourism Management*, 17(6), pp.453—462.

Jui-Sheng Chou C. K., 2009, "A Structural Equation Analysis of the QSL Relationship with Passenger Riding Experience on High Speed Rail," *Expert Systems with Applications*, 36, pp.6945—6955.

Kelman H. C., 1961, "Processes of Opinion Change," *Public Opinion Quarterly*, 25(1), pp.57—78.

Khadaroo J. and Seetanah B., 2007, "Transport Infrastructure and Tourism Development," *Annals of Tourism Research*, 34(4), pp.1021—1032.

Khadaroo J. and Seetanah B., 2008, "The Role of Transport Infrastructure in International Tourism Development: A Gravity Model Approach," *Tourism Management*, 29(5), pp.831—840.

Kim K. S., 2000, "High-speed Rail Developments and Spatial Restructuring: A Case Study of the Capital Region in South Korea," *Cities*, 17(4), pp.251—262.

Kingsley E. Haynes, 1997, "Labor Markets and Regional Transportation Improvements: the Case of High-speed Trains," *The Annals of Regional Science*, 31(1), pp.57—76.

Kiyoshi Kobayashi and Makoto Okumura, 1997, "The Growth of City Systems with High-speed Railway Systems," *The Annals of Regional Science*, 31(1), pp.39—56.

Komei Sasaki, Tadahiro Ohashi, et al., 1997, "High-speed Rail it Impact on Regional Systems: Does the Shinkansert Contribute Dispersion," *The Annals of Regional Science*, 31(1), pp.77—98.

Krugman P., 1991, "Increasing Returns and Economic Geography," *Journal of Political Economy*, 9, pp.483—499.

Lai W. T. and Chen C. F., 2011, "Behavioral Intentions of Public Transit Passengers—The Roles of Service Quality, Perceived Value, Satisfaction and Involvement," *Transport Policy*, 18(2), pp.318—

325.

Lee, J. H., B. S. Jin, et al., 2009, "Development of a Structural Equation Model for Ride Comfort of the Korean High-speed Railway", *International Journal of Industrial Ergonomics*, 39(1).

Lee M. K. O. and Turban E., 2001, "A Trust Model for Consumer Internet Shopping," *International Journal of Electronic Commerce*, 6(1), pp.75—91.

Leonnie N. Duffus, Attahiru Sule Alfa, et al., 1987, "The Reliability of Using the Gravity Model for Forecasting Trip Distribution," *Transportation*, 14(3), pp.175—192.

Lichtenstein, Donald R., et al., 1990, "Distinguishing Coupon Proneness from Value Consciousness: An Acquisition—Transaction Utility Theory Perspective," *Journal of Marketing*, 54(3), pp.54—67.

Littrell, Mary A., et al., 1994, "Souvenirs and Tourism Styles," *Journal of Travel Research*, 33(1), pp.3—11.

Lopez-Pita A. and Robuste F., 2005, "Impact of High-speed Lines in Relation to very High Frequency Air Services," *Journal of Public Transportation*, 8(2), pp.17—31.

Madden T., Ellen P. S., et al., 1992, "A Comparison of the Theory of Planned Behavior and the Theory of Reasoned Action," *Personality and Social Psychology Bulletin*, 18(1), pp.3—9.

Maenpaa K., Kale S. H., et al., 2008, "Consumer Perceptions of Internet Banking in Finland: The Moderating Role of Familiarity," *Journal of Retailing and Consumer Services*, 15(4), pp.266—276.

Marti-Henneberg J., 2015, "Attracting Travelers to the high-speed Train: A Methodology for Comparing Potential Demand between Stations," *Journal of Transport Geography*, 42, pp.145—156.

Mayer R. C., Davis J. H., et al., 1995, "An Integrative Model of Organizational Trust," *Academy of Management Review*, 20(3), pp.709—734.

Nakamura H. and Ueda T., 1989, "The Impacts of Shinkansin on Regional Development," *Proceedings of WC*, 3, pp.95—109.

Nelson R. and Wall G., 1986, "Transport and Accommodation Changing Interrelationships on Vancouver Land," *Annals of Tourism Research*, 13(2), pp.239—260.

Oskar Froidh, 2005, "Market Effects of Regional High-speed Trains on the Svealand line," *Journal of Transport Geography*, 4(13), pp.352—361.

Parasuraman, 2000, "The Impact of Technology on the Quality—Value—Loyalty Chain: A Research Agenda," *Journal of the Academy of Marketing Science*, 28, pp.156—174.

Park C. W. and Lessing V. P., 1977, "Students and House wives: Differences in Susceptibility to Reference Group Influence," *Journal of Consumer Research*, 4(3), pp.102—110.

Park J. K., Gunn F., et al., 2012, "Multidimensional Trust Building in E—Retailing: Cross—Cultural Differences in Trust Formation and Implications for Perceived Risk," *Journal of Retailing and Consumer Services*, 19(3), pp.304—312.

Park Y. and Ha H. K., 2006, "Analysis of the Impact of High-speed Railroad Service on Air Transport Demand," *Transportation*

Research, 42(2), pp.96—140.

Peter M. J., 2003, "The Economic Impact of the High-speed Train on Urban Regions", ERSA Conference Paper from European Regional Science Association, 11.

Petrick and James F., 2002, "Development of a Muti-Dimensional Scale for Measuring the Perceived Value of a Service," *Journal of Leisure Research*, 34(2), pp.119—134.

Prashant P., 2009, "The Role of Trust in E-Commerce Relational Exchange: A Unified Model," *Information & Management*, 46(4), pp.213—220.

Prideaux B., 2000, "The Role of the Transport System in Destination Development," *Tourism Management*, 21(3), pp.53—63.

Quan Hou and Si-Ming Li, 2011, "Transport Infrastructure Development and Changing Spatial Accessibility in the Greater Pearl River Delta, China, 1990—2020," *Journal of Transport Geography*, 19, pp.1350—1360.

Randolph S., 2008, "California High-speed Rail Economic Benefits and Impacts in the San Francisco Bay Area," San Francisco: Bay Area Council Economic Institute, pp.1—44.

Reg Harman, 2006, "High Speed Trains and the Development and Regeneration of Cities," *London: Green Gauge*, 21(6), pp.5—126.

Robinson H. ,1976, *Geography of Tourism*. London: MacDonald and Evans.

Roman C. and Martin J. C., 2014, "Integration of HSR and Air

Transport: Understanding Passengers' Preferences," *Transportation Research Part E*, 71(71), pp.129—141.

Ryder A., 2012, "High Speed Rail," *Journal of Transport Geography*, 22(2), pp.303—305.

Schiefelbusch M., Jain A., et al., 2007, "Transport and Tourism: Roadmap to Integrated Planning Developing and Accessing Integrated Travel Chains," *Journal of Transport Geography*, 15(2), pp.94—103.

Sean Tierney, 2012, "High-speed Rail, the Knowledge Economy and the Next Growth Wave," *Journal of Transport Geography*, 22, pp.285—287.

Shao S., Tian Z., et al., 2017, "High Speed Rail and Urban Service Industry Agglomeration: Evidence from China's Yangtze River Delta Region," *Journal of Transport Geography*, 64, pp.174—183.

Sheth J. N., Newman B. I., et al., 1991, "Why We Buy What We Buy: a Theory of Consumption Values," *Journal of Business Research*, 22(3), pp.159—170.

Sichtmann C., 2007, "An Analysis of Antecdents and Consequences of Trust in a Corporate Brand," *European Journal of Marketing*, 41(9/10), pp.999—1015.

Singh J. and Sirdeshmukh D., 2000, "Agency and Trust Mechanisms in Consumer Satisfaction and Loyalty Judgments," *Journal of the Academy of Marketing Science*, 28(1), pp.150—167.

Sirdeshmukh D., Singh J., et al, 2002, "Consumer Trust, Value, and Loyalty in Relational Exchanges," *Journal of Marketing*,

66(1), pp.15—37.

S. Masson and R. Petiot, 2000, "Can the High Speed Rail Reinforce Tourism Attractiveness—The Case of the High Speed Rail between Perpignan(France) and Barcelona(Spain)," *Tech-Innovation*, 29(5).

Sophie Masson R. P., 2009, "Can the High Speed Rail Reinforce Tourism Attractiveness? The Case of the High Speed Rail between Perpignan(France) and Barcelona(Spain)," *Technovation*, 9(29), pp.611—617.

Sun H. and Zhang P., 2006, "The Role of Moderating Factors in User Technology Acceptance," *International Journal of Human-Computer Studies*, 64(2), pp.53—78.

SUN Qipeng, FENG Xuesong, et al., 2011, "Operation and Organization Management of High-speed Railway in Japan," *Journal of Transportation Systems Engineering and Information Technology*, 11(5), pp.11—16.

Sweeney J. and Soutar G., 2001, "Consumer Perceived Value: The Development of a Multiple Item Scale," *Journal of Retailing*, 77(2), pp.203—207.

Turner, Lindsay W., et al., 2001, "Shopping Satisfaction for Domestic Tourists," *Journal of Retailing and Consumer Services*, 8(1), pp.15—27.

Turton B. J. and Mutambirwa C. C., 1996, "Air Transport Services and the Expansion of International Tourism in Zimbabwe," *Tourism Management*, 17(6), pp.453—462.

U. Blum K. Haynes K. E., et al, 1997, "Introduction to the Special Issue: The Regional and Urban Effects of High Speed Trains," *The Annals of Regional Science*, 31(1), pp.1—20.

Vickerman R., 1997, "High Speed Rail in Europe-Experience and Tissues for Future Development," *Annals of Regional Science*, 31, pp.21—38.

Voltes-Dorta A., Rodriguez-Deniz H., et al., 2017, "Passenger Recovery after an Airport Closure at Tourist Destinations: A Case Study of Palma de Mallorca Airport", *Tourism Management*, 59, pp.449—466.

Voss K. E., Spangenberg E. R., et al., 2003, "Measuring the Hedonic and Utilitarian Dimensions of Consumer Attitude," *Journal of Marketing Research*, 40(3), pp.310—320.

Weisbrod, G., 2008, "Models to Predict the Economic Development Impact of Transportation Projects: Historical Experience and New Applications," *The Annals of Regional Science*, 42(3).

W.G. Wong, B.M. Han, et al., 2002, "Evaluation of Management Strategies for the Operation of High-speed Railways in China," *Transportation Research*, 36, pp.277—289.

Wheatcroft S., 1994, *Aviation and tourism policies balancing the be-nexts*. London: Routledge.

Wie B. W. and Choy D. J. L., 1993, "Traffic Impact Analysis of Tourism Development," *Annals of Tourism Research*, 20(3), pp.505—518.

Wong, W. G., B. M. Han, et al., 2002, "Evaluation of Management Strategies for the Operation of High-speed Railways in China,"

Transportation Research Part A: *Policy and Practice*，36(3).

Xin Wang andSongshan Huang，2012，"Effects of the High Speed Rail Network on China's Regional Tourism Development," *Tourism Management Perspectives*，1，pp.34—38.

Yung-Hsiang Cheng，2010，"High-speedRail in Taiwan: New Experience and Issues for Future Development," *Transport Policy*，17，pp.51—63.

Yung-Wook Wie and Dexter J.，1993，"Traffic Impact Analysis of Tourism Development," *Annals of Tourism Research*，20，pp.505—518.

Zeithaml V. A.，1988，"Consumer Perception of Price，Quality and Value: A Means-end Model and Synthesis of Evidence," *Journal of Marketing*，52(3)，pp.2—22.

后　记

　　高铁的"时空压缩"效应为区域旅游业带来新一轮的资源整合与市场重构,对旅游目的地的竞争态势和可持续发展影响深远。随着《中长期铁路网规划》的深入推进,我国以"八纵八横"主通道为骨架的高速铁路网不断完善。长三角区域旅游业发展基础好,一体化发展程度较高,作为全国高速铁路最为密集的区域,具有典型的研究意义。

　　在开展国家社会科学基金项目《高铁时代区域旅游产业要素配置研究》的基础上,本书结合实地调研、部门访谈、专家咨询、问卷调查等方式,对长三角区域高速铁路网和京沪高铁沿线的主要枢纽/节点城市,以及全国范围内具有代表性的重要枢纽城市和旅游城市进行了数据采集和跟踪调研。一方面,针对高铁条件下的旅游者出游行为、消费行为以及高铁旅游硬件和软件水平展开了问卷调查,调研进行六次,重点针对高铁驱动下的区域旅游供给和需求情况,发放并回收问卷1 800余份。另一方面,针对高铁沿线旅游城市的供给要素情况展开部门访谈和实地勘察,调研单位包括上海、济南、西安、郑州等地铁路部门以及杭州、无锡、丽水等地的高铁站点;并先后调研上铁旅游中心、专列部等对口部门,上海春秋国际旅行社等多地旅游部门的国内市场处和主要组团旅行社企业,随团体验高铁旅游产品(尤其是旅游专列、精品线路等)及其运营状况,针对市场主体与管理难题、市场消费主体与消费层次、站点资源与旅游资源的匹配情况展开了深度访谈和资料采集。同时,从全国着眼,选取西安、武汉、南京、广州、厦门等区域性高铁枢纽城市和重点旅游城市采集了比对数据。

本书作为国家社科基金项目的成果及后续研究专著,在撰写过程中广泛参阅了旅游学界、业界的诸位专家在高铁旅游及相关领域的深耕与思考。在调研过程中也受到了上海社会科学院"国家高端智库决策咨询系列报告《高铁旅游加速长三角一体研究》"课题资助,在此一并致谢。同时也特别感谢硕士研究生杨思涵、韩晨、戎婷竹同学在本书的文献资料整理、案例比较分析、数据测度研究和文稿撰写过程中的积极参与和辛勤工作。

高铁网络的建设与完善,不仅大大缓解了我国客运市场的供需矛盾,也成为区域要素流动和经济发展的设施保障。从长三角发展情况来看,随着区域内旅游流和产业要素的加速流动,高铁旅游的发展与区域经济、社会综合发展的联系越发紧密,旅游一体化成为驱动长三角区域一体化发展的重要引擎。在"八纵八横"的规划框架下,将研究视角从高铁对枢纽城市的辐射拓展到不同城市群、不同区域间的比较分析,探讨通过高铁驱动下产业供给如何有效对接,并促进区域旅游市场潜能的释放,具有重要而深远的意义,也将是未来本研究的展望所在。

于秋阳

2021 年 3 月

图书在版编目(CIP)数据

高铁时代长三角区域旅游产业要素配置研究/于秋
阳著.—上海:上海人民出版社,2021
(上海社会科学院青年学者丛书)
ISBN 978 - 7 - 208 - 17029 - 2

Ⅰ.①高… Ⅱ.①于… Ⅲ.①高速铁路-影响-长江
三角洲-区域旅游-旅游业发展-研究 Ⅳ.①F592.75

中国版本图书馆 CIP 数据核字(2021)第 061137 号

责任编辑 钱 敏
封面设计 路 静

上海社会科学院青年学者丛书
高铁时代长三角区域旅游产业要素配置研究
于秋阳 著

出 版 上海人民出版社
　　　　(200001 上海福建中路 193 号)
发 行 上海人民出版社发行中心
印 刷 上海商务联西印刷有限公司
开 本 720×1000 1/16
印 张 15.5
插 页 4
字 数 182,000
版 次 2021 年 5 月第 1 版
印 次 2021 年 5 月第 1 次印刷
ISBN 978 - 7 - 208 - 17029 - 2/F·2689
定 价 65.00 元